四·柱·八·字·聽·聞·會

사주팔자
청문회

虛堂
李東奎

변명

　속물적 인간성 때문입니다.
　다 내려놓고
　허당(虛堂)스럽게 살자고 그렇게도 다짐다짐했는데도 가끔은,
　아니, 가끔이 아닙니다.
　시도 때도 없이 머리를 쳐든 탐욕이라는 괴물이 밀고 들어옵니다.
　여기 저기 숨어 있던 미움도 원망도 꾸역꾸역 삐져나옵니다.
　내려놓기는커녕 억지로 꾹꾹 누르면서 감추어 두었던 것입니다.
　위장이요, 위선이었던 것이지요.
　최근 출간한 졸저(拙著)『사주통변강의록』 상·하권과『좋은이름 작명사전』등도 독자님의 혹평(酷評)을 겨우 면하는 정도는 되자 시건방진 착각(錯覺)과 착시(錯視)의 늪으로 슬슬 빠져들게 되었고 이것이 그만 어이없는 욕심을 발동시키고 말았습니다.
　착각이란 그렇게 느끼는 헛것이요,
　착시란 그렇게 보이는 헛것입니다.
　그렇게 느끼고 그렇게 보일 뿐 …
　다 허상(虛像)인데….
　그 허상을 붙들고 놓지 못한 것입니다.
　먼저,
　무슨 유명 작가라도 된 양 또 다른 글을 쓰고 싶은 어이없는 욕구가 꿈틀거린 것입니다. 인간이란 참 희한한 동물입니다.

그래서 죽이 되든 밥이 되든 시작했습니다.
밥을 지으려다 죽을 쑬 수도 있다는 각오는 물론 했습니다.
죽이 된다고 해도 혹시 소화력이 허약한 누군가에게는 필요하지 않을까 하는 황당한 기대도 하면서….
영양가도 시원찮고 재미도 별로 없는 객담(客談) 수준의 시시껄렁한 이런 저런 이야기들을 역학이라는 그럴듯한 이름으로 덧칠을 좀 했습니다.
아주 조금이라도 아는 것이라고는 그것 뿐이기 때문입니다.
그리고
제목을 거창하게 붙이는 기만성 기질도 좀 발휘했습니다.
이렇게 두루뭉실 묶어서 세상에 불쑥 내민다는 것이 알고 보면 대단한 용기를 필요로 하는 일입니다. 만용(蠻勇)이지요.
도대체 뭘 얼마나 안다고.
운명? 인생? 인간의 사주팔자? 그것도 몇 줄이나 안다고….
아마 태생적으로 심장에 털이 수북해서 뻔뻔스러운 허당(虛堂)의 본성이 없었더라면 감히 엄두조차 낼 수 없었을 것입니다.
거기다 무식한 자가 용감하다는 속담 또한 큰 힘이 됐습니다.
유식한 사람들이 쓴 유식한 글들은 사방팔방에 지천으로 널브러져 있는 유식한 세상이기 때문입니다.

천생에 아는 것이라고는 없다가
이리 저리 좀 들여다봐서 그래도 조금은 안다고 헛기침을 할 수 있는 분야가 일반적으로 동양철학이라고 불리는 역학(易學)분야인지라 이것을 여기 저기 좀 뿌리고 버무려서,
겹겹이 포장된 거짓과 허위를 벗은 눈으로 세상 돌아가는 이야기

를 좀 솔직하게 해 보고 싶었습니다.
봐 달라는 대로가 아닌 그냥 보이는 대로….
인생이 뭔지도 모르면서 인생이야기를 하려는 것입니다.
분수를 모르고 덤비는 것이지요.
역학이란 어차피 사람 사는 이야기이기는 합니다.

허당(虛堂)은 전문 작가가 아닙니다. 그러니,
엉성한 이야기를 밑도 끝도없이 어수선하게 늘어놓더라도,
정제되지 않은 무례한 나불거림에 속이 약간 불편하더라도,
그래서 본전 생각이 간절하고 왕짜증이 좀 나더라도,
허당(虛堂)의 허허(虛虛)로운 헛소리로 치부하고 덮어버리는 넓고 깊은 해량심(海諒心)으로 봐 주실 것을 기대합니다.
미꾸라지 추어탕 먹고 용(龍)트림 하는 짓이라는 걸 솔직히 고백하면서도 그래도 걱정스럽고 불안한 마음이 가시지 않아 이렇게 미리 초를 쳐두는 약은 짓까지 합니다.

70년 이상을 살리라고는 꿈에도 예상치 못했습니다.
특별히 계획도 없었고 그냥 하루하루 세월에 얹혀 어영부영 흘러가다 보니 이렇게 됐을 뿐입니다. 그러면서
젊어도 봤고 늙어도 봤습니다.
아주아주 작지만 이루기도 해봤고 실패도 해봤습니다.
작은 보람도 있었지만 결코 잊지 못할 치욕의 맛도 봤습니다.
영욕(榮辱)의 세상을 넘나들며 우산도 써보고 양산도 써본 셈이지요.
살아온 세월이 스승입니다.

한세상 산다는 거,
알고 보니 간단한건데… 지나고 보니 별것도 아닌데…
그렇게 간단해지거나 별것도 아니기가 쉽지 않았습니다.
밤낮으로 머리를 쥐어뜯으며 고민해 봤으나 진리라는 것도 하나 뿐이었습니다. 하늘 밑구멍이 터져도 세월은 흐른다는 것과 영원한 것은 없다는 것, 그것 뿐이었습니다.
젊어서는 천천히 걸어가던 세월이 이제 뛰어가고 있습니다.
그래서인지,
짊어지고 가야하는 나이의 무게가 점점 무거워지기는 합니다. 아니, 나이의 무게가 아니라 이별의 무게인지도 모르겠습니다.
인생이란 숱한 만남과 이별의 연속임을 알고 또 수없이 경험했으면서도 이별만은 아직도 익숙해지지가 않습니다. 힘이 듭니다.
죽음이라는 마지막 이별의 경험은 해보지 못했지만 그렇게 급한 일도 아닌 것 같고 국제적으로 중대한 문제도 아닌 것 같으므로 뒤로 뒤로 미룰 수 있을 때 까지 최대한 미루었다가 천천히 만나볼 생각입니다.
할 일이 너무 없어 너무 심심할 때….

虛 堂

차 례

열성동우회(十星同友會) ·· 9

인생을 ··· 21

음양오행(陰陽五行) ·· 45

운(運)의 흐름 ·· 81

풍수(風水) ·· 89

팔자 건강(八字 健康) ··· 107

역학입문 ·· 147

귀신 장사 ·· 167

전장(戰場) ·· 205

궁합(宮合) ·· 241

부부의 도리(道理) ··· 279

재혼 ··· 309

슬픈 황혼 ·· 321

열매 ··· 337

대~한민국 ·· 361

열성동우회(十星同友會)

 작은 친목 단체입니다.
 처음에는 십성동우회(十星同友會)라는 이름으로 시작됐지만 십성이라는 이름이 부르기도 좀 그렇고 어감이 좋지 않다고 해서 열성(열星, 十星)동우회라고 바꾸었습니다. 회원이 열명이기 때문에 붙여진 이름입니다.
 같은 고향의 친구들 모임이라 이리저리 한 다리 건너면 친척이나 사돈 관계라도 얽히고 설킨 경우가 많은 그런 사이들입니다.
 비견(比肩)이라는 별명을 가진 회원이 회장을 맡고 정재(正財)라는 별명을 가진 회원이 총무를 맡고 있습니다. 회장을 일간(日干)이라고도 부릅니다.
 그 외의 회원 명단을 별명으로 보면,
 겁재(劫財), 식신(食神), 상관(傷官), 편재(偏財), 정관(正官), 편관(偏官), 정인(正印), 편인(偏印)입니다.
 서로 별명을 부르는 것을 즐겨 하지만 모두 본명이 있습니다.
 日干 비견의 본명은 甲입니다. 정재인 총무의 본명은 己입니다.
 두 사람은 甲己 合으로 회장과 총무로서 서로 뜻이 잘 맞고 개인

적으로도 친합니다. 나머지 회원의 호적상 본명을 보면,
  겁재는 乙이요, 식신은 丙이요, 상관은 丁이요, 편재는 戊입니다.
  정관은 辛이요, 편관은 庚이요, 정인은 癸요, 편인은 壬입니다.

  甲 日干과 乙 겁재는 木씨 집안으로
  묶어서 木씨 집안 또는 비겁(比劫) 집안이라고도 부릅니다.
  비겁을 뒤집어 겁비(劫比)라고 부르는 경우도 있습니다.
  丙 식신과 丁 상관은 火씨 집안으로
  묶어서 火씨 집안 또는 식상(食傷) 집안이라고도 부릅니다.
  식상을 뒤집어 상식(傷食)이라고 부르기도 합니다.
  戊 편재와 己 정재는 土씨 집안으로
  묶어 土씨 집안 또는 재성(財星) 집안이라고도 부릅니다.
  상황에 따라서는 재성을 재살(財殺)이라고 부르기도 합니다.
  庚 편관과 辛 정관은 金씨 집안으로
  묶어서 金씨 집안 또는 관살(官殺) 집안이라고 부릅니다.
  관살을 관성(官星)이라고 부르는 경우도 있고 편관을 칠살(七殺)이라고 부르기도 합니다.
  壬 편인과 癸 정인은 水씨 집안으로
  묶어서 水씨 집안 또는 인성(印星) 집안이라고도 부릅니다.
  인성을 인수(印綬)라고 부르거나 정인을 인수라고 부르기도 합니다.
  편인을 효신(梟神)이라고 부르기도 합니다.

  회장인 甲 日干은 점잖은 사람으로 가구 도매업을 경영합니다.
  고집 강하기로 유명합니다. 키도 크고 체격이 좋은 편입니다.
  옆을 돌아보지 않고 오직 자기가 정한 길로만 가므로 융통성이 없

다는 말을 좀 듣는 편이기도 합니다.

己정재와는 서로 코드가 잘 맞아 회장과 총무 관계를 떠나 자주 만나고 친하게 지냅니다. 甲己 合입니다.

乙겁재와는 같은 종씨(宗氏)지만 파(派)도 다르고 서로 보이지 않는 경쟁 관계라 사이가 좋지 않은 편입니다. 맨날 기대려고 하는 乙겁재 집안을 귀찮다고 경계하는 경우가 많습니다.

庚편관 집안과는 항상 의견이 갈리고 부딪치므로 사이가 좋지 않습니다. 庚편관이 나타나면 두려워하면서 골치가 아파 乙겁재를 불러 둘을 붙여주고 甲日干은 자리를 피합니다. 둘의 사이는 乙庚 合으로 단짝입니다.

총무인 己 정재는 꼼꼼한 성격에 중견 기업의 경리 과장입니다.
세밀하면서도 사교성도 있고 인정도 있는 편입니다.
회장인 甲日干과 총무인 己정재는 공식적인 관계를 떠나 개인적으로도 자주 만나는 사이입니다. 甲己 合입니다.

戊편재와는 먼 집안 친척관계지만 파(派)도 다르고 잘 어울리지 않습니다. 욕심으로 똘똘 뭉친 편재라고 기피하며 오히려 위험인물로 봅니다.

壬편인도 싫어합니다. 요령 잘 피우고 변덕이 심해 바른 생활의 사나이인 己정재의 이미지까지 버린다고 해서 멀리하는 사이입니다.

乙 겁재 집안과는 자주 부딪치면서도 서로 돕기도 하는 사이입니다.

乙 겁재는 좀 특이합니다. 체격도 아담한 편이고 언뜻 보면 여자같이 생겼는데도 술만 한 잔 걸치면 큰소리 탕탕 치면서 좌중을 이끌려고 하면서 얻어먹는 걸 좋아합니다. 보기와는 달리 투기성이 강

하면서 좀 약은 사람입니다. 신문 보급소를 하고 있으면서도 술이 좀 오르면 자칭 언론인이라고 떠들어 댑니다. 남을 잘 의심하고 심지어 같이 사는 마누라도 의심해서 의처증이 있다는 소문까지 암암리에 돌고 있습니다.

홀아비가 많은 집안이기도 하고 시집간 딸들 중에도 과부가 많은 집안으로도 소문이 나 있습니다.

庚편관을 두려워하기도 하고 끌려 다니면서도 무슨 약점이라도 잡혔는지 꼼짝 못하고 잘 어울려 다닙니다. 乙庚 合입니다.

甲日干과는 같은 종씨(宗氏) 관계지만 기피 당합니다. 파(派)도 다릅니다.

辛정관과는 앙숙 관계입니다. 乙겁재가 辛정관을 두려워합니다.

辛정관이 아픈 데를 잘 찌르고 함부로 대하므로 스트레스만 쌓여 귀신보다 무서워하며 기피합니다. 辛정관이 나타나면 丙식신을 불러 둘이 붙여 주고 도망가 버립니다. 丙辛 合으로 둘 사이는 좋습니다.

丙 식신은 제 잘난 맛에 사는 사람이지만 인물도 좋고 성격도 밝은 사람입니다. 불고기 전문점을 운영하고 있는데 먹고 마시는 것 좋아하고 화끈한 성격이라 고객에게는 인심 좋다고 소문이 나 사업이 번창 중입니다.

辛정관과 자주 만나고 잘 어울리는 편입니다. 辛정관은 丙식신만 보면 부드러워지고 싹싹해 집니다. 丙辛 合입니다.

丁상관과는 먼 친척관계지만 파(派)도 다르고 남처럼 지냅니다. 말 잘하고 순발력 강한 丁상관을 약은 짓은 골라하고 시건방지면서 잔머리 돌린다고 아예 무시하기까지 합니다.

壬편인을 유난히 좋아합니다. 가까이 지내지는 않지만 멀리서 서로 은근히 그리워하는 사이처럼 보이기도 합니다.
　癸정인은 싫어합니다. 하나가 나타나면 하나는 숨어버립니다. 둘이 甲日干이나 乙겁재를 위해 서로 도와주려고 노력하는 경쟁을 벌입니다.

　丁 상관은 지역 방송 기자입니다. 세상만사에 불평불만이 많습니다.
　말도 잘하고 말도 많습니다. 말을 함부로 하기도 하고 욕도 잘하는 친구입니다. 오지랖이 넓고 아무데나 삽질하고 다닙니다.
　좌중의 분위기를 이끄는데도 앞장서고 주위에 여자도 많다는 소문입니다. 요령꾼이라 무슨 모사를 꾸미는 데는 탁월한 재능을 가진 사람입니다.
　특히 공직자들은 자기 밥이라고 떠들어댑니다. 먹고 마시고 노는데도 도가 터진 사람입니다. 어디를 가나 분위기 메이커입니다.
　壬편인과 잘 어울리고 친합니다. 잔 머리 잘 돌리는 재주꾼끼리 서로 통하는 구석이 있습니다. 丁壬 合입니다.
　丙식신과는 종씨(宗氏)지만 파(派)도 다르고 丙식신을 폼만 잡으면서 늠품 없다고 무시하면서도 오히려 丙식신에게 무시당합니다.
　丙식신에 가려 자신을 드러내기 어려우므로 丙식신을 기피합니다.
　꼼꼼한 癸정인과는 천적(天敵) 사이로 엄청 두려워하고 경계합니다.
　癸정인이 나타나면 서로 사이가 좋은 戊편재를 불러 둘이 붙여주고 바로 도망갑니다. 戊癸 合입니다.

　戊 편재는 체격이 크고 비만형입니다. 평소에는 말수도 적어 점잖아 보이지만 술 좋아하고 여자 좋아하고 노름도 좋아하는 팔방미인입니다.
　토건업을 합니다.

戊편재는 구성원 중에서 나이가 한 살 더 많습니다. 욕심 많다고 소문난 사람이면서도 특히 술이라도 한잔 들어가면 기분파 행세를 합니다.

癸정인과 친한 편인데 꼼꼼한 癸정인에게 서류 등의 사업상 문제로 도움을 받기도 합니다. 癸정인은 구성원 중에서도 나이가 한 살 적습니다. 가장 나이가 많은 戊편재와 가장 나이가 적은 癸정인입니다. 戊癸 合입니다.

총무인 己정재와는 먼 친척 관계지만 파(派)도 다르고 己정재를 쪼잔한 꼼생이라고 무시하기도 하며 잘 어울리지 않습니다.

甲 日干과는 서로 이와 잇몸의 관계입니다. 의견차이로 서로 다투기도 하고 경계하기도 하지만 甲日干은 戊편재에 의지하는 경향이 있고 戊편재는 甲日干을 보호하고 도움을 받기도 합니다.

庚 편관은 의리를 입에 달고 살면서 겉으로는 불의를 보면 참지 못하고 그냥 지나치지 못합니다. 그러나 뒤로는 욕도 많이 먹습니다.

자칭 정치가로 국회의원 꽁무니나 따라다니며 아무도 알아주지 않는데 혼자 품을 잡고 사는 사람입니다. 선거철이면 모임에도 나타나지 않을 정도로 엄청 바쁜 사람입니다. 乙겁재와 친합니다. 乙庚 合입니다.

辛정관과는 종씨(宗氏)지만 파(派)가 다릅니다. 노는 물이 다르다고 辛정관을 얕보는 경향이 있어 서로 잘 어울리지 못합니다. 辛정관을 자꾸 집적거려 신경을 건드리고 피해를 주기도 합니다.

丙식신을 만나면 항상 서로 다투고 큰 소리가 납니다. 모임에서도 둘이 바로 옆에 붙어 앉으면 시끄럽습니다.

辛 정관은 좀 까다로운 사람입니다. 꽁생원 같은 성품에 원칙을 중시하는 사람으로 무슨 일이든 일목요연하게 정리하는 데는 따라갈 사람이 없습니다. 행정직 공무원입니다. 성격이 까다로운 편이라 쫌생이 냄새도 납니다.

네 것 네가 먹고, 내 것 내가 먹는다는 사람으로 맨날 원칙만 찾고 융통성이 없어 좀 답답하기도 합니다.

丙식신과는 친합니다. 丙辛 합입니다. 서로 남의 것 탐내지 않고 자기 것을 지키는 성향이라 통하는 구석이 있습니다.

庚편관과는 먼 친척 관계지만 파(派)가 달라 가까이 지내지 않습니다. 庚편관을 허풍쟁이라고 무시하면서도 기피하고 어울리려 하지 않습니다. 庚편관만 만나면 손해 본다고 불평입니다.

丁상관을 두려워합니다. 눈빛만 쳐다봐도 신경이 곤두서고 머리가 쭈뼛쭈뼛 설 정도입니다. 丁상관이 나타나면 丁壬 합으로 사이가 좋은 壬편인을 불러 둘을 붙여주고 도망가 버립니다.

己정재도 싫어합니다. 辛정관을 알아주지 않다고 해서 불만입니다.

癸정인과는 싫어하면서도 좋아하는 이중적인 사이입니다. 癸정인이 辛정관을 편하게 해 주기는 하는데 한편으로는 훼방꾼 같습니다.

壬 편인은 꾀돌이요, 요령꾼이요, 만능 재주꾼입니다.

가끔 반짝반짝하는 아이디어를 내놓아 주위를 놀라게 하기도 합니다. 놀기 좋아하고 변덕도 잘 부려 무슨 말을 해 놓고 나중에 오리발 내밀거나 뒤집기도 잘 합니다. 눈치 하나는 따라갈 사람이 없습니다.

어디서 배웠는지 손바닥에 육갑을 짚어가며 회원들에게 운을 봐 주겠다고 나서기도 잘 합니다. 丁상관과 친합니다. 두 사람이 만나면 기발한 얘기 들이 오고 갑니다. 丁壬 슴입니다.

癸정인과는 종씨(宗氏)지만 파(派)도 다르고 답답할 정도로 바르게만 사는 癸정인과는 성분이 너무 달라 잘 어울리지 못합니다. 그래도 급하면 癸정인을 찾습니다. 癸정인에게 기대기도 합니다.

己정재를 싫어해서 둘은 서로 사이가 좋지 않습니다.

癸 정인은 고등학교 수학 교사입니다. 체격이 날씬하고 겉 모습으로는 약간 여성스러운 면도 있습니다. 무슨 일이 생기거나 의견이 갈리면 메모를 해서 기록을 남기는 버릇이 있습니다. 실력이 있어 학생들이 잘 따르고 학생들을 잘 다루는 특이한 카리스마도 있다고 알려져 있습니다.

남의 것은 탐을 내지도 않고 주어진 환경에 최선을 다하는 사람으로 어려운 일을 당해도 묵묵히 견디는 인내성이 강합니다.

戊편재와 친합니다. 전혀 다른 직업이고 정이 별로 깊지도 않고 성격도 다른데 癸정인은 戊편재를 좋아하고 따릅니다. 戊편재도 어린 癸정인을 잘 데리고 다닙니다. 戊癸 슴입니다.

壬편인과는 먼 친척관계지만 파(派)가 달라 남처럼 지냅니다. 잔재주를 많이 부리고 변덕이 심한 壬편재를 별로 좋아하지 않고 오히려 경계합니다. 壬편인을 만나 득 되는 것도 없고 급할 때만 찾고 도와 달라고 해서 손해만 본다고 불만입니다.

丁상관은 癸정인의 밥입니다. 丁상관은 무서운 癸정인을 어떻게 좀 데리고 가 달라고 戊편재에게 매달립니다. 戊癸 슴입니다.

戊편재는 丁상관의 보호자로 나섭니다.

어느날 …
어느 대중음식점에서 이들의 정기 모임이 열렸습니다.
오래간 만에 만나 반갑게 인사를 나누고 반주를 곁들인 저녁 식사를 떠들썩하게 하면서 분위기가 무르익고 알딸딸해져 조금씩 조금씩 나사가 풀어질 준비가 돼가고 있었습니다.
소주가 목구멍으로 술술 넘어가고 어느 정도 기분들이 헬렐레 해진 상태에서 분위기가 익어가자 누가 먼저랄 것도 없이 물 좋다고 소문난 '쭉쭉 빵빵 단란주점'이라는 곳으로 이동을 하게 됐고 이제 본격적으로 넥타이를 풀어 헤치기 시작했습니다.
약간 음침하게 돌아가는 핑크색 조명 아래 약간 음침한 핑크색 분위기를 음미하며 이제 막 마시고 춤추고 노래하며 놀기 시작하는데 느닷없이 회장인 日干이 폼을 잡고 김새는 한마디를 던졌습니다.

日干.. "에~ ~오늘은 적당히 마시고 놀다가 일찍 헤어지기로 하고 …"

그러자, 마시고 노는 데는 선수급이요, 항상 술자리를 리드하는 편재가 벌건 얼굴을 쳐들고 소리 질렀습니다.

편재.. "어이~. 친구들아. 이거 우리 얼마만의 모임이고? 재미있게 놀자. 야! 웨이터! 술 더 가지고 와! 오늘은 내가 팍팍 쏜다."

총무인 정재가 나섰습니다. 총무 정재는 모임이 잘 마무리 되도록 뒷처리를 해야 하므로 술도 마시는 시늉만 합니다.

정재.. "야! 편재야. 회비로 마시면 돼."

총무답게 한마디 하는데 성질 급한 겁재가 튀어 나왔습니다.

겁재.. "야! 정재야. 편재가 쏜다는데 좀 놔둬라. 임마!
　　　　정재 저 짜슥은 맨날 초치는 데는 뭐가 있더라.
　　　　편재 저 친구 돈 잘 벌잖아. 땅만 파면 돈인데 뭘 그래."
오나가나 폼 잡고 거들먹거리면서 항상 간섭하고 감독하려고 하는 편관이 가만있을 리 없습니다.

편관.. "야! 겁재야! 사람이 와 그라노?! 임마! 편재가 술김에 쏜
　　　　다고 하면 말려야지. 저 친구 요즘 경기도 않좋다는데 …
　　　　말을 해도 생각을 좀 해가며 해라. 친구라는 놈이 …"
술통으로 소문난 식신이 계속 홀짝이면서 느긋하게 한마디 거들었습니다.

식신.. "어이! 편관아. 네 말도 일리가 있는데 … 오늘은 각자 자
　　　　기 주량대로 적당히 마시는 걸로 하고 …"
그러자 편인이 튀어 나왔습니다.

편인.. "거, 말도 안되는 소리 하지마라. 임마! 술이 적당히가 되
　　　　나?! 그라고, 너, 식신 임마! 너는 밤새도록 퍼 마셔도 취
　　　　하지도 않는 놈이 술값은 우째 감당할끼고. 임마!"
이렇게 되자 점잖은 정관도 한마디 거들고 나섰습니다.

정관.. "자, 자, 서로 잘 타협해서 합리적으로다가 …
　　　　친구들끼리 언성 높이지 말고 …"

그렇지 않아도 정관과는 사이가 좋지 않은 상관이 아니꼽다는
듯이 도끼눈을 치켜뜨며 소리를 지릅니다. 욕쟁이답게 쌍말도
튀어 나왔습니다.

상관.. "정관 저 새끼는 맨날 합리적이래. 씨~발. 술마시는데 합
리가 통하나. 임마! 씨~~발. 술맛 떨어지게 …"
이때 정인이 조용히 중얼거립니다.

정인.. "야! 상관아. 나서지 말고 가만히 좀 있거라. 결론이 나기
어려운 싸움 같다."
마무리가 시끄럽고 복잡해 질것 같은 분위기에 젊잖은 총무
정재까지 열 받았습니다.

정재.. "이 봐라. 정인아! 너까지 와 그라노. 임마! 적당히가 좋은
거 아이가. 너는 임마! 맨날 이것도 아니고 저것도 아니고 …"

식상이 나서면… 비겁이 거들고… 인성이 토달고 시비걸고 …
재성이 나서면… 식상이 감싸고… 비겁이 토달고 시비걸고 …
관살이 나서면… 재성이 동조하고… 식상이 토달고 시비걸고 …
인성이 나서면… 관살이 은근히 돕고… 재성이 토달고 시비걸고 …
비겁이 나서면… 인성이 박자를 맞추고… 관살이 토달고 시비걸고 …
겁재 乙과 편관 庚이 合으로 한패가 되기도 하고 …
식신 丙이 정관 辛과 合으로 한패가 되기도 하고 …
상관 丁이 편인 壬과 合으로 한패가 되기도 하고 …
편재 戊와 정인 癸가 合으로 한패가 되기도 하고 …

총무인 정재 己는 회장인 甲 日干의 눈치만 보고 …
이놈 나서고 저놈 나서고 …
뒤죽박죽에 분위기가 어수선하게 돌아가자 결국 甲日干의 부탁을 받은 총무 己정재와 戊편재의 중재로 수습이 되었습니다.
戊己는 土입니다. 중용이요, 중화요, 중재입니다.

인생을

 자동차 운전이나 고도리 화투판에 비유하기도 합니다.
 자동차를 운전할 때는,
 앞을 잘 보면서 백미러로 뒤도 봐야 하고 사이드 미러로 옆도 부지런히 살펴야 합니다. 그리고 적정 장소와 적정 순간에 가속기나 브레이크를 알맞게 밟아주어야 합니다. 그뿐이 아니지요.
 필요에 따라 방향등도 켜 주어야 하는 등 정신이 없어 눈알이 튀어나올 지경입니다. 감각이 둔하거나 판단력이 시원찮은 사람은 언제 어디서 어떻게 부딪치고 뒤집어져 깨지고 다칠지 모릅니다. 더 잘못되면 목숨을 잃을 수도 있습니다. '아차' 하는 순간입니다. 현대인은 누구나 밤낮없이 목숨을 걸고 사는 셈입니다.
 고스톱 화투판에서는,
 들고 있는 패가 태어난 기본 바탕입니다. 그리고 바닥에 깔려 있는 패가 현재 환경입니다. 한 장 한 장 뒤집는 것은 흐르는 운세, 즉 환경의 변화입니다. 들고 있는 패가 좋다고 승자가 되는 것도 아니고 깔려 있는 그림이 좋다고 다 가질 수도 없습니다. 다 놓칠 수도 있습니다.

좀 붙는다고 무대뽀 '고고-'로 밀어붙이다 피박에, 독박에 망하기도 합니다. 맞는 패가 멋지게 나타나 힘차게 두드려도 잘못 뒤집으면 설사하고 무릎을 칩니다.

전화위복도 있지요. 설사한 무더기가 다음 차례에서 용케도 잘 뒤집어져 왕창 몰아오는 대박이 터지기도 합니다. 운을 만나는 것입니다.

물이 들어 올 때 노를 저어야 하듯 운이 들어올 때 전진하고, 운이 도와주지 않을 때는 물러서기도 하면서 지혜롭게 살면 되겠는데 그것이 말로는 쉽지만 현실에서는 말처럼 그렇게 녹록치가 않습니다.

불확실성으로 인해 무섭고 불안한 현대의 문명사회를 살아야 하는 우리 인생길이 그러합니다.

그래서 생각을 좀 비틀어 봤습니다.

이런 저런 잘못된 일들을 단순히 자신의 실수나 오판(誤判)의 문제로만 치부하고 그냥 넘어가기에는 어딘지 모르게 그것이 아닌 것 같기도 해서, 그 아닌 것 같은 무엇을 '운명' 또는 '운'이라는 이름의 작용으로 본 것입니다. 눈에 보이는 현실 외에 보이지 않는 이면으로 또 다른 그 무엇이 있어 인생의 운전에 영향을 준다는 것이지요.

믿거나 말거나 이 운의 작용을 부정할 수가 없습니다.

인생의 기회가 두 번만 돼도 연습 한번 해가지고 실수 없이 제대로 살아 볼 수 있겠으나 그럴 수도 없습니다. 인생길에는 왕복도 없고 오직 편도길 뿐입니다. 후진(後進)이나 U턴 조차도 허용되지 않습니다.

그러니 더더욱 실수를 막고 후회없이 살고싶은 욕심은 누구나 기본적으로 가지고 있습니다. 그렇다면?

운명이라는 눈에 보이지 않는 그 무엇을 아주 조금이라도 미리 알아서 이왕이면 인생 여정에 참고할 수 있고 도움을 받을 수 있다면?

그것만으로도 '운명학'이라는 것이 미신이요, 허무맹랑하고 헛된 소리라고 무시할 일은 아니지 않을까요?

여기서 무슨 심오하고 철학적인 이론을 논하려는 것은 아닙니다.

솔직히 고백하면 그럴만한 능력도 자질도 없는 허당(虛堂)입니다.

역학(易學)을 바탕으로 한,

특히 사주명리학을 바탕으로 한 인간의 운명이라는 참으로 난해하고 난감한 분야에 대해 현실적인 관점으로 공부하고 연구하는 초라한 말석(末席)의 작은 학인(學人) 입장에서 길을 찾아보겠다고 이리 저리 더듬고 헤매는 시늉을 하고 있을 뿐입니다.

운명을 알면 하늘을 원망하지 않고 자신을 알면 남을 원망하지 않는다고 해서 역학이라는 영역에 발을 들여 놓은지 벌써 한참 되었습니다만, 이제 겨우 책장이나 이리 저리 뒤적이는 법안(法眼)의 울타리 안에서 땀을 뻘뻘 흘리며 우왕좌왕하고 있는 중이기도 합니다.

책장의 글이 글로 보이지 않고 비록 희미하게나마 한편의 드라마틱한 그림으로 펼쳐지고 그려질 때 법안의 단계를 뛰어넘어 개안(開眼)의 영역에 접어들어 겨우 눈 좀 떴다고 할 수 있겠지요.

그런 이후에 눈앞이 환해지면 비로소 도안(道眼)의 문턱에 발을 들여놓게 되어 뭐 좀 안다고 눈을 지그시 감은 자세로 폼 잡고 앉아 어깨를 좌우로 흔들어 볼 수도 있을 것입니다.

그리고 언젠가, '뻥!' 하고 막힌 곳이 시원하게 뚫리면서 껍질이 '확!' 깨지고 벗겨지는 순간을 맞이하는 날이 온다면 드디어 신안(神眼)의 경지에 접어들어 천지 만물의 운행을 손바닥 위에 펼쳐 놓고 우주의 이치도 인간의 운명도 조망해 볼 수 있을 것이지만, 그러나 죽을 때까지 머리 싸매고 끙끙대며 버둥거린다고 해도 맨 밑바닥의 법안

(法眼) 울타리를 벗어나기는 아무래도 어려울 듯합니다. 아닙니다.

열두 번 죽었다 깨어나기를 반복한다고 해도,

법안이라는 첫걸음의 영역에도 미치지 못하면서 소위 어설픈 '반풍수' 노릇이나 하다 말 것 같습니다. 그러면서도 한줌도 안되는 지식과 지혜를 끌어안고 겨우 코끼리 뒷발의 발톱 한 구석을 더듬으며 코끼리의 전체 모양을 아는 척 헛기침을 해대고 있는 스스로의 가소로운 모습을 보며 가끔은 부끄러움을 느끼기도 하고 모자람을 허세로 위장해야 하는 처지를 한탄도 해 봅니다.

역학이라는 말이 흔하게 회자(膾炙)되는 세상이지만 제대로 알기 위해서는 적어도 200년 이상을 미쳐야 한다고도 합니다.

이게 도대체 무슨 말인가요?

날고 뛰어도 그 깊이와 넓이를 다 알 수는 없다는 말입니다.

무슨 신통한 도사나 되는 것처럼 눈알을 부라리며 큰소리 탕탕 쳐대도, 사실은 알고 보면 그 중의 아주 작고 미미한 일부를 겨우 몇 구절 건져 아는 척 큰소리 친다는 말입니다.

이 가운데에 천학비재(淺學非才)한 허당(虛堂)도 한 다리 걸치고 있다는 사실이 가만히 생각해 보면 솔직히 얼굴이 붉어질 때가 많습니다. 그러나 세상이란,

어떤 어느 분야건 선악(善惡)이 공존하게 돼있고 저질(低質)이나 사이비(似而非)도 섞여 돌아가게 마련입니다.

거기다 오늘날과 같은 다양화(多樣化), 다품종(多品種) 시대에 허당(虛堂) 같은 엉터리가 하나 쯤 더 끼어 있다고 해서 특별히 달라지거나 이상할 것도 없을 것이라는 뻔뻔한 생각도 들기는 합니다.

어차피 세상은 본질적으로 불안정하고 어지럽고 탁한 혼돈입니다.

이 시대만 그런 것도 아닙니다.

낮이면 하늘이 무너지지나 않을까 두려워하고, 밤이면 땅이 꺼지지나 않을까 노심초사하며 살얼음판을 걷듯 하루하루를 혼을 잃은 광대처럼 살면서도 인생이란 어차피 거짓과 허세 투성이요, 그렇게 저렇게 대충 뒤섞인 채 어울려 돌아가는 것이라는 낯 두꺼운 변명으로 위안을 삼고 억지를 부려 봅니다. 배 째라는 배짱이기도 합니다. 그리고 심장을 두꺼운 철판으로 덮고 얼굴은 요란한 분칠로 떡칠을 하면서 거의 특공대 수준의 중무장으로 위장을 해 봅니다.

이게 아닌데
이게 아닌데
사는 게 이게 아닌데
이러는 동안
어느새 봄은 와서 꽃은 피어나고
이게 아닌데 이게 아닌데
그러는 동안 봄이 가고 꽃은 집니다
그러면서
그러면서 사람들은 살았다지요
그랬다지요

김용택의 시 '그랬다지요' 입니다.

멋모르고 세상에 태어나 영원할 것처럼 살면서도,

백년도 버티지 못하고 긴긴 어둠 속으로 사라지는 참으로 아무것도 아닌(?) 인간의 영육(靈肉)에 왜 이리도 많은 사연들이 오고 가는지요.

만나고, 헤어지고, 지지고 볶고, 사랑하고, 탐욕하고, 미워하고, 배신하고, 아파하고, 웃고 울면서, 살고 병들고….

그렇게 발버둥 치다 죽어가는 우리네 인생 여정입니다.

하루를 마감하고 잠이 들기 전 가만히 누워 생각해 보면 참으로 아무것도 아닌 것 같은 허망한 상념에 휩싸입니다.

그렇게 밤을 뒤척이다가 잠이 들지만 다시 아침에 눈을 뜨고 일어나 현실의 생활 속으로 휩쓸려 들어가면 스스로 어떤 거대한 흐름을 운행하기라도 하는 듯한 착각에 빠져 또 세상을 휘젓습니다.

조금만 충격을 받아도 설사를 좔좔 하고 작은 상처에도 아픔을 참지 못해 오줌까지 질질 싸며 눈물을 뚝뚝 흘리는 그야말로 나약하기 짝이 없는 우리들 인간이면서도, 대단한 존재인 것처럼 두꺼운 철갑옷으로 위장하고 허세와 허풍까지 더해서 폼도 잡아야 하는 세상살이입니다. 생각해보면,

이런 험한 세상, 맵디 매운 고난의 세월을 겨우 겨우 힘겹게 버티면서도 그래도 우리는 요절하지 않고 지금까지 용케도 살아남았습니다. 온갖 사고와 질병의 무차별 공격에도 굴복하지 않고 당당하게 살아서 숨을 쉬고 있는 우리들 스스로가 대견하고 자랑스럽기도 합니다. 모두들 수고 했습니다.

그리고 감사합니다. 낳아주고 키워주신 부모님에 감사하고 그 위의 조상님에게도 감사합니다.

비켜간 벼락에게도 감사하고 달리는 흉기로 저승사자의 앞잡이 노릇을 하기도 하는 자동차에게도 감사합니다.

여기 저기 닥치는 대로 씨를 뿌리고 다녀 만인을 긴장시키면서도

허당(虛堂)에게는 특별한 관심은 커녕 신경조차 써주지 않는 듯한 암(癌)을 비롯한 온갖 무서운 질병에게도 감사합니다.

또한 석기시대를 피해 20세기에 내 보내 주신것도 감사합니다. 그 보다 먼저,

그 많은 인간, 동물, 곤충, 식물들까지 만드시느라 정신없으실 조물주께서 잊지 않고 허당(虛堂)까지 만들어 주신 데 대해서 무한히 감사합니다. 3.3% 모자라게 대충 만들어 주신 데 대해서는 바쁘신 입장을 이해하면서도 솔직히 좀 섭섭하기는 합니다. 아무 쓸모도 없는 젖꼭지를 두 개 씩이나 붙혀 놓은것도 그렇고…

험한 세상살이가 아프고 힘들기는 해도 단맛, 쓴맛 ,매운맛 두루 두루 맛보고 나면 참맛이 우러나지요.

그러면서 인생 70평생, 80평생을 살다보면 철이들어 감사하지 않은 데가 없습니다.

우리가 살고 있는 세상을 좀 유식하고 거창스럽게 연결해 보면, 인간의 영역으로 지구 구역(區域)인 태양계가 속한 '우리 은하'에만 1,000억 개 이상의 별이 있고, 이 우리 은하와 비슷한 규모의 은하가 또 1,000억 개 이상이 흩어져 있는 곳이 광대한 우주라고 합니다. 그런데 더 놀라운 것은 이것도 전체 우주의 5% 밖에 안된다는 것입니다. 기가 막히지요?

이렇게 상상조차 불가능한 우주의, 상상조차 불가능한 수많은 별들 중에서 유일하게 물을 가진 푸른 별로 태어난 지구에서 우리가 태어났습니다.

태양계의 자식인 여러 별들 중에서 가장 적당한 위치에 축복받고 태어난 자식이 지구인 셈이고 우리 인간은 그 지구의 자식인 셈이지요.

이토록 운 좋게 태어난 우리들이지만 사실은 너무도 하찮은 존재이기도 합니다. 우주에서 보면 아주 미세한 먼지하나 보다 작습니다. 아니, 먼지 위에 붙은 먼지위의 먼지보다 작습니다.

우주에서 보면 지구는 있으나마나한 먼지 하나 격이요, 인간은 지구에 달라붙어 꼬무락거리다 사라지는 작디 작은 생명체일 뿐이라는 말입니다.

그리고 인간이 영원히 영속하며 존재할 수 있을지도 의문입니다.

지구에 지금까지 나타난 수많은 생물 중에서 99% 이상은 이미 멸종해서 존재하지 않는다고도 합니다. 아무리 힘들게 자손을 번식시켜 가며 영속시키려 해봐야 지구에서의 삶이라고 하는 것이 지극히 짧디 짧은 찰나에 불과하다는 말입니다.

그런데도 우리는 발버둥입니다.

죽음이라는 종말이 두려워서, 영생을 꿈꾸며 자식을 두어 대를 잇는 것으로 생명을 연장해 보려는 간절하고 본능적인 욕망을 위해 땀을 뻘뻘 흘립니다.

그것도 불안해서 다음 세상이 있다며 '저승'을 팔아먹는 종교의 유혹에 빠져 애처로운 기도로 매달리기도 합니다.

혼돈의 우주 상태에서 빅뱅(Big Bang)이라는 거대한 폭발로 우리 은하가 생기고 태양계가 형성되면서 45억년 전에 지구가 생기고 35억년 전에 최초의 생명이 나타나 온갖 종류의 생명으로 진화되면서 인류가 태어난 것은 3백만년 전이라고도 하고 5백만년 전이라고도 합니다.

어쨌거나,

그 사이 인류의 멸종 위기도 많았다고 하니 앞으로 언제 소멸될지도 모른다는 말과 같습니다. 영원한 것은 없다는 결론이지요.

이런 저런 것들을 탐구한답시고 대학 등에서는 지구학, 천문학, 고고학, 또는 철학과 등등이 있어 심각한 표정으로 고뇌하며 연구하고 있고 역학자는 천지 이치가 이러쿵저러쿵 아는 체 떠들며 종교인들은 근엄한 표정으로 인류의 삶과 죽음을 설파하지만 무슨 말은 말인 것 같으면서도 도무지 무슨 말인지 알아듣기 어렵고 현실적으로 와 닿지도 않는 공허한 말장난 같은 경우가 대부분입니다.

도깨비 잠꼬대 하다 이 가는 소린지 …

메뚜기 하품하는 소린지 …

그러면서도 자신도 모르는 사이에 거의 본능적으로 귀를 기울이게 되는 것은 아마도 달리 기댈만한 곳이 없기 때문이 아닌가 합니다.

십수 년을 날아서 머나먼 행성에 도달하는 우주선을 쏘아 올릴 만큼 과학이 넘치는 시대에 살고 있지만 작은 인간이 태어나고 살고 죽는 이야기는 여전히 신비의 영역입니다.

과학자들은 이것을 과학적으로 해결해 보겠다고 뿌리의 뿌리까지 파 뒤지고 있고 종교인이나 철학인들은 종교적 또는 영적인 방법 등을 동원해서 답을 찾는다고 나서지만 여전히 그 답은 뜬구름 잡는 식입니다. 어쩌다 태어났으니 그냥 사는 것이요, 육신의 기능이 닳고 쇠하여 정지하니 죽는 것 뿐입니다.

영물적인 생각이 있는 인간이라고 해서 다른 동물이나 생물에 비해 특별히 삶과 죽음이 다른 것도 없습니다.

태어나고, 살고, 병들거나 쇠하여 한줌의 흙으로 돌아가는 것은 같습니다.

하지만 비록 그렇다고는 해도 뭔가 찾아볼 수 있는 데까지는 찾아보고 알아 볼 수 있는 데까지는 알아봐야 하지 않을까요?

그렇습니다. 그것은 생각이 있고 지능을 가진 인간의 특권이기도 합니다. 그렇게 더듬다보면 비록 아주 작은 것이라도 무엇인가 잡히는 것이 있을지도 모르는 일입니다.

그래서 허당(虛堂)처럼 '역학'이라는 깊고 넓은 늪 속으로 이 사람 저 사람 뛰어 들지만 막상 그 속으로 들어가 보면 이길, 저길 하도 길이 많아 도대체 어느 길을 따라 가야 할지 난감하기만 합니다. 그 깊이와 넓이는 또 어떤가요. 감히 가늠조차 할 수 없는 아득한 늪입니다.

현실적인 관점에서 연구하고 있는 대중적인 운명학을 보면,

서양에서는 오랜 역사를 가진 점성학이 어느 정도 뿌리를 내린 것 같지만 여전히 구름잡는 식이요, 동양에서는 주역을 모태로 한 여러 다양한 이론들이 도토리 키재기를 합니다.

그러나 지금까지 인류가 창출한 이 많고 많은 운명론 중에서,

그래도 사주명리학이 비교적 객관적이고 현실적인 예지력을 보여주는 학문이라고 할 수 있을 것 같아 매달려 봅니다.

사주명리학에서는 인간에게 가장 기본적인 '그릇'을 알 수 있습니다. 그릇을 알아야 그에 맞는 인생 설계가 가능합니다.

그릇이라고 하면 용도와 용량입니다. 능력이요, 자질이요, 자격이요, 인격입니다. 그리고 특성이요, 특기입니다. 자신의 분수를 보는 것입니다.

택시 엔진에는 택시를 얹어야 하고 버스 엔진에는 버스를 얹어야 합니다. 택시 엔진에다 버스를 얹어 도로를 질주할 수는 없습니다.

청룡언월도(靑龍偃月刀)는 역시 관우가 휘둘러야 제격이듯 …

팔자에서,

타고난 천성을 알고 그릇의 크기와 특성을 찾아내면 그에 따라 적절하게 처신하는 지혜를 찾을 수 있을 것이고 자신의 재능을 최대한으로 발휘할 수 있는 직업이나 사업을 찾는데 도움을 받을 수 있다는 말입니다. 또한,

살아가면서 만날 수 있는 불의의 재난을 미리 대비하여 피할 수도 있다는 말입니다. 어렵긴 하지만 …

용량과 용도를 알아야 그에 따른 처방이 나오는 것이지요.

어차피 태어났으니 사는 데까지는 안전하게 제대로 살고 싶은 것입니다. 워낙 힘한 세상이라,

조심에는 초과한도도 없고 유통기한도 없습니다.

모모 대학의 모모 경제학 교수께서 '사주'가 소득에 영향을 미치는 효과에 대해 연구 분석한 논문을 발표한 적이 있습니다.

이 발표에 의하면 사주에서 재물운이 강한 사람은 재물운이 약한 사람에 비해 12%에서 최고 39%까지 더 많은 소득을 올리고 있더라는 내용이 포함되어 있었습니다. 물론 학력 등의 여러 조건이 동일한 경우입니다.

그렇다고 사주가 다 결정하는 것은 물론 아닙니다. 사주가 만사를 해결해 주는 도깨비 방망이는 아니라는 말입니다.

운이 있다고 누구나 다 대통령이 되거나 재벌이 될 수는 없습니다. 사주가 아무리 좋아도 다른 여러 환경이 어우러져 이루어지는 것이기 때문에 사주 하나로 답을 내리기는 어렵다는 말입니다. 될 것 같다가도 천적이 나타나면 허사입니다. 친구나 참모 한 사람 잘못 두어 일이 완전히 뒤틀리는 경우도 많습니다.

태어난 지역과 장소도 영향을 줍니다. 환경 조건입니다.

이름의 영향을 받기도 하고 부모의 성향까지도 작용을 합니다. 시대적인 변화 또한 참고해야 하는 것은 당연합니다.

이런 여러 가지 상황을 무시하고 사주 하나로 판단하거나 잘못 보고 잘못 말하면 선무당 사람 잡는 꼴이 될 수 있는 것이지요.

살아가는 지혜의 하나로 활용하는 것이 좋다는 말입니다.

지혜라고 하는 것은 지렛대를 활용하는 이치와 같습니다.

큰 바위를 옮길 때 지렛대를 이용하면 편리하고 유리할 것을 미련 곰퉁이는 힘으로만 용을 쓰다가 바위를 옮기지도 못하고 무리하게 힘쓰다 몸만 상하는 꼴이 됩니다.

사주명리학은 가능성을 말합니다. 만사를 정단하고 결정해 주는 것이 아니라 밝고 어두운 명암(明暗)의 조도(照度)를 암시합니다. 이 한계를 벗어나면 사술(詐術)로 흐를 위험이 있습니다.

사주에서 제시하는 메시지를 분석해서 최선의 선택을 하는 것입니다. 최종 선택과 결정은 본인 몫입니다. 물론 결과적인 책임도 본인 몫입니다.

인생은 철저히 주관식입니다.

문제도 자신이 만들어 출제합니다. 시험을 봐서 답을 써야 하는 수험생도 자신입니다. 지침서도 교과서도 없습니다.

설사 교과서가 있다고 해도 세상 만사를 교과서대로 살수도 없습니다. 세상 만사는 교과서대로 돌아가지도 않고 교과서 밖에서 일어나는 경우가 더 많습니다. 지혜가 필요한 것은 그 때문입니다. 세상을 공식대로 살 수도 없고 지식만으로 살 수도 없는 것이지요. 세상을 살아가는 공식이라는 것도 없습니다.

운명이란,

비켜 가기도 어렵고 지레 겁을 먹는다고 해서 다가오는 운명이 물러나거나 바뀌는 것도 아닙니다. 먹구름이 하늘을 뒤덮으면 비가 오리라는 것을 예상하고 대책을 세우는 것이 방책입니다.
　다가오는 운명에 대처하는 것도 이와 같습니다.
　살아보면 압니다.
　'그러나~'도 많고 '그렇지만~'도 많고 '그것보다~'도 많습니다.
　'혹시나가 역시나~'도 많고 '이게 아닌데~'도 많습니다. 너무 많습니다. 모두 교과서 밖에서 일어나는 '예외(例外)'들입니다.
　내용을 제대로 알지도 못하면서 사주명리학을 통계학이라고 우기는 사람도 있습니다. 심지어 대(?) 역학자라고 큰소리 탕탕치는 사람까지도 이따위 헛소리를 하기도 합니다. 미안하지만 통계학이 아닙니다. 통계라는 개념조차 없을 때 형성된 이치학이요, 자연학입니다. 결과적으로 보니 통계상 맞을 뿐입니다.
　아참,
　정신 나간 어느 종교에서는 운명학(易學)을(그 이치를 알지도 못하면서) 미신(迷信)이라며 무시한다지요? 그럴까요?
　좀 미안한 이야기지만(사실은 미안할 것도 없지만) 역학을 미신이라고 주장하는 종교가 있다면 그 종교가 바로 미신 집단입니다. 그리고 역학을 미신이라고 우기는 사람이 있다면 그 사람은 또한 스스로 무식을 자랑하는 외눈박이일 뿐입니다.
　주역(周易)을 집대성해서 정리한 공자(孔子)가 무식한 사람인가요?
　세상 사람들은 자기 자신은 똑바로 돌아보지 못하면서 남의 허물이나 잘못은 어찌 그리도 잘 찾아내고 잘 들여다보는지,
　또한 남의 일에는 어찌 그리도 부정적으로만 잘도 보는지 참으로 신기하고 희한한 일입니다.
　미국이 남 베트남에 들어가 월맹(북 베트남)과 한판 붙었을 때의

일입니다.

지금은 열반하신 탄허스님께서 미국은 반드시 패한다고 단정적으로 예언했습니다. 모두들 의아해 하고 비웃기도 했습니다.

세계의 경찰이라는 미국이 패한다고?

여차하면 핵무기 한방으로 끝장 볼 수도 있는 미국이 패한다고?

그러나 예언대로 미국은 엄청난 손실을 입고 망신만 당한 채 쫓겨 나듯이 철수하고 말았습니다. 탄허스님이 예언한 원리는 간단합니다.

미국은 서방(西方)으로 오행상 金에 속합니다. 풍수 방위상으로도 金에 해당합니다.

베트남은 남방(南方)으로 오행상 火에 해당합니다. 풍수 방위상으로 봐도 火에 해당됩니다.

金인 쇠가 火인 불속으로 들어갔으니 화극금(火剋金)의 이치에 따라 쇠는 녹아버린다는 너무도 기본적인 역리학적 이치에 따른 것입니다.

이것이 미신인가요? 또,

이미 고인이 되신 어느 한의사 한분이 6.25 전쟁의 발발 원인을 오행학적으로 분석한 적이 있습니다.

이남은 남방이라 火인 불입니다. 이북은 북방이라 水인 물입니다.

소련의 상징은 백곰인데 백곰은 북극의 차가운 얼음과 물을 생활 터전으로 하고 있습니다. 중국의 대표적인 상징은 상상의 동물인 용으로 이 또한 물에서 노니는 동물입니다.

북한의 물과 소련의 물과 중국의 물이 합쳐져 대 홍수가 났고 이것이 넘쳐 내려온 것이 6.25 한국전쟁이라는 것입니다.

이렇게 홍수가 나서 밀고 내려오다가 대전(大田)은 큰 들판이라 그대로 통과해 버리고 전주(全州), 광주(光州)도 휩쓸었는데 대구(大邱)는 큰 언덕이라 여기서 그만 딱 막혀 버렸답니다.

물론 부산(釜山), 울산(蔚山), 마산(馬山)도 山이라 대부분 안전했지요. 억지로 짜 맞춘 억지 소설 같은가요?

물어 보겠습니다.

자본주의 사회에서 수억원, 수십억원의 연봉을 받으며 끗발 날리는 '증권 에널리스트'인가 뭔가 하는 직업이 있습니다. 주식 등 증권 가격의 등락을 분석하고 예측하는 직업으로 투자분석가라는 고급스러운 명칭의 직함을 가진 소위 엘리트중의 엘리트라고 하는 집단에 속하는 직업군입니다.

굳이 따지자면 이들도 하나의 점술(占術)가들 아닌가요?

앞일을 예측하고 분석하는 것은 그놈이 그놈입니다. 똑 같습니다.

이 사람들은 어마어마한 양의 온갖 통계 자료와 첨단 기기를 활용하면서도 애매한 구름 잡는 소리를 하거나 아예 헛소리를 해댑니다.

어느 양심적인 증권 분석가께서 전문가의 예측이 맞는 경우는 불과 20% 이내라고 솔직히 고백하기도 했습니다.

비밀(?) 하나 알려 드릴까요?

사실은 이 사람들 믿고 증권에 투자했다가 홀라당 거덜나고 쪽박 찬 사람 대단히 많습니다. 아닌가요?

기상청이라는 곳도 마찬가지로 좀 그렇고 그렇습니다.

천문학적인 예산을 들여 과학적으로 연구한다며 최신의 첨단 기계들과 지구 과학이라는 두꺼운 옷으로 무장하고 온갖 유식한 과학적 문자들을 뒤섞어 설명하며 날씨를 예측한다고 땀을 흘리기는 하는데 … 글쎄요.

차라리 신경통으로 고생하는 우리 동네 뒷집 할매 날씨 예측이 더 정확한 경우가 많습니다.

아시겠지만,

한의학은 음양오행학의 한 분야입니다. 역학과 뿌리가 같습니다. 음양오행학이 발전하면서 운명학과 한의학으로 분화된 것입니다. 한의학이 엉터리인가요?

온갖 화학 약품을 퍼부어 오히려 몸을 망치게도 하는 양의학보다 훨씬 자연 친화적인 의학입니다.

정리하자면 대표적인 미신은 종교입니다.

어매, 어매, 우리 어매,
뭣 할라고 날 낳으셨소. 낳을라거든 잘낳거나 …

유행가 가사입니다.
생즉고(生卽苦)라고 했으니 산다는 것이 고행(苦行)길이라
피터지는 전쟁터 같은 치열한 사회에서 피눈물을 줄줄 흘리며 살다가 고단함에 취하고 퇴근 술에 취해 노래방 마이크를 움켜쥐고 고래고래 악을 쓰며 소리를 질러 댑니다. 목이 터지도록 불러대는 '어매'는 노래가 아닌 절규로 변합니다.
산다는 것이 몸부림이요 발버둥이라 더럽고 지랄 같은 세상살이가 너무도 힘들고 서러워서 울부짖습니다.
그러나 어찌 그것이 '어매'를 원망하고 탓할 일이든가요. 자식 하나 낳자고 특별히 작정하고 계획을 세워 엄숙하게 기도하여 날과 시를 정해서 잉태하는 부모가 세상에 어디 있다고.
인생을 좀 살살 보드랍게 살 수 있다면 좋으련만 그렇게 헐렁하게 살다가는 밟혀 죽거나 굶어 죽을 수밖에 없는 각박한 현대에 태어난 죄일 뿐입니다. 하루하루 별 탈 없이 먹고 사는 일만도 벅찹니다. 이렇게 험한 인생길을,
걷고 뛰면서 넘어지고 다치면서 지친 심신으로 거친 숨을 토해 냅니다. 가파른 고갯길을 엉금엉금 기다시피해서 겨우 넘고 한숨 돌리나 하지만 다시 험한 비탈길이 기다리고 있습니다.
어쩌면 우리 인간은 조물주가 만들어 놓은 자연 법칙에 의해 생멸(生滅)되는 자연적인 본능의 열매 중 아주 작은 하나일 뿐인지도 모릅니다. 각각 자아(自我)의 특별한 의지대로 움직이는 것처럼 위장해 놓았을 뿐, 사실은 우리 모두 조물주의 귀엽고 잔인한 장난감 로버트일 뿐인지도 모릅니다. 결국은 한줌의 재로 흩어지고….

인간의 한세상이 그렇게 작습니다.

그런 작은 인생인데도 이렇게 힘이 듭니다.

세상살이에 힘들지 않은 사람이 없고, 아픔 없는 사람이 없습니다. 가슴 아픈 사연 슬픈 사연….

사연 없는 사람이 없습니다. 덮고 꾹꾹 누르며 살지요. 건드리면 터질 것 같아서, 폭포수처럼 터질 것 같아서….

세월이 흐르면 가슴은 굳은살이 되어 무디어 집니다. 그렇게 삽니다. 서산 대사님인지 나옹 선사님인지께서 한평생을 살아본 후 결론으로 한 말씀 하셨답니다.

> 생야일편부운기(生也一片浮雲起)요
> 사야일편부운멸(死也一片浮雲滅)이라.
> 삶이란 한조각 뜬구름이 일어나는 것이요
> 죽음이란 한조각 뜬구름이 흩어지는 것이라.

맞는 말씀인 것 같기는 하지만, 그렇다고 모두 도(道)만 닦고 앉아 있을 수도 없고 허무하게 끝난다고 해서 다 포기하고 가만히 드러누워 있다가 갈 수도 없는 노릇입니다. 내년에 다시 피는 매화꽃을 볼 수 있을지 확신이 없어도 오늘을 살아야 하고 내일을 설계해야 합니다. 아닙니다. 내년까지도 아닙니다. 당장 내일 아침에 눈을 뜨고 태양을 볼 수 있을지 알 수가 없어도, 무심한 듯 냉정하게 흘러가는 세월을 묶어둘 수도 없으니 세월이라는 배에 얹혀 같이 흘러가야 합니다. 거기서 내릴 수도 없습니다. 종착역이 어딘지 뻔히 알면서도 그 종착역을 향해 뛰어야 합니다. 그렇습니다.

일반적으로 통용되는 운명이라는 것이 현실적 의미로는 선천적으로 타고난 인간의 길흉화복(吉凶禍福)을 의미합니다.

어찌어찌해서 자신도 모르는 사이에 세상에 태어나기는 했으나 막상 태어나서 이리 저리 둘러보니 만만한 것은 없고 사방이 가시덤불이요, 지뢰밭이라 겁은 나지만 그렇다고 본능적인 생존의 욕구로 인해 포기하거나 되돌아 갈 수도 없도록 만들어져 있습니다.

거기다 세상의 변화가 하도 빨라 눈이 핑핑 돌아갈 지경으로 허당(虛堂)처럼 시원찮은 사람은 우선 멀미로 쓰러질 판입니다. 그래서 자연스럽게 생성되고 발전되어 과학시대라는 현대에 와서도 오히려 그 영향력이 더욱 커지면서 끈질기게 영속되고 있는 것이 한편으로 미신이라고 매도되기도 하는 '운명학'(運命學. 易學)이기도 합니다. 역학이란,

나약하기 짝이 없는 인간의 궁금증과 불확실한 미래에 대한 불안증이 복합적으로 작용되어 만들어진 어리석음의 산물인지는 모르겠으나, 그래도 어떻게 하면 좀 더 밝은 쪽으로 끌어내 볼까 하는 간절한 인간의 갈구(渴求)와 탐욕이 이 학문을 끈질기게 발전시키고 영속시켜온 원천이 아닌가 하는 생각입니다. 몸부림이지요. 본능적인 관심입니다.

여기에 '사주명리학(四柱命理學)'이라는 이론이 운명학의 한 분야로 어느 정도의 해답을 내놓고 있다고는 하지만 이 또한 완전한 답이 되지 못하는 것도 사실입니다. 사주가 모든 것을 결정해서 다 가르쳐 주는 것이 아닙니다. 답을 주지는 않는다는 말입니다. 큰 그림을 그려 광의적(廣義的) 암시를 줍니다. 여기서 크고 중요한 줄기를 찾는 것이 사주 해석입니다.

세상사 인생사에서 세부적으로 다 알거나 완전히 다 안다는 것은 불가능합니다. 내일이라는 미래를 아무도 모르게 두꺼운 베일에 가려 놓은 것은 조물주의 깊은 배려(?)라는 생각도 듭니다. 세세한 부분까지 노출되어 모든 것을 구체적으로 다 알 수 있다면 그것은 오히려 재앙이 될 수 있기 때문입니다. 아무도 알 수 없는 내일이 있기에 새로운 꿈을 꾸면서 희망을 가지고 살 수 있는 것 아닐까요? 만약에, 평생 가난에 치어 굶어 죽을 팔자라는 것을 미리 알거나, 언제 악병에 걸려 엄청난 고통을 겪다가 요절 한다는 사실을 확실히 알고 태어난다면 어떻게 될까요? 끔찍한 일입니다.

인간은,
같은 부모, 똑같은 재료, 똑같은 제조 시설에서 출생하는 형제도 다릅니다. 성질도 다르고 생긴 모양도 다르며 살아가는 방식도 다릅니다. 출생할 때 받는 기운 탓입니다.
이것을 '사주(四柱)'라는 형식을 빌어 어느 정도 큰 그림을 들여다 볼 수 있도록 해놓은 것이 운명학입니다. 우주인 하늘의 기운을 담은 천문(天文)을 인간의 기운으로 요약한 인문(人文)으로 바꾸어 놓고 여기에 인간의 운명을 접목시킨 것이지요. 하늘의 기운을 인간의 기운으로 변환시킨 것입니다. 그래서 인간을 소우주(小宇宙)라고 하는 것이고 …
궁하면 통한다고 했습니다. 어렵고 복잡하게 생각할 것도 없습니다. 인간이 태어나고 살아가고 죽는 환경의 변화 과정을 큰 줄기로 정리해서 들여다 볼 수 있도록 해 놓은 것이 사주명리학이고, 이것을 활용하는 것은 하나의 살아가는 지혜요, 방편이라고 봐도 될 것입니다. 알아서 좋은 것도 있지만 알아서 오히려 불리한 것도 있을 수 있습니다. 안다고 하는 것도 그 활용 방법에 따라 달라질 수 있습니다. 지혜롭게 활용한다면 팔자타령이나 하면서 부모, 조상을 원망할 일도 없고 대통령을 욕하거나 현실을 탓할 필요도 없습니다. 울고불고 안달복달할 이유도 없습니다.

역발상(逆發想)이라는 말이 있습니다.

안되면 물구나무서기라도 해서 생각부터 뒤집어보라는 말입니다. 발상의 전환을 말합니다. 이와 같은 의미로 안되면 건너라는 말도 있습니다. 일이나 사는 것이 정체되거나 부진하면 방향을 틀어야 한다는 뜻입니다.

언젠가 세계 화상(華商) 회의가 열린다는 신문 기사를 본적이 있습니다. 화상이라고 하면 중국을 떠나 바다를 건너 세계 각지에 진출해서 대 화교세력을 이루어 그 지역의 상권을 틀어쥐고 있는 사람들입니다. 동남아시아에서는 인구의 6%밖에 되지 않는 화교가 나라 전체 경제의 70% 가까이 장악하고 있다고 할 정도로 무서운 사람들입니다.

유럽의 청교도들은 대서양을 건너 신대륙을 발견하고 그 자리에 '아메리카'라는 대국을 건설했습니다.

심지어 종교에서 말하는 천당이나 극락도 물을 건너야 이른다고 하는데, 산업도 문화도 물을 건너 수출해야 발전합니다.

멀리에서 찾을 것 없이 우리나라 남쪽의 섬인 경상남도 거제시의 거제(巨濟)라는 이름은 크게 건넌다는 의미입니다. 여기에 물을 건너는 도구인 거대한 배를 만드는 조선업으로 번창하여 가장 소득이 높은 지역 중의 하나가 됐습니다.

세계적인 관광지로 도약하고 있는 제주도(濟州道) 또한 건너에 있는 고을이라는 뜻입니다.

인생살이가 어렵고 힘든다고 타령만 하고 있을 일은 아닙니다. 안 되면 뒤집거나 건널 필요가 있습니다. 환경의 변화를 말합니다.

'자살'이라는 말도 뒤집으면 '살자'가 됩니다.

'역경'도 뒤집으면 소중한 '경력'이 되어 자랑스러운 훈장이 됩니다. 이것을 역학적으로 보면 뭔가 제대로 돌아가지 않고 꼬인다는 것은 사주에서 말하는 기신(忌神) 쪽으로 가고 있다는 의미가 될 수 있습니다. 가서는 안되는 길을 가고 있는 것이라 순조로울 리가 없습니다. 그렇다면,

방향을 틀어야 하는 것은 또한 당연한 이치입니다.

동쪽으로 가다가 엎어져 다리만 부러졌다면 서쪽으로 방향을 전환해볼 필요가 있는 것이고, 물장사를 해서 계속 비벼먹고 말아먹고 있다면 불장사로 과감히 바꿀 필요가 있다는 말이지요.

가구 공장에 다니며 먹고 살기도 힘들고 골병만 들고 있다면 방향을 틀어 기계나 철제 공장으로 옮기는 것도 방책입니다.

국내에서 무엇을 해도 일이 제대로 풀리지 않는다면 바다 건너 해외로 방향을 돌려보는 것도 좋을 수 있습니다.

복잡하거나 어려울 것 없습니다. 2박 3일 날밤을 새며 고민할 것도 없습니다. 실천이 없는 고민이나 걱정으로는 쌀 한 톨도 연탄 한 장도 구할 수 없습니다.

시작이 반이라고 했으니 먼저 움직여야 합니다.

'점' 하나는 아무것도 아닌 것 같지만 점 하나의 간단한 이동으로 완전히 반대가 되기도 합니다. '너'가 '나'로 변할 수도 있고 '나'가 '너'로 변할 수도 있고….

점(點) 하나로 시작해서 선(線)으로 면(面)으로 발전됩니다. 이렇게 쉽고 간단한 이치는 만사에 적용 됩니다.

어려운 말을 알아듣기 쉽게 표현하는 사람이 있고 쉬운 말을 알아듣기 어렵게 표현하는 사람이 있듯이 쉬운 일을 어렵게 처리하는 사람이 있고 어려운 일을 쉽게 처리하는 사람이 있습니다.

미국이 영국의 식민 통치를 벗어나 독립하자 영국이 죄수들을 호주로 이송할 때 있었던 일이랍니다.

배 한척에 죄수 500명을 태워 보냈는데 도착해서 보니 150여 명이 사망하는 어이없는 사태가 벌어졌더랍니다. 비상이 걸린 당국에서 긴급 대책회의를 열었는데 대한민국 같았으면 온갖 잡다한 엉터리 재탕, 삼탕의 탁상 대책이 줄줄이 쏟아져 나왔겠지요.

그러나,

영국 당국에서는 딱 한 가지 간단한 규칙을 바꾸었답니다. 그랬더니 이번에는 승선 인원 420여 명 중에서 단 한명만 사망하는 놀라운 결과가 나왔더랍니다. 바뀐 그 한 가지 규칙이 뭘까요? 종전에는 승선(乘船) 인원 기준으로 뱃삯을 지불했었으나 이것을 도착지 하선(下船) 인원 기준으로 뱃삯을 지불하는 것으로 규칙을 바꾼 것입니다. 뒤집어서 반대로 바꾼 것입니다.

너무도 간단한 단 한 가지 규정을 뒤집었을 뿐인데 이 뒤집어진 규정 하나 때문에 선장을 비롯한 선원들이 돈이나 마찬가지인 죄수들을 금이야 옥이야 정성껏 보호하고 관리해서 도착지까지 무사히 호송하게 된 것입니다.

세상살이에서,

홍수가 밀려오면 높은 언덕으로 피하는 것이 사는 길입니다. 너무도 쉬운 최소한의 현실적 상식입니다. 운이라는 것도 준비된 자에게 다가오는 법입니다. 찾아온 운을 잡거나 흘려보내는 것은 오롯이 자신의 몫입니다.

대개,

성공도 겪고 좌절도 겪으면서 나이 50고개를 넘어서면서 운칠기삼(運七技三)이라는 말을 실감하게 됩니다. 못 느낀다면 아무 생각 없는 사람이고….

운칠기삼이라면 운이 70%의 작용을 한다는 말입니다.

아무리 피나는 노력을 한다고 해도 운이 도와주지 않으면 말짱 도루묵이라는 말이지요. 70%면 별거 아닌 것 같고 30%의 노력으로 독을 품고 덤비면 이길 수 있을 것 같은 착각을 할 수도 있습니다. 그러나 결과는 허무하게도 30%의 소득이요, 나머지 70%는 대부분 심신(心身)의 골병(骨病)으로 돌아옵니다.

그 30% 소득마저 병원비로 장례비로 다 날아갈 수 있습니다.

세상에 완벽한 100%란 물론 없습니다. 최신의 첨단 시설 장비로 제품을 만들어도 불량품이 나오게 마련입니다.

어느 분야건,

100%라고 주장하면 무조건 사기(詐欺) 놀음입니다. 하긴,

북한의 선거에서는 100% 투표에 100% 찬성이라는 우주적 기적(?)이 계속 일어난다고는 하지만….

음양오행(陰陽五行)

음양(陰陽)이란 기운(氣運)의 조화를 말합니다. 기운이란 기(氣)의 운동성입니다. 에너지(energy)요, 파워(power)입니다. 기(氣)라고 하면 누구나 다 아는 말이면서도 막상 그 정의(定義)를 논리적으로 설명하려고 하면 모호해서 언뜻 표현이 잘 안되기도 합니다.

기와 관련된 어휘들을 살펴보면,

기운(氣運)을 비롯해서 양기(陽氣), 음기(陰氣), 음기(淫氣), 공기(空氣), 천기(天氣), 지기(地氣), 영기(靈氣), 생기(生氣), 사기(邪氣), 사기(死氣), 오기(傲氣), 선기(善氣), 악기(惡氣), 화기(和氣), 심기(心氣), 정기(精氣), 원기(元氣), 살기(殺氣), 습기(濕氣), 온기(溫氣), 열기(熱氣), 냉기(冷氣), 한기(寒氣), 패기(覇氣), 용기(勇氣), 객기(客氣), 기분(氣分), 기백(氣魄), 분위기(雰圍氣), 등등에 기절(氣絶)까지 많기도 합니다.

기(氣)가 찬다, 기(氣)가 막힌다, 기(氣)가 세다, 기(氣)가 살았다, 기(氣)가 약하다, 기(氣)가 죽었다 등의 표현도 많습니다.

형체가 없어 육안으로 볼 수도 없고 만질 수도 없어 제3의 시각으로만 보고 확인할 수 있으므로 한편으로는 경우에 따라 허무맹랑한 미신(迷信)이나 사술(邪術)로 연결되기도 합니다.

눈에 보이는 것만 존재하는 것은 아닙니다. 공기(空氣)를 눈으로 볼 수 없다고 해서 존재하지 않는 것은 아니지요.

기는 비록 눈으로 볼 수도 없고 만질 수도 없지만 우주의 만물을 구성하고 운영하는 원천적인 힘입니다.

대표적으로 음양(陰陽)이요, 음기(陰氣)와 양기(陽氣)입니다. 즉 음의 기운과 양의 기운이 조화를 이루어 우주 만물이 생성되고 운행되는 기본 요소가 됩니다.

기의 조화라고 함은 음양의 조화입니다. 양기는 하늘의 기운이요, 음기는 땅의 기운입니다. 음양의 기운이 만나지 못하면 생명은 없습니다. 식물이건 동물이건 음양의 조화가 어긋나면 생산성은 없습니다. 사주명리학을 비롯해서 한의학을 포함한 모든 동양철학에서 음양은 가장 기본적인 원리요, 바탕이요, 줄기입니다. 기의 조합이요, 기의 흐름입니다.

음양의 대표는 하늘과 땅이요, 뜨거운 불과 차가운 물입니다. 그리고 남자와 여자입니다. 즉, 암컷과 수컷입니다.

이것은 조열(燥熱)한 기운과 한습(寒濕)한 기운으로 정리됩니다. 따뜻한 기운인 조열성(燥熱性)과 찬 기운인 한습성(寒濕性)의 조화에서 우주의 만물이 생성되고 유지됩니다. 아니, 거창하게 우주만물까지 끌어 들일 필요도 없습니다. 우리가 살고 있는 태양계의 지구만 봐도 됩니다. 자연입니다.

음양이란 서로에 대한 그리움이기도 합니다. 뜨거우면 차가움이 그립고 차가우면 뜨거움이 그리운 법입니다. 그리우면 찾아가면 됩니다.

식물의 뿌리는 양이요, 잎은 음입니다. 양인 뿌리는 음을 찾아 땅속의 물을 흡취하기 위해 파고들어 갑니다. 음인 잎은 양을 찾아 하늘로 하늘로 태양을 향해 뻗어 나갑니다. 그것이 조화를 이루는 방법이요, 사는 지혜이기 때문입니다. 자신의 위치에서 보고 자신의 환경에서 봅니다.

한파가 몰아치는 엄동설한에는 무더운 여름이 기다려지는 것이고, 폭염이 쏟아지는 여름에는 추운 겨울이 기다려집니다.

먹고 싶은 음식이 있으면 먹으면 됩니다. 그리운 사람이 있으면 만나면 됩니다. 장가를 가고 싶은 남자는 장가를 가면 되는 것이고, 시집을 가고 싶은 여자는 시집을 가면 됩니다.

다만 분수를 넘어 집착성 그리움으로 변질되면 아픈 형벌이 될 수 있습니다.

지구의 온난화로 인해 기후의 조화가 심하게 흔들리고 있습니다. 지구의 열기가 점점 치솟아 빙하가 녹아내리고 해수면이 상승하면서 기후의 변동폭이 커져 재난이 빈발하고 있습니다.

음양의 조화가 깨진 탓이요, 기(氣)의 조화가 깨진 탓입니다. 환경의 균형이 무너지고 있는 것입니다.

이 모두가 영악한 인간의 이기적이고 사악(邪惡)해진 심성 탓입니다. 자연의 이치를 무시하고 그 섭리를 거역한 커다란 죄업(罪業)입니다. 자연을 짓밟고 문명을 택한 죄업이기도 합니다.

자연의 기본 요소로 생명의 젖줄인 물도, 태양도 화가 나면 생명을 죽이는 살인마로 돌변합니다. 인간을 비롯한 모든 생명은 자연의 자식입니다. 자연의 자식인 인간의 지나친 행동에 경고적 제동을 거는 것이지요. 그로 인한 많은 고통과 위험이 밀려오는 것을 보면서도 그것을 모릅니다. 아니, 알면서도 애써 무시하려 합니다.

지구의 온도가 상승하는 것은 화석 연료를 과다하게 사용한 탓이요, 이것을 이용해서 펼쳐지는 결과물의 작용입니다.

현란하게 춤추는 도시의 화려한 각종 불빛에다 붉고 푸른 간판까지도 기온의 변화를 일으킵니다.

심지어 음의 기운이 활동해야 하는 밤에도 휘황찬란한 불빛으로 눈이 부실 지경입니다. 음양의 균형이 무너지는 것입니다. 의복도 온통 붉고 푸른색으로 화려하게 휘감고 다닙니다. 붉고 푸른색은 음양오행상 양기(陽氣)요, 火氣를 상승시키는 작용을 합니다. 사방에 木, 火의 색인 붉고 푸른색으로 도배를 하여 火氣를 상승시키고 있는 것입니다. 양기인 火氣가 강해지면 상대적으로 음기인 水氣는 약해집니다. 조화의 균열입니다.

그 결과는 기후의 돌변으로 인한 자연의 재앙이 다발하고 또한 火氣를 잔뜩 머금은 미친 인간들이 대량으로 생산되고 있는 것으로 답하고 있습니다. 자연의 섭리를 배반한 결과입니다. 자연적으로 구성된 우주 만물의 음양 조화를 깨뜨린 결과입니다.

조상의 흔적인 인류의 위대한 유산이요 유적이라는 것도 자연 유산을 제외한 모든 가공된 역사 유적은 자연을 인위적으로 변형시킨 것이고 우리 조상들의 피와 땀과 목숨으로 만들어진 것들입니다. 조상의 피냄새를 맡으며 우리는 위대한 조상들의 위대한 업적을 감동적으로 칭송하면서 감상하는 것이고….

무시해서 좋은 것은 무시하는 것이 좋습니다. 그러나 무시하지 않아야 하는 것은 무시하지 않아야 합니다. 잊어서 좋은 것은 잊는 것이 좋습니다. 그러나 잊지 말아야 하는 것은 결코 잊지 말아야 합니다. 그런데도 우리는 억지로 무시하려 하고 잊으려고 하는 것 같습니다. 더 큰 재앙을 초래하고 있는 것이지요.

음양 이야기를 하다 보니 좀 이상한 점이 발견 됩니다.

'양음(陽陰)'이라고 부르지 않고 '음양(陰陽)'이라고 부릅니다. 양은 하늘이요 남성을 의미합니다. 음은 땅이요 여성을 의미합니다. 남존여비(男尊女卑) 사상이 뿌리 깊은 유교적 사상으로 이어져 내려오고 있는 동양에서 나온 동양 철학에서 양이 먼저 나오는 양음이라고 하지 않고 음이 먼저 나오는 음양이라고 하는 것이 선뜻 이해가 되지 않는데….

그것은 음중양(陰中陽)의 원리를 말하는 것 같기는 합니다.

양(陽)은 음(陰)에서 생(生)합니다. 물론 음(陽)은 양(陰)에서 생(生)합니다. 양인 火氣와 음인 水氣를 비유해 보면 水氣는 생명의 원천입니다. 모든 생명은 음인 물(水氣)에서 잉태 됩니다.

음인 어머니에서 자식이 태어나는 이치로 봐도 음의 공덕이 만만치 않습니다. 음인 여자를 땅에 비유합니다. 땅은 만물을 낳고 길러주는 역할을 합니다. 음양 이론상 복잡하고 난해한 설명을 하기도 하지만 현실적인 이해로 보면 그렇다는 말입니다.

이것을 믿거나 말거나 식의 숫자로 비유해서 재미있는 해설을 그럴듯 하게 하기도 하는데 한번 볼까요?

숫자에서 홀수는 양이고 짝수는 음입니다. 숫자를 배열해 놓고 보면 일, 이, 삼은 Ⅰ, Ⅱ, Ⅲ … 으로 표기 할 수 있습니다.

그래서 Ⅰ이라는 숫자부터 음양을 붙여 양, 음, 양… 으로 붙여 봤습니다. 그러다 가만히 보니 이상한 점이 발견됩니다.

Ⅰ이 양이면 남자가 되는데 외다리입니다. 병신이지요? 대장부 남자를 상징하는데 감히 병신이라? 이거 문제가 있습니다.

다음으로 Ⅱ라는 숫자를 보니 다리가 두 개로 정상입니다.

됐습니다. 다음 Ⅲ이라는 숫자를 보니 다리가 세 개입니다.

양이므로 남자입니다. 그런데 다리가 세 개입니다.

옳거니! 남자는 다리(?)가 셋이지요? 맞습니다.

그렇다면 Ⅰ이라는 숫자는 외다리 병신이므로 버리고 Ⅱ부터 시작해서 음양이라고 하면 그럴 듯합니다. 이렇게 해서 '양음'이 '음양'으로 바뀌었다는 요상한 설명입니다. 물론,

재미로 갖다 붙인 설명입니다.

'양음'이 '음양'으로 뒤집어지는 경우가 또 있습니다.

'남녀', '남녀' 하면서 모든 명칭에 남자가 먼저 들어가다가도 하필 욕을 할 때는 뒤집어져 여자가 먼저 들어갑니다.

'놈년'이라고 하지 않고 '년놈'이라고 합니다. 기가 찰 노릇입니다. 여성들이 들으면 열불 터질 듯한데 이상하게도 그 여성들마저 욕할 때는 너무도 자연스럽게 '년놈'이라고 부릅니다.

그렇게도 남녀 평등이니 여성 상위니 하며 목구멍에서 피가 튀도록 여권(女權)을 주장하면서도 이런 사소한(?) 호칭에는 무감각 합니다.

'Ladies & Gentle Men'도 대한민국으로 건너오면 뒤집어져 '숙녀 신사 여러분'이 아니라 '신사 숙녀 여러분'이 돼버립니다. 물론, 한국어와 영어의 어순(語順)이 달라 그런 것이겠지만 …

어쨌거나,

음양의 조화가 필요하듯 남녀의 어울림은 필요합니다.

여자에게는 잘났건 못났건, 신랑이든 남편이든, 늙은 영감탱이든 땡감탱이든, 하다못해 썩은 기둥서방님이라도 남자가 있어야 하는 것이고, 남자에게는 각시건, 아내건, 할멈이건 여자가 있어야 합니다. '묻지마 관광'을 가거나 노래방을 가도 남녀가 뒤섞여 어울려야 재미가 나고 판이 질펀하게 돌아갑니다. 음양은 서로에 대한 필연적

인 그리움이기 때문입니다. 기계를 하나 조립하는데도 암 나사와 숫 나사가 만나 조를 이루어야 가능합니다.

 음양의 조화를 살피다가 보니 희한하게도 올림픽 경기의 개최 년도에도 음양의 이치가 교묘하게(?) 조화되어 있습니다.

 우연이건 인위적이건 간에,

 더운 여름철에 열리는 하계(夏季) 올림픽은 4년마다 申, 子, 辰년에 열립니다. 원숭이띠 해와 쥐띠 해와 용띠 해입니다.

 申子辰이 만나면 삼합(三合)되어 水氣가 왕성해 집니다.

 하계 올림픽은 뜨거운 여름에 열리므로 한여름의 더위를 식히기 위해 차가운 水氣를 불러 모아 음양의 조화를 이룹니다.

 火氣와 水氣가 균형을 이루게 해 놓은 것입니다.

 추운 겨울철에 열리는 동계(冬季) 올림픽은 4년마다 寅, 午, 戌년에 열립니다. 호랑이띠 해와 말띠 해와 개띠 해입니다.

 寅午戌이 만나면 삼합(三合)되여 火氣가 왕성해 집니다.

 동계 올림픽은 추운 겨울에 열리므로 한겨울의 추위를 녹이기 위해 따뜻한 火氣를 불러 모아 음양 조화를 이루고 있습니다.

 水氣와 火氣의 균형을 기막히게 조화 시켰습니다.

 아닌가요?

 봄 처녀 바람나고 가을 총각 바람난다고 합니다.

 남녀가 정분(情分)으로 바람이 난다고 하는 것은 수컷과 암컷이 만나 서로 음양의 기운을 맞교환 하면서 터뜨리고 폭발시키는 행사입니다.

 봄 처녀는 음기가 최고조로 상승한 상태이고 가을 총각은 양기가 최고조로 상승한 상태입니다.

 봄처녀는 음기인 물이 잔뜩 오른 상태요, 가을 총각은 양기인 열이 잔뜩 오른 상태라 음양의 기운이 모여 터지기 직전이라는 말입니다.

봄의 마무리 집합 계절인 辰월은 水氣의 고지(庫地)로 물창고입니다. 음기가 가득 저장된 계절입니다. 조화를 위해 양기가 필요해집니다. 양기인 남자가 필요해지는 것입니다.

가을의 마무리 집합 계절인 戌월은 火氣의 고지(庫地)로 불 창고입니다. 양기가 가득 저장된 계절입니다. 조화를 위해 음기가 필요해 집니다. 음기인 여자가 필요해지는 것입니다.

이렇게 탱탱하게 모인 음양의 기운이 넘쳐 터뜨리고 싶은 욕구가 분출되는 계절이라는 말이고 그것이 이성간의 사랑으로 연결된다는 뜻입니다. 음기가 팽창한 辰과 양기가 팽창한 戌이 辰戌 충으로 폭발하는 것입니다.

다른 한편으로 보면 봄은,

굳고 응축되어 갑갑하던 물의 계절인 겨울철을 지나 따뜻한 기온을 만나면서 몸도 마음도 풀어지는 때입니다. 여자는 풀어지면 일을 벌입니다. 여차하면 치마끈도 풀어버리는 등 시원하게 풀어버리고 싶어집니다. 봄은 바람의 계절이라 바람이 불면 꽃(여자)이 흔들리는 것이지요. 가을은,

성장의 계절을 지나 만물이 단단하게 굳고 열매를 맺는 계절입니다. 남자는 단단해지면 이성을 잃어버립니다. 휘두르고 싶어집니다. 이 음양 작용은 열매(자식)를 맺으려는 본능적인 욕망이기도 합니다.

음양오행학을 연구하다 보면 모든 현상이 웬만하면 음양오행학적으로 연결되어 보이는 버릇이 생깁니다. 미쳤기 때문입니다.

불광불급(不狂不及)이라고 했으니 무슨 일이든 그 분야에 완전히 미쳐야 반의 반 풍수 흉내라도 낼 수 있는 법이기도 합니다. 또한

음양오행의 이론이 그만큼 세상만사에 중요한 작용을 하고 있다는 뜻이 되기도 합니다.

젊어서는 잘 모릅니다. 세월이 가르쳐 줍니다.

만약에,

음양의 균형이 조화를 이루지 못하고 한쪽으로 기울어지면 어떻게 해야 할까요? 간단합니다. 조화를 이루도록 해주면 됩니다. 강제집행에 들어가는 것입니다. 날씨가 더우면 선풍기라도 하나 장만해야 하는 것이고 날씨가 차면 난로라도 하나 준비하면 됩니다. 이렇게 생활에서 활용하면 됩니다.

팔자에서 필요한 음양오행이 없으면 인위적으로 그 기운을 만들거나 불러오는 것입니다. 그러기 위해서는 또한 필요한 오행을 불러올 수 있는 미끼(?)를 준비해야 합니다. 그것이 지혜입니다.

비가 필요한 곳은 밀림보다 사막입니다. 그런데 비가 급하지 않은 밀림에는 비가 많고 정작 비가 절실히 필요한 사막에는 오히려 비가 귀합니다. 여기에는 미끼 탓도 있어 보입니다. 땅에 저장된 습기가 많아야 이것이 증발되어 하늘에서도 비가 많이 내리게 되는 것이고 이것은 물이 물을 부르는 현상입니다.

밀림에는 물을 부르는 이 미끼가 풍부하지만 사막에는 태부족입니다. '미끼론'을 떠나 음양오행학적으로 봐도 설명이 됩니다.

나무가 많은 밀림은 木이라 물과는 水生木으로 주고받는 상생관계입니다. 그러나 사막은 뜨거운 土라 물과는 土剋水로 상극관계입니다. 메마른 土는 물을 전부 흡수해 버립니다.

엄청나게 많은 건조한 사막 土에 의해 水는 군비쟁재(群比爭財)로 흡수되어 흔적도 없어집니다. 아무리 큰 강이라도 거대한 사막을 무사히 건너기는 어렵습니다.

노름판에서도 고수들은 앞에다 판돈을 수북이 쌓아 놓습니다.

남들이 보게 수북이 쌓아놓는 것은 돈이 돈을 부르는 미끼 작전이기도 합니다. 유혹입니다. 물론,

충분한 판돈으로 상대를 위압하는 작용도 합니다.

요즘은 흔하게 볼 수 없기는 하지만 펌프 우물이라는 것이 있습니다. 깊은 우물이나 지하에 파이프를 박아서 펌프로 물을 퍼 올리는 것인데 여기서 물을 퍼 올리려면 마중물이라고 하는 미끼물이 있어야 합니다. 펌프질을 하기 전에 물을 한바가지 부어서 펌프질을 해야 비로소 지하의 물이 따라 올라옵니다. 물이 마중을 나가서 물을 불러 데리고 오는 것입니다. 따라서 펌프 우물 옆에는 항상 예비 물이 준비되어 있어야 하는데 어쩌다가 이 물을 다 털어 써버리기라도 하는 날에는 난리가 납니다. 어머니의 부지깽이에 얻어 맞거나 혼줄이 날수 있었습니다.

일상생활에서도 이 '미끼 원리'를 활용할 수 있습니다.

본인의 사주에 어떤 오행이 필요하면 그 오행을 불러올 수 있도록 환경을 만들어 주는 것입니다. 역학에서 운용하는 木, 火, 土, 金, 水라는 다섯 오행 중에서 본인의 사주에서 꼭 필요한 오행이 있다면 (그것을 '용신' 또는 '희신'이라고 부릅니다) 그 오행의 기운을 느끼고 흡취할 수 있는 곳으로 가면 됩니다. 또는 그 오행에 해당하는 사물을 가까이 하면 됩니다. 예를 들어,

木이 필요하면 木기운이 왕성한 나무숲을 자주 찾으면 됩니다. 나무나 무명천으로 만든 악세사리를 활용하는 것도 좋습니다. 날과 시와 요일 색상 등을 이용할 수도 있습니다. 사주에서 木이 필요한 사람은 화초를 잘 가꾸는 특성이 있습니다. 시들시들 죽어가던 화초도 이 사람에게 맡기면 살려 놓기도 합니다.

木은 동쪽입니다. 대한민국의 동쪽(木) 지방에 위치한 강원도와 경상도 지방의 산을 덮은 숲이 더 울창합니다.

水氣가 필요하면 水氣에 해당하는 날과 시와 水요일 등을 활용하고 水氣를 부르는 환경을 만들어줄 필요가 있습니다.

본인의 사주에서 水氣가 가장 필요한 용신이라면 '묻지마 관광'을 가더라도 水요일에 가면 더 재미있는 사람들과 어울려 더 재미있게 잘 놀 수가 있고 잘하면 한건(?) 건지는데도(?) 도움이 될 수 있다는 말입니다. 그리고 겨울에 태어나 水氣가 풍부한 사람과 어울릴 필요가 있습니다.

이렇게 해서 사주는 바꿀 수 없어도 운명은 바꿀 수 있다는 말이 됩니다. 火氣가 왕성한 여름에 태어난 사람은 水氣가 필요하므로 水氣가 왕성한 겨울에 태어난 사람과 어울리면 좋은 것이고,

水氣가 왕성한 겨울에 태어난 사람은 火氣가 필요하므로 火氣가 왕성한 여름에 태어난 사람과 어울리면 좋다는 말입니다.

이것이 음양의 기운을 조화시키는 기본 궁합(宮合)입니다.

궁합이라고 하는 것이 꼭 처녀 총각 사이나 부부간에만 적용되는 것은 아닙니다. 친구간에도, 동료간에도, 이웃간에도, 직업에도 적용됩니다. 거래관계에도 적용될 수 있고 생활환경에 다양하게 적용될 수 있습니다.

궁합은 어울림을 말합니다. 파트너(parter) 관계입니다.

무엇이든 잘 되는 사람은 음양오행의 이치를 이론적으로 몰라도 자연스럽게 이 원리를 활용하고 있는 경우가 많습니다. 지혜입니다. 그러나 안되는 사람은 거꾸로 거꾸로 갑니다. 지혜가 부족한 탓입니다. 되는 사람은 되는 쪽으로 가고 안되는 사람은 안되는 쪽으로만 갑니다.

생활 지혜란 자신에게 맞는 토양(土壤)을 찾는 것입니다. 무릇 모든 생명은 토양이 맞아야 알차게 잘 성장하고 영그는 것이지 그렇지 못하면 귤 나무에서 탱자가 생겨 날수도 있습니다.

호랑이는 산에 살아야 제격이고 물고기는 물에 살아야 합니다. 본인의 사주에서 음양과 오행의 조화를 이룰 수 있는 쪽으로 가면 됩니다. 환경입니다.

태어난 사주팔자(四柱八字)를 바꿀 수는 없으나 운명은 바꿀 수 있습니다. 안되면 되는 쪽으로 환경을 바꾸는 것입니다.

장미나 딸기는 분명히 여름에 꽃이 활짝 피고 열매가 열리도록 팔자를 타고난 식물이요 과일입니다. 그러나 요즘에는 겨울에도 예쁜 장미가 피고 맛있는 딸기가 생산됩니다. 비닐하우스를 설치하여 여름과 같은 따뜻한 기후 환경을 인위적으로 만들어 줌으로써 장미나 딸기의 운명을 바꾸어 겨울에도 아름다운 장미꽃이 피고 달콤한 딸기 맛을 볼 수 있는 것이지요.

사람이라고 다를 것 없습니다.

물론,

인위적인 환경의 변화가 문제를 일으킬 수는 있습니다. 자연의 파괴로 연결되면 심각해집니다. 자연은 음양오행학의 기원입니다. 음양오행학은 자연과학입니다. 비유가 맞는지는 모르겠으나 음양오행학인 자연과학을 인문과학으로 승화시켜 놓은 것이 역학이요, 사주명리학 등입니다.

자연이 썩고 허물어지면 모든 생물이 썩고 허물어지는 것이고, 인간도 썩고 허물어지게 됩니다. 그런데도 인간의 잔학한 학살(虐殺) 행위로 살려달라고 애원하며 울부짖는 산야(山野)와 강하(江河)의 애절한 절규를 절대적 가해자인 인간은 오히려 외면을 합니다. 애써 무시하고 즐기기까지 합니다.

　인간이 배설을 할 때 대변과 소변으로 분리수거가 되지 않고 대소변이 같이 섞여 나오면 어떻게 될까요? 탈이 난 것이니 설사로 답하겠지요. 고장난 것입니다. 자연도 이와 같습니다.

　분리수거 해서 처리하지 않고 섞여서 온갖 오물 쓰레기와 독극물이 땅을 더럽히고 하늘을 더럽히면 자연은 죽습니다. 그리고 자연의 일부이면서 자연에 의지해서 그 자연을 먹고사는 인간도 죽습니다. 개발이나 발전이라는 것은 어찌 보면 자연을 파먹는 범죄행위와 같습니다.

　개발이라는 미명으로 자연이 파괴되는 속도 또한 급격히 빨라지고 있습니다. 발전 속도의 과속이라 자연은 더더욱 정신을 못차립니다. 탈이 나고 썩어서 그 결과는 재앙으로 연결됩니다.

　급격한 개발이나 급격한 발전은 필연적으로 자연의 급격한 파괴를 부를 수밖에 없습니다. 과속은 교통사고에만 있는 것이 아닙니다. 자연도 같습니다. 먹은 음식물도 급하게 너무 빨리 내려오면 배탈이 나고 설사가 됩니다. 너무 천천히 내려오면 변비가 되겠지요. 규정 속도를 위반한 것입니다.

　만사에 과(過)하면 무조건 탈이 납니다.

　과식(過食)하면 배탈이 나게 마련이고, 과음(過飮)하면 간이 망가지는 것이고, 과음(過淫)하면 기(氣)가 소진되어 죽습니다. 그런데도 더더욱 속도전(速度戰)에 채찍질을 가해 이제 웬만한 속도에는 만성이 되 버렸습니다. 치명적인 속도병(速度病)에 걸린 것입니다.

음양의 기본 이치와 도리는 뒤집어 역(逆)할 수 없습니다.

하늘은 언제나 하늘이요, 땅은 언제나 땅입니다. 불은 언제나 불이요, 물은 언제나 물입니다. 마찬가지로 하늘과 땅이 뒤집어지기 전에는 남자는 남자요, 여자는 여자입니다. 여성 상위시대가 세상을 뒤엎고 있으나 지나치면 세상 망합니다. 여자가 남자 머리 꼭대기에 올라서서 춤을 추면 가정이 미쳐서 춤을 추는 꼴이 되고 세상이 미쳐서 환란의 춤을 추는 꼴이 됩니다.

생각해 봅시다.

아침부터 마누라의 잔소리 폭격에 박살이 난 놈이 출근해서 일이 제대로 될까요? 처자식에 시달려 진이 푹 빠진 놈이 사회에서 제 구실을 할 수는 없습니다. 마누라의 바가지 폭탄이 무섭기는 하지만 그 바가지로 밥도 지어주니 바가지 공격을 피하거나 바가지를 깨버릴 수도 없습니다. 이러지도 저러지도 못하고 당하기만 합니다.

이렇게 사는데도 일부에서는 아직도 모자라는지 여권(女權)을 더 더욱 많이 신장하라고 아우성입니다. 더 이상 뭘 어떻게 더 신장하라는 말인지, 남자가 애라도 낳으라는 말인지는 모르겠으나 사실은 가정마다 지붕 밑을 자세히 들여다보면 지금도 대다수의 남성들은 모두가 거의 죽을 지경에 이르러 있습니다. 할퀴고 찢겨진 상처투성이로 숨 쉬기 조차 힘겨워 하고 있습니다. 308호나 803호나 거기서 거기입니다.

통한의 심정으로 고하는 이 시대 유부남들의 절절한 충고가 있습니다.

"천하의 총각들아! 웬만하면 혼자 살아라. 철이 없어 멋 모르고 결혼했더니 고단하고 힘겹기만 하구나."

옛말에,

하늘(남편)을 봐야 별(자식)을 딴다고 했습니다.

하늘인 남편을 하늘 쪽으로 향해서 위로 쳐다볼 일이 있어야 자식을 가질 수 있다는 말입니다. 위로 남자를 쳐다볼 수 있으려면 당연히 여자는 밑에 드러누워서 올려다봐야 합니다.

이 말을 곱씹어보면 역시 남자는 하늘이요, 여자는 땅이라는 말입니다. 남자는 언제나 위에 있어야 하고, 여자는 언제나 그 아래에 있어야 한다는 말이겠지요. 그런데,

얼마 전에 해괴한 소문을 들었습니다.

요즘은 여성 상위시대의 기괴한 시대 조류와 기술(?)의 발달(?)에 따라 이것이 뒤집어져 불경스럽게도 땅을 보고 별을 따기도 한다는 것입니다. 다른 동물들은 짝짓기 습성의 유구한 전통을 그대로 지키고 있는데 인간은 온갖 기괴한 기술들을 개발 발전시켜 활용함으로써 조물주가 눈치 채면 그 자리에서 바로 졸도하거나 임종(臨終)할 판이랍니다. 하여간,

여자가 남자를 밑에다 눕혀 놓고 자식을 잉태한다는 말인데 … 이것은 분명 자연의 섭리를 거역하고 뒤집는 역반상(逆反相)입니다. 이렇게 거꾸로 만들어 태어난 자식이 역반생(逆反生)이 되는 것 또한 당연합니다. 역반생이란 반항의 기질로 똘똘 뭉친 천성을 가진 역적(逆賊)이요, 후레자식이요, 세상의 암적인 존재로 태어난 반골(反骨) 인간을 말합니다.

그리잖아도 어지러운 세상입니다.

마약이나 다를 바 없는 술과 담배에 찌든 방탕한 생활에서 인간이 생산되고 있습니다. 씨앗인 재료도 썩고 씨앗을 받아 키우는 대지인 제조 시설도 황폐화된 상태에서 인간이 잉태되고 태어나는 고

약한 세상인데 여기에다 여자가 바닥을 내려다보고 자식 농사를 짓는다니 당연히 정상적인 인간의 출생은 기대할 수 없는 것이고 심성마저 거꾸로 된 미친 인간이 줄줄이 쏟아져 나오고 있는 것 아닌가요?

잠시만 정신 차리고 생각해보면 알 수 있는 일입니다.

액체는 위에서 아래로 흘러야 자연스럽고 정상적입니다.

밑에서 위로 흐르게 한다면 반작용으로 강하게 뿜어 올려야 하는데 그 뿜어 올린 액체 중에서도 꼭대기까지 올라갈 수 있는 놈은 독하고 쎈 기갈찬 놈 중에서도 단연 최고라야 합니다.

보통 독을 품지 않고는 어렵습니다.

한 생명이 잉태되려면 남성의 정자가 여성의 난자를 만나야 합니다. 수억 마리라는 어마어마하게 많은 정자들 가운데서도 가장 세고 독한 놈이라야 위로 솟구쳐 올라가 난자를 만날 수 있다는 말입니다. 내리막은 무난하게 내려갈 수 있습니다. 그러나 오르막을 치고 올라가는 데는 보통으로는 어렵습니다. 독기(毒氣)로 똘똘 뭉친 그야말로 독종이라야 합니다. 목숨을 걸 정도의 반골 기질이 가장 강한 놈이 최후의 승자가 되는 것이고, 이런 독한 놈이 인간으로 잉태되는 꼴이니 그놈이 어떤 모양으로 세상에 태어날지는 안봐도 비디오입니다. 은밀히 수집한 정보에 의하면,

이조시대의 패륜아인 연산군이 역반생으로 잉태되어 태어났다는 소문이 있습니다. 아무래도 연산군 부모의 침실 문 앞을 지키던 내시나 상궁이 무엄하게도 방안의 사랑놀이를 들여다보고 소문을 퍼뜨린 것 같습니다만 확실한 증거 자료는 확인하지 못했습니다.

어쨌거나,

하늘은 영원히 하늘이요 땅은 영원히 땅입니다. 마찬가지로 남자

는 영원히 남자요, 여자는 영원히 여자입니다.

따라서 남자는 남자 행세를 해야 하고, 여자는 여자 행세를 해야 합니다. 이것이 천지 이치의 기본인 음양의 조화로운 구조입니다. 이 자연의 엄연한 질서가 무너지면 다 무너집니다.

여권(女權)이고 나발이고….

상황에 따라서는 그렇지 못한 경우가 있기는 합니다.

아무리 남자가 남자다워 보자고 미꾸라지탕 먹고 용트림을 해도 태어날 때 부여받은 팔자의 모양이 도와주지 않으면 도리가 없을 수 있습니다. 소위 재다신약(財多身弱)이라고 하는 팔자로 태어난 경우입니다. 남자 사주에서, 일간(日干: 본인)은 태약(太弱)한데 마누라 자리인 재성(財星)이 태왕(太旺)하면 천상 마누라에게 쥐어 살거나 기대 살 수밖에 없습니다. 그래야 목숨이라도 부지할 수 있고 만수무강에 지장이 없습니다.

거기다 마누라의 사주에서 일간(日干: 마누라 본인)이 태왕하기라도 하면 그야말로 빠져나갈 구멍조차 없습니다.

마누라는 극(剋)하는 대상이라 지배하고 이겨야 하는 관리 대상입니다. 그러나 마누라에 비해 약한 입장이 되면 역극(逆剋)되어 극해야 하는 대상으로부터 오히려 극을 당하고 지배당하는 한심한 입장이 되는 것입니다. 주인이 종이나 종업원 또는 아랫사람의 간섭을 받는 우스운 꼴이 되는 것이지요. 거꾸로 돌아가는 것입니다.

신약(身弱)해서 기초가 허약하면 기본 체력이 약한 것이고 기본 능력이 부족한 것이므로 도리 없이 강한 쪽의 지배를 받아야 합니다. 역극(逆剋)의 원리입니다. 이렇게 되면, 마누라한테 쫓겨나거나 맞아죽지 않고 하루 세끼 밥 꼬박 꼬박 제대로 얻어먹으며 정상적으로 숨을 쉴 수 있다는 사실 만으로도 조물주가 주신 크나큰 은복(恩福)으로 알고 감사하고 감사하며 살아야 합니다. 마누라를 상전으로 모시고 밤낮으로 말도 고분고분 잘 들어야 합니다. 마누라에 대한 절대적인 충성심을 의심 받는 날 인생 종칩니다. 아침에 눈을 뜰 때도 마누라 눈치를 봐가며 눈치껏 천천히 떠야 합니다.

비참하지만 잘못 태어난 수컷의 팔자소관입니다.

그런 팔자타령 한번 들어 볼까요?

한평생을 머슴이나 종놈처럼 마누라에게 쥐어 살면서 제대로 숨 한번 크게 쉬어보지 못한 불쌍한 사내 세 놈이 우연히 한자리에 모였습니다. 똑 같은 처지에 있는 놈끼리 모여서 오래간 만에 술판을 벌여 놓았으니 취기가 오르게 되고 서로에 대한 생활 안부로 화제가 시작되기는 했으나 술기운이 점점 상승하면서 간이 슬슬 부어오르기 시작하자 종내는 무서운 호랑이 마누라들에 대한 성토판으로 번지게 되는 것은 어쩌면 이미 예견된 자연스러운 순서인지도 모르겠습니다.

한참 열이 올라 부어라 마셔라 하며 핏대를 세우고 마누라들을 오뉴월 삼복 더위에 똥개 잡듯이 갖은 험담으로 욕을 퍼 부으며 난도질을 하는 것으로 수 삼 년 묵어 쌓이고 쌓인 스트레스를 마음껏 풀고 있었습니다. 그런데 그때였습니다. 갑자기 어디서 배 째는 소리가 귓전을 후려치면서 문이 펄쩍 열렸습니다.

"뭐?! 이것들이. 뭐가 어쩌고 어째?"

아뿔사! 우째 이런 일이….

어느 쳐 죽일 놈이 고자질이라도 했는지 세 놈의 마누라들이 집단으로 뭉쳐 쳐들어 온 것입니다.

이 천지가 무너지는 듯한 느닷없는 돌발 사태에,

한 놈은 번개같이 튀어 뒷문으로 달아나고 도망갈 타이밍을 놓쳐 버린 또 한 놈은 한쪽 구석에 쳐 박혀 사시나무처럼 떨고 있는데 마지막 한 놈은 꿈적도 하지 않고 눈을 지그시 감은 채 그 자리에 떡 버티고 앉아 있었습니다. 간이 배 밖에 나와 죽음을 두려워하지 않는 듯한 이 어이없는 자세 앞에 잠시 움찔하던 부인 하나가 다가갔습니다.

"어라? 요놈 봐라?! 제법 간 큰 놈도 있네?"
하면서 사내의 얼굴을 빤히 내려다보며 고개를 갸웃하더니
"어? 이건 아예 까무라쳤잖아!"

우리는 예견했습니다.

남편을 '아빠'라고 부르는 희한한 현상을 보면서 세상의 남녀 윤리가 무너지는 소리를 들었고,

남편을 '오빠'라고 부르는 기이한 현상을 보면서 호적법이 바뀌어 동성동본의 씨족 간에도 자유롭게 혼인을 하는 어지러운 세상이 오리라는 것을 이미 예감했습니다. 이제,

배우자를 '자기'라는 제 3인칭으로 부르는 것을 보고 부부는 준비된 남남이라 이혼이 판을 치는 시대임을 절감합니다. 그리고,

백인이 주류 사회인 미국에서 흑인(음)이 대통령이 되고

비록 실패하긴 했으나 가부장적 유교사상이 뿌리 깊은 대한민국에서 여자(음) 대통령이 탄생하는 지경에 이르렀습니다.

그 뿐인가요. 최고액권인 5만원권 지폐에 신사임당 여사(음)가 당당하게 폼 잡고 앉아 있습니다.

양(陽)의 시대가 끝나고 음(陰)의 시대가 왔다는 신호입니다.

그건 그렇고,

젊은 시절 세계 각지를 돌아다녀 봤으나 한국을 포함해서 어느 곳을 가봐도 여자가 서서 소변보는 모습이나 그런 그림조차도 본적이 없습니다. 또한,

여자의 머리 꼭대기가 반질반질한 통대머리를 본적이 없습니다. 여자가 서서 소변을 볼 수 없는 것은 몸의 구조 특성상 어쩔 수 없으니 그렇다 치고 넘어가기로 합니다. 문제는 대머리 현상입니다. 대머리는 주로 남자에게서 일어나는 질병아닌 질병으로 요즘은 젊은 남자 중에서도 머리가 훌렁 뒤집어진 대머리가 늘고 있는 추세입니다.

이렇게 늙고 젊음을 가리지 않고 탈모 현상이 심해지는 것은 물론 현대인에게 천적이라고 할 수 있는 스트레스가 가장 큰 원인일수 있습니다. 세상살이가 하도 복잡하고 빠르게 돌아가 어지러움에 눈알이 핑핑 돌아갈 지경이고 머리에서는 지진이 일어날 판이기 때문인데 그것도 따지고 보면 모두 붉은 불의 기운인 火氣의 상승 때문입니다. 역학적으로 해석이 된다는 말이지요.

오행으로 구분해 보면 火氣는 문명(文明)이요, 水氣는 자연(自然)입니다. 문명이 급격하게 고도로 발달하고 이로 인한 火氣의 상승으로 받는 스트레스 때문입니다. 문명의 발달이라는 것이 실상은 불의 발달입니다.

문명의 발달로 인한 반작용으로 무섭게 치솟는 火氣를 다스려야 할 水氣(물)은 점점 말라 들어가고 그로 인해 지구에서 황량한 사막도 점점 넓어져 가고 있습니다.

지구의 온난화로 火氣가 뜨겁게 분출되어 세상이 미쳐가고 있습니다. 휘황찬란한 도시는 온통 木火의 기운인 붉고 푸른색의 간판으

로 뒤덮어 火氣를 끌어 올리는 경쟁을 하고 있습니다.

　도시는 양의 기운이 지배하므로 음의 기운이 힘을 쓰지 못합니다. 문명과 개발이라는 미명으로 인간이 자연을 파괴하며 지배하는 것입니다.

　시골은 자연이 주인 노릇을 하며 인간을 지배하고 관리합니다.

　인간이 주인 행세를 하며 지배하는 도시는 열 받아가며 정신없이 뛰어야 하므로 스트레스가 그만큼 많지만 자연이 지배하는 시골은 여유롭습니다. 순리대로 흘러가는 자연의 법칙에 따르면 됩니다. 따라서 도시에서 도시병으로 고장난 사람은 시골로 환경을 옮기는 것이 가장 효과적인 치유 방법입니다.

　자연에 순응하면 살 수 있습니다. 우리가 사는 환경의 변화란 기온의 변화이기도 합니다. 인류를 비롯한 모든 생물에 대한 생멸(生滅)의 확실한 생사여탈 결정권을 쥐고 있는 것도 사실상 지구의 기후 환경입니다.

　지구의 기온이 지나치게 뜨거워지면 모든 생물은 타서 소멸될 수밖에 없는 것이고 반대로 지구의 기온이 지나치게 차가워지면 모든 생명은 얼어 소멸될 수밖에 없습니다. 밤하늘을 밝히는 수많은 천체 중에서 오직 지구에만 물이 있어 생명이 존재하고 그리고 이 지구에서 우리가 태어났다는 것은 어떻게 보면 우연 같기도 하고 한편으로 생각하면 기적 같기도 합니다. 조물주님이나 삼신 할매님이 고맙기 그지없습니다. 만약에,

　지구와 태양과의 거리가 현재보다 1%만 더 가까워도 너무 뜨거워 지구의 모든 물은 증발되어 생명은 존재할 수 없을 것이고, 지구와 태양의 거리가 현재보다 1%만 더 멀어도 지구는 모두 얼음 덩어리가 되어 역시 생물은 살수 없을 것이라고 합니다.

생명이 생성될 수도 없다는 말이고 우리가 있을 수도 없다는 말입니다. 생각만 해도 아찔하지요? 정말 아슬아슬한 행운이 아닐 수 없습니다. 우리의 인체를 소우주(小宇宙)라고 합니다.

거창하게 우주에다 견주지 않더라도 우리의 몸을 지구에 비교할 수 있고 여기에 오행을 연계시킬 수 있습니다. 지구에서 태어났으므로 지구의 영향을 고스란히 받고 태어났다는 말입니다.

오행별로 간단히 비유해 보면

木: 지구에는 목기(木氣)에 해당한다고 볼 수 있는 무수한 생명들이 표면을 장식하고 있습니다. 모든 동식물들입니다.

인체와 연결해 보면 머리털을 비롯한 모든 체모(體毛)를 木에 연계시킬 수 있습니다.

火: 지구에는 지열(地熱)이 있습니다. 중심부가 펄펄 끓어 강력한 열을 생산하고 있습니다. 이것은 인체의 체온과 같습니다. 또한 태양으로부터 생명이 생장하기에 가장 적당한 빛과 열을 공급 받는데 이것이 넘치거나 부족하면 모든 생물이 멸망할 수 있듯이 인체에서도 36.5°라는 최적의 온도 이상으로 넘치거나 그 이하로 내려가면 생명이 위험하게 됩니다.

土: 지구의 표면을 덮은 흙은 토기(土氣)에 해당하며

인체의 살(육:肉)에 연계 시킬 수 있습니다.

金: 지구에는 금기(金氣)에 해당하는 암석과 광물이 있습니다. 토기(土氣)인 흙이 굳은 것입니다.

이것은 인체의 뼈와 같다고 볼 수 있습니다.

水: 그리고 물입니다. 지구의 바다와 강하(江河)를 비롯해서 땅속을 흐르는 수맥(水脈) 등은 인체의 수분(水分)과 혈류(血流)에 해당하는 수기(水氣)로 볼 수 있습니다.

요약해 보면,

木 = 인체의 털　 = 지구의 식물, 동물 등 모든 생물.
火 = 인체의 체온 = 지구의 내부 열기. 태양 열기.
土 = 인체의 살　 = 지구의 표면 흙.
金 = 인체의 뼈　 = 지구의 암반, 광물.
水 = 인체의 수분 = 지구의 물. 지하수.

그런데 이 중에서 음양의 대표성을 가지고 있는 화기(火氣)와 수기(水氣)를 살펴보면 火氣는 위로 치솟는 성질이고 水氣는 아래로 스며드는 성질입니다. 불꽃은 위로 치솟고 물은 아래로 흐르는 것이 당연하고 자연스럽습니다.

火氣는 열(熱)을 의미합니다. 열이 위로 치솟으면 열 터진다고 하지요? 열이 터지면 짜증스럽고 火가 나며 머리가 아파옵니다.

두통입니다. 火딱지가 치솟아 화병(火病)이 되고 열병(熱病)이 되는 것입니다. 머리 쪽으로 火氣가 몰린 탓입니다.

이 증상을 치유하는데 水氣가 좋습니다. 水氣는 가라앉는 성분입니다. 뜨거운 불에 물을 뿌리면 불기운은 잦아지고 열은 내려가기 마련입니다. 음양의 기운을 조화시키는 것입니다.

화를 다스리고 도(道)를 닦는 데는 폭포수 아래 가부좌를 틀고 앉아 머리에 쏟아지는 물을 맞으면 좋습니다.

도를 닦고 수양을 한다는 것도 알고보면 무슨 신비한 세계로 가는 것이 아니라 열을 내려 안정을 찾는 일이기도 합니다.

따라서 스님이나 도인이나 종교인 등 수양한다는 사람의 얼굴에 붉은 기운이 돌아 얼굴색이 불콰하거나 화를 잘 내는 핏대 체질로 신경질적이고 성질이 더러우면 대부분 엉터리입니다.

살찐 도둑이요, 사기꾼입니다.

火氣는 위로 치솟으므로 머리 쪽으로 올라가게 되는 것이고,
머리 꼭대기에 모인 火氣는 더 이상 도망갈 곳이 없습니다. 머리 꼭대기에 모여 활활 타는 것이지요. 火가 많이 나면 열 받아 뚜껑 열린다고 하지요? 냄비에 물을 넣고 뜨거운 불에 팔팔 끓이면 냄비 뚜껑이 들썩이는 것에 비유한 말입니다.

머리에 모인 열기로 인해 木에 비유할 수 있는 머리털이 다 타버리는 현상이 바로 탈모현상이요, 대머리가 되는 것입니다.

주로 火氣가 많아 얼굴이 붉고 몸에 열이 많은 사람 중에 대머리가 많습니다. 그렇다면,

왜 여자에게는 탈모현상이 있다고 해도 남자처럼 머리가 반질반질한 완전 대머리 형상은 없을까요?

남자는 양성(陽性)의 동물이고 여자는 음성(陰性)의 동물입니다. 따라서 남자는 양기(陽氣)가 강한 동물이고 여자는 음기(陰氣)가 강한 동물입니다. 양기는 火氣이고 음기는 水氣입니다.

남자가 열을 받아 火氣가 위로 치솟으면 근본 기운인 양기와 합세하여 강한 열기가 되어 머리 꼭대기로 모이고 머리털을 태워 버림으로 해서 대머리가 되는 현상입니다. 사막화 현상이 일어나는 것입니다.

그러나 여자는 근본이 음성이라 음기가 강합니다. 열을 받아도 자체의 음기가 양기를 어느 정도 흡수하는 작용을 해서 머리 꼭대기까지 올라가는 열기는 그렇게 강하지 않아 머리털을 완전히 태워버리지는 못하므로 심한 대머리가 되지 않는 것입니다. 대신,

여자에게는 상승하는 火氣가 머리 꼭대기까지 올라가지 못하고 가슴 부위의 명치에 모여 심각한 화병(火病)을 부르기 쉽습니다. 화병은 여자에게 많습니다.

성분을 봐도,

양성인 남자는 열을 잘 받아 덤벙대고 공격적인데 비해 음성인 여자는 차분하고 생각이 깊고 방어적입니다. 본질적으로 그렇습니다. 여기에,

인체의 각 부위를 오행으로 분류해서 자신에게 맞고 필요한 사람을 선택할 수도 있습니다. 예를 들어,

자신의 사주에서 木이 필요한 사람은 몸에 털이 많은 사람을 만나면 오행의 균형과 조화를 이루는데 도움이 될 수 있다는 말입니다. 또한, 자신의 사주에서 金이 필요한 사람은 몸의 뼈대가 강하고 억센 사람을 만나면 균형과 조화를 이루는데 도움이 될 수 있습니다.

음양의 대표 선수요 큰 줄기인 水火의 특성으로 보면,

뜨거운 한 여름에 태어나 火氣가 많으면 대체로 평소에 열 터져 잘 뒤집어지고 열을 잘 받는 성격이나 핏대 체질인 경우가 많습니다. 항상 머리가 지끈지끈해서 끈으로 머리통을 싸매고 사는 사람 중에 여름에 태어난 사람이 많습니다. 火氣가 치솟아 머리 쪽으로 모이기 때문입니다. 화끈하면서 대개 다혈질이고 성격이 급한 편입니다. 뜨거운 火氣를 많이 받고 태어난 탓입니다. 뜨거워 성급하고 때로 경솔하기도 합니다. 잘 울고 잘 웃습니다. 감정의 변화가 심하고 빠릅니다. 정리 정돈이 잘 안되고 분산되어 어지럽게 늘어놓는 성향이 강합니다.

성격이나 차림새가 화려한 것을 추구하는 경우도 많습니다. 火氣의 색인 붉은 기운이 선천적으로 많은 탓입니다.

이런 사람은 심하게 열 받으면 휘발유통을 터뜨리거나 불을 확 싸질러 버리고 싶은 충동을 받기 쉽습니다. 여차하면 순간적으로 실천

할 수도 있습니다. 아니면 죽는다고 쥐약이나 농약을 입에다 털어 넣을 수도 있습니다.

약(藥) 중에서도 양약은 오행상 火氣에 해당합니다.

화학약품입니다. 따라서 뜨거운 여름에 태어나 火氣가 많은 사람을 잘못 건드리면 낭패를 볼 수 있습니다. 불같은 성질이 폭발합니다. 그렇지만 건드리지만 않는다면 평소의 기본 성정은 밝고 뒤끝이 없는 편입니다. 반대로,

겨울에 태어나 水氣가 많은 사람은 대체로 차분하면서 안정된 기운을 가지고 있지만 심하면 성정이 차갑고 활동성이 좀 약할 수 있습니다. 水氣는 가라앉고 스며드는 기운입니다.

水氣는 지혜의 상징입니다.

겨울에 태어난 사람은 지혜롭고 머리가 좋은 성분을 기본적으로 가지고 있다고 볼 수 있습니다. 빠져나갈 구멍을 잘 찾으므로 핑계 잘 대고 거짓말 잘하고 잔머리나 잘 굴리는 경우도 많습니다. 물은 바늘구멍만 있어도 빠져 나갑니다. 그러나,

水氣가 너무 강하면 무서운 홍수 기질이 나타나기도 합니다. 여차하면 물폭탄이 되어 다 휩쓸고 뒤집어 엎을 수도 있습니다. 기본적으로 가지고 태어나는 천성(天性)입니다.

火氣와 水氣의 조화가 이루어지는 것이 바로 음양의 조화가 이루어지는 것이고 성품이나 인생의 조화도 이루어지는 것입니다.

한쪽으로 기울어지면 성품도 기울어지고 건강도 기울어지고 인생도 기울어집니다.

인간을 비롯한 모든 생명이 잉태되고 태어나는 것도 양성인 수컷과 음성인 암컷이 만나야 가능합니다. 천륜(天倫)입니다.

그래서 부부는 반드시 남자와 여자가 만나야 하는 것인데...

소식을 들으니 남자끼리 만나거나 여자끼리 만나서 부부의 연을 맺는다고도 합니다. 인간이 미친 것인지 세상이 미친 것인지 하여간 그렇게 돌아간답니다.

선진국이요 문명국이라고 자타가 인정하는 미국이나 유럽에서는 이 하늘이 기절초풍하고 나자빠질 기괴한 일이 아예 합법적으로 이루어지고 있다고 합니다. 이것도 인권(人權)이랍니다. 인권이란 본시 천권(天權)의 연장입니다. 하늘의 도리를 말합니다.

숫놈끼리 짝짓기 하고 암놈끼리 짝짓기 하는 것이 하늘의 도리인가요? 또,

그것이 과연 생리적으로나 물리적으로 가능하기는 한지….

허당(虛堂)은 무식해서 잘 모릅니다. 혹시 잘 아시는 유식한 독자님 있으면 자세한 정보 부탁합니다.

잠깐!

털 이야기가 나왔으니 비밀 정보 하나 살짝 알려 드릴까요?

체모(體毛)에서 대머리만 남녀 구분이 되는 것이 아닙니다.

대부분의 남자는 머리카락부터 먼저 빠지기 시작하고 대부분의 여자는 음모(陰毛)부터 빠지기 시작합니다. 양기가 강한 남자의 머리카락은 불에 타서 먼저 소실(消失)되는 것이고 여자의 음모는 습한 지역에 자리 잡아 지대가 물러 뿌리를 단단하게 내리지 못한 탓에 쉽게 잘 쓰러져 드러눕고 잘 빠집니다. 60대 이상의 남녀를 보면 남자는 대머리가 많고 여자는 음모가 빈약하거나 주위가 허전한 경우가 많습니다. 못 믿겠다는 표정이신데?

의심되면 지금 당장이라도 동네 공중목욕탕으로 달려가 남탕, 여탕을 번갈아 왔다 갔다 검사 해 보면 바로 알 수 있습니다.

귀한 정보하나 더 알려 드릴까요?

음양 균형은 상하 균형이나 좌우 균형으로도 연결 됩니다.

인체의 기관중 두 개씩인 눈, 코구멍, 팔 다리 등도 좌우 균형이 맞아야 합니다. 그러나 100%는 없다고 했지요?

크기와 길이 무게 등이 드러나지 않게 조금씩 다릅니다.

남자의 어깨 높이도 마찬가지입니다. 한쪽이 쳐집니다.

여기에는 이유 하나가 더 추가됩니다.

남자는 고환이 두 알이지요? 하나인 사람은 없습니다.

이 쌍방울의 무게나 크기는 같을까요? 아닙니다.

요놈들도 좌우가 다릅니다. 오른쪽 방울이 약간이라도 크면 오른쪽 어깨가 쳐진 경우가 많고 왼쪽 방울이 조금이라도 크면 왼쪽 어깨가 쳐진 경우가 많습니다. 아주 작지만 미미한 무게의 차이 때문입니다. 이 역시 의심스러우시면 바로 검사 해 보시면 알 수 있습니다.

위 두가지 현상에 대해 만약 사실이 아니면,
   현장 사진을 증거로 채집해서 허당(虛堂)을 허위사실 유포 혐의로 고발해도 좋습니다. 단,
   공정성을 담보하기 위해 증거인은 남녀 동수로 각 30 명 이상이 돼야 하며 검사자 또한 남녀 동수로 각 30인 이상 되어야 합니다. 또한, 증거 사진에는 얼굴 및 다 벗은 전신(全身)및 검사 부위가 칼라로 분명히 드러나야 합니다.
   물론 증거인이나 검사자의 주민등록 등본과 가족 관계부 1통씩 반드시 첨부 되야 합니다.

어쨌든 남자는 양이요, 여자는 음이라고 했습니다.

남녀의 조합은 기본적으로 음양의 조합이지만 남녀 각각 스스로도 음양의 조화를 이루어야 합니다. 생활에서 지켜야 하는 도리입니다. 생존의 길입니다. 양인 남자는 뜨겁고 건조한 성분이고, 음인 여자는 차고 습한 성분입니다.

음양의 조화를 위해 양인 남자의 생식기는 시원한 외부에 매달아 놨고, 음인 여자의 생식기는 따뜻한 내부 깊숙이 묻어 숨겨 놨습니다. 잠자리도 여자는 따뜻한 환경이 좋고 남자는 시원한 환경이 좋습니다. 이렇게 조화를 이루어 줘야 생식력이 건강하게 유지됩니다.

남자는 굳고 단단해야 하는데 온기를 너무 많이 받으면 풀어지고 누글누글해져 못쓰게 되므로 생식기능을 발휘하기 어려워집니다. 여자는 부드럽고 풀어져야 하는데 냉기를 너무 받으면 얼고 굳어 마비 현상을 부르면서 생식기능이 어려워집니다.

다른 문제도 있습니다.

옷을 입는 추세를 보니 여자가 치마를 입지 않고 바지를 입는 경우가 많아 보입니다. 바지는 남자가 입어야 하는데….

남자는 외부에 매달린 생식기라 건조해서 바람을 너무 많이 맞으면 트고 갈라져 못쓰게 됩니다. 따라서 바지를 입어 바람을 막아 주어야 합니다. 그러나 여자는 다릅니다. 여자의 생식기는 습해서 적당한 바람을 만나 습도를 조절해 줘야 합니다. 통풍이 잘되는 치마를 입어야 하는 것이지요. 여자가 바지를 입어 생식기를 가두어 버리면 바람을 막아 썩어버릴 수 있습니다. 썩으면 아무래도 냄새가 심하겠지요? 건강도 위험해집니다. 여자가 풍기는 몸 냄새가 더 강한 이유입니다. 한편으로는,

여자 냄새가 더 심하고 지독한 것은 여자가 식성이 좋아 너무 많

이 먹는 이유도 물론 있습니다. 자세히 관찰 연구해본 결과 대체로 방귀 냄새도 남자보다 여자가 더 고약했습니다.

독자님께서도 궁금하시면 남녀를 정밀 비교 감정해 보시기 바랍니다. 어렵지 않게 확인할 수 있습니다. 암수의 구분이 분명한 은행나무마저도 열매를 낳는 암컷 나무가 수컷 나무에 비해 냄새가 아주 흉측합니다.

이야기가 옆으로 좀 새고 있는 듯합니다만 모든 생명은 음양 조화의 틀을 벗어나면 건강한 생존이 어려워집니다.

양인 남자는 음인 여자로부터 음기를 공급받아야 하는 것이고, 음인 여자는 양인 남자로부터 양기를 공급 받아야 합니다.

명상을 하거나 기(氣) 수련을 할 때도 효과적인 때가 있습니다. 양인 남자는 음기가 왕성한 겨울 가을 또는 저녁때나 밤이 좋은 것이고, 음인 여자는 양기가 왕성한 봄, 여름 또는 아침이나 낮이 좋습니다.

등산을 해도 양인 남자는 음기가 강한 계곡 등산을 하면 음기를 공급받아 음양의 조화로 건강에 이로울 수 있는 것이고,

음인 여자는 양기가 강한 능선을 타면 필요한 양기를 공급받아 음양의 조화로 건강에 이로울 수 있다는 말입니다.

남녀 관계없이 기온의 변화에 따른 생활 조건도 있습니다.

밤과 겨울은 기(氣)를 축적하는 축기(蓄氣)의 때이고,

낮과 여름은 기(氣)를 발산하는 방기(放氣)의 때입니다.

밤과 겨울에 푹 쉬면서 기를 축적해서 낮과 여름에 활발하게 활동하면서 기를 마음껏 쏟도록 만들어진 동물이 인간입니다.

그러나 현대의 도시 생활은 밤낮도 없고, 계절도 없이 뛰어야 살아남을 수 있습니다. 스트레스를 피하거나 해소할 길이 없으니 여기

저기서 픽픽 쓰러질 수밖에 없습니다.

  부부관계도 낮보다 밤에 이루어져야 방출된 기를 바로 보충할 수가 있습니다. 낮에 행사하는 부부관계는 밤에 행사하는 부부관계 보다 세배나 체력 소모가 심하다는 연구 결과도 있습니다. 밤낮으로 바쁜 바람돌이 잡돌이들은 만수무강을 위해 참고하는 것이 좋습니다. 신선놀음에 도끼자루 썩는 줄 모르는 법입니다.

  생명의 생장은,
  물과 불 기운인 水火의 조화 작용이라고 했습니다. 음양 조화입니다. 대충 35억 년 전인가 지구에 물이 생기고 물 속에서 아주 작은 생명이 생기기 시작 했다고 하지요? 물과 따뜻한 온기가 조화를 부려 생명이 태어난 것입니다. 태어난다고 해도 수분과 온기가 사라지면 생명은 죽습니다. 그런데 포유(哺乳) 동물과 달리 알을 낳는 난생(卵生) 동물은 새끼를 직접 낳지 않고 알을 낳아 거기에 적당한 온기를 주면 새끼가 나옵니다.

  알이 휴대용 자궁이 되고 별도의 일회용 자궁이 되는 셈입니다. 알을 품어서 기준 온도 이상이 되면 양성이 강해 수컷이 되고 기준 온도 이하가 되면 음성이 강해 암컷이 태어난다는 것인데 거북이의 경우 부화 온도가 30도 이상이면 수컷이 되고 그 이하면 암컷이 된다고 합니다. 암수까지 온도가 결정합니다.

  양기가 강한 여성은 아들을 잘 낳고 음기가 강한 여성은 딸을 잘 낳습니다. 양기는 뼈(骨)대요, 음기는 살(肉)집입니다. 모든 생명은 물에 의해 태어나므로 물은 생명의 기본 재료입니다.

  인간의 얼굴에서 귀를 水로 봅니다. 관상학에서는 귀가 크고 두툼하면서 복스럽게 잘 생기면 수명이 길다고 보기도 합니다.

심심풀이 땅콩입니다.

왜?

개들은 소변을 볼 때 한쪽 다리를 살짝 들어 올리고 쉬~ 할까요? 그럴만한 역사적인(?) 사연이 있다고 합니다.

까마득한 옛날,

천지를 창조하신 조물주께서 만물에게 형체를 갖추어 주면서 솥에는 다리를 네 개 주고 개에게는 다리를 세 개 주었답니다. 그런데 엉뚱한 곳에서 문제가 불거졌습니다.

다리를 세 개밖에 배급받지 못한 개들이 모여 불만을 토로하며 멍멍 왕왕 짖어대기 시작한 것입니다.

"형평성과 특성을 무시한 명백한 차별 배급이다. 즉각 시정하라!"

"우리의 정당한 요구를 들어주지 않으면 국회청문회를 요구하고 모든 개들이 청와대로 몰려갈 것이며 정권 퇴진운동도 불사한다!"

이렇게 반발하면서 마침내 조물주에게 상소문을 올리게 되었습니다.

"대체로 솥이라는 물건은 한곳에 가만히 앉아 밥이나 짓는 일 밖에는 하는 일이 없으나 저희 개들은 이리 저리 개같이 뛰면서 낮에는 사냥을 하고 밤에는 도적을 막으며 집을 지키는 등 사회에 끼치는 공적이 솥과는 비교가 되지 아니 하옵거늘,

솥에는 다리를 많이 주시고 우리 개에게는 다리를 적게 주시니 이 어찌 공정한 처사라 하오리까? 원컨대, 다시 한번 굽어 살피시어 저희 개들이 궁궐로 쳐들어가 개판을 치는 등의 불상사가 일어나지 않도록 부디 재고해 주시옵소서."

조물주께서 상소문을 받아 읽어보니 과연 일리가 있는지라 곧바로 국무총리를 불러 솥에는 다리를 세 개만 주도록 하고 개에게는 다리를 네 개 주도록 명하게 되었습니다.

이에 감읍한 개들이 일제히 뛰쳐나와 환호하며 만만세를 외치는 소리가 천지를 진동하였고 급기야 긴급 대표자회의를 열었습니다. 안건은 하나였습니다. 조물주께서 특별히 성은(聖恩)을 베풀어 하사 하신 한쪽 다리에 혹시라도 더러운 오물이 묻으면 이는 은혜에 대한 도리가 아니므로 소변을 볼 때는 반드시 한쪽 다리를 살짝 들어 올려 오줌이 튀어 묻지 않도록 하기로 결의한 것입니다. 믿거나 말거나, 그 전통이 오늘날까지 지켜지고 있는 것이라는데….

아무리 소금물에 눈을 씻고 고서(古書)를 뒤져봐도 이에 대한 근거를 찾을 길이 없어 고증(考證)은 불가능 했습니다.

양해 바랍니다.

맛 본 김에 땅콩 하나 더 먹고 갈까요?

시절이 각박해진 탓인지 의술(醫術)은 인술(仁術)이라는 말은 박물관에 보관된 옛 교과서에나 있고 요즘의 의사는 기계에 의존한 기계적인 기능공(?) 정도로 대접 받으면서 심지어 돈밖에 모르는 의료 장사꾼(?)으로 인식되기도 합니다.

옛날 옛날 어느 때에

저승의 염라대왕 앞에 기생과 도둑놈과 의원이 잡혀와 차례로 문초를 받고 있었답니다.

먼저 기생이 앞으로 나와 아뢰기를

"저는 얼굴에 분바르고 옷을 화려 요염하게 차려입고 엉덩이를 상하 좌우로 흔들어 대면서 한량들을 불러다가 그들을 즐겁게 해주고 돈을 받아먹고 살았나이다."

하고 불쌍하고 억울한 표정으로 구구절절 고했습니다.

가만히 듣고 있던 염라대왕이

"사람들을 즐겁게 해주었으니 과히 나쁘지는 않구나. 세상에 나
가서 더 살다가 오너라."
하고 방면하였습니다.
다음으로 도둑놈이 앞으로 나와 고하는데
"소인은 밤이슬을 맞으며 부잣집 재물을 훔쳐 소인이 좀 쓰고 나
머지는 가난한 이웃에게 나누어 주었나이다."
하고 가난한 이웃에게 나누어 주었다는 대목을 특별히 강조하며 아
뢰니 염라대왕 가로되
"거 또한 나쁘지 않도다. 서로 공평하게 사는 길을 열었으니 너도
세상에 나가 좀 더 살다가 오너라."
하고 방면하였습니다.
마지막으로 의원을 문초하는데
"소인은 말똥, 개똥, 소오줌, 풀뿌리, 나무껍질 등으로 병든 자가
있으면 이것들을 써서 목숨을 살려주었나이다."
하고 아뢰는데 갑자기 염라대왕의 얼굴에 살기가 돌더니 귀졸들을
향해 벼락같은 소리를 질러댔습니다.
"저놈을 당장 잡아 묶어서 지옥의 기름 가마솥에 쳐 넣고 튀겨버
려라. 내가 병든 인간들에게 호출장을 보내도 번번이 거역하고
나타나지 않아 도대체 무슨 일인가 했는데, 이제 알고 보니 저놈
이 뒤에서 농간을 부리고 있었구나."
의원이 꽁꽁 묶여 지옥으로 끌려가면서, 다시 세상으로 돌아가게
된 기생과 도둑놈을 향해 절규하였습니다.
"여보시오. 부디 세상에 나가거든 내 집에 들러,
아내에게는 기생이 되라하고 자식들에게는 도둑놈이 되어서 남
은 가솔들은 죽어서 나처럼 이런 고초를 겪지 않도록 하라고 단

단히 좀 일러주시구려. 부탁이오."
　이들이 엊그저께 다 죽어버려 사실 여부를 확인할 길이 없습니다. 염라대왕에게 직접 물어 볼 수도 있겠지만 무서워서 포기했습니다.

　저승 이야기를 하다 보니 이런 생각이 납니다.
　살아온 경험론적 연구 결과에 의하면,
　인간이 철들기 가장 좋은 곳은 초상 치는 장례식장이었습니다.
　슬픔이 짓누르는 숙연한 분위기에서 먼저 허무를 체험하게 되고 마음이 너그러워 집니다. 그리고 자신에게 경고를 주기도 합니다. 웃음보다 슬픔이 더 큰 스승이 될 수 있는 것이지요.
　따라서 초상집에서 아무 생각 없이 술 마시고 화투장이나 두드리며 노닥거리다 일어서면 얻은 것 없이 부의금(賻儀金)만 날리는 꼴이 될 수 있습니다.

운(運)의 흐름

　석달 열흘 가는 삭풍(朔風)은 없다고 했습니다.
　밤이 길다고 계속 되는 건 아닙니다. 새벽은 옵니다. 비바람이 아무리 거세다고 해도 때가 되면 물러나게 돼 있습니다. 길다면 긴 365일은 한참 멀지만 짧다면 짧은 1년은 금방 지나갑니다. 누구에게나 인생의 굴곡은 있게 마련입니다. 세월의 굴곡입니다. 명리학적으로 보면 대운의 굴곡입니다.
　운에는 주기가 있습니다. 세간에서는 아홉수를 많이 얘기하지요? 누구에게나 나이에 따라 일률적으로 적용된다는 모순은 있지만 이것도 10년 주기의 대운입니다. 10년 운의 마지막 격인 9살에 주로 위험 요인이 많다는 것입니다. 9세, 19세, 29세, 39세….
　등산 사고도 심신의 긴장이 풀어지는 하산할 때 많이 일어나듯 10년 운에서 마지막 운을 조심하라는 말인데,
　사주명리학에서도 대운의 마지막 운을 중시합니다.
　인간의 한평생에 세 번의 대운을 만난다는 말도 있습니다.
　삼십대 초반과 사십대 중반과 오십대 후반을 의미합니다.
　이것도 누구에게나 해당되는 일반적인 이야기지만 누구에게나 기

회는 온다는 의미로 해석할 수도 있겠습니다.

개인별로는,

사주에서 일어나는 대운을 보면 운세의 주기인 흐름이 보입니다. 똑같은 사주를 가지고 있는 사람이라도 이 흐름을 유리하게 타는 사람은 평균 100의 수확을 할 수 있는 상황에서 자신은 200이나 300을 수확할 수 있는 것이고, 이 흐름을 타지 못하면 50의 수확도 어려워 힘겨운 싸움이 됩니다. 흐름이라는 것은 계절적인 환경의 흐름을 말합니다. 물론 여기에 노력도 있어야겠지만 환경을 만나지 못하면 어렵습니다.

사주에서 대운의 환경이 도와주지 않으면 인위적으로 만들 수도 있습니다. 개운(開運)이라고 합니다. 스스로 만드는 것입니다.

대운은 사주의 월주(月柱)로부터 이어지는 계절의 연장입니다. 월주는 사주의 네 기둥 중에서 가장 강력한 작용을 하는 기운을 상징하며 기본 체질을 나타냅니다. 부모 자리이므로 말하자면 고향입니다. 그 영향으로 기본 성격도 이루어지고 그 사람의 특성이나 특기를 나타내는 중심적인 자리입니다.

원칙적으로 천간의 작용은 지지의 환경 조건을 바탕으로 합니다. 따라서 대운에서도 지지의 환경이 막강한 영향력을 발휘한다고 봅니다. 대운은 사주의 월주인 계절의 연장이므로 흘러가면서 만나는 계절적인 환경이요, 시절이요, 세월입니다. 이 흐름을 따라 인생이 경영됩니다.

봄에 씨앗을 뿌리고 여름에 키워서 가을이 되면 추수를 해야 합니다. 이 흐름을 제대로 타지 못하고 거꾸로 가면 인생이 기우뚱거립니다. 대운에서 보는 인생 주기(週期)는 계절의 순환 주기가 되는 것이지요. 평균적으로 활발한 활동 시기인 60년 평생을 60갑자의 한 싸이클로 묶어 보면 사계절의 순환 연결입니다.

봄이 15년이요, 여름이 15년입니다.

가을이 15년이요, 겨울이 15년입니다.

봄의 15년은 성장을 준비하는 노력의 시절입니다.

여름 15년은 희망을 펼치고 왕성하게 활동하는 시기입니다.

가을 15년은 굳히고 결실을 보며 정리하는 시절입니다.

그리고 추운 겨울 15년으로 들어가면 앞뒤를 종합적으로 돌아 보면서 여유를 가지고 다지며 정리하고 인내하는 시기라고 볼 수 있습니다.

60 평생의 한 고개를 넘고 다시 새 고개로 넘어가는 시기입니다. 사람이 100년 이상을 살기 어려우므로 정상을 뒤로 하면서 아쉽지만 이제 내리막길로 접어드는 때입니다. 시련의 시절이 되는 것이고 겨울이라 춥고 혹독한 계절이기도 합니다. 추위를 피해 활동을 접고 쉬면서 60 평생을 따져봐야 하는 시기입니다. 동물로 치면 동면(冬眠)을 하는 시기인데 동면을 하지 않고 아직도 여름이나 가을인 줄 알고 나돌아 다니며 기고만장 질주하다가는 얼음 바닥에서 굴러 자빠져 다치고 얼어 죽거나 굶어 죽을 수 있습니다.

사주에서 여섯번째 만나는 대운의 시기는 환갑(還甲) 전후입니다. 인생길 오르막 내리막이 얼마나 험난한지는 적어도 환갑까지는 직접 걸어봐야 합니다. 그러나 환갑이 지나면,

그동안 살기 위해 어쩔 수 없이 입었던 무거운 철갑옷은 벗고 요란한 분칠로 위장했던 허세도 다 지우고 벗어야 합니다. 그리고 지금까지 뛰었다면 이제 걷는 것이 좋습니다. 좀 천천히….

앞만 보고 달려 왔다면 이제 뒤도 돌아보면서 지금 서있는 자리를 정돈하고 주위를 살펴야 합니다. 지금 서있는 위치와 환경을 알기

위해서는 뒤를 돌아봐야 합니다. 앞만 보아서는 어렵습니다. 무리하면 다치는 일만 기다립니다.

이 여섯 번째 대운은 남녀 불문하고 누구나 월주와 천간 지지로 모두 충하게 되어 있습니다.

사주명리학은 계절학이라 계절을 의미하는 월주의 작용을 가장 강력한 바탕 기운으로 본다고 했습니다. 그런데 여섯 번째 대운에서 월주를 아래 위로 충한다는 것은 계절의 순환을 무시하거나 거절한다는 의미가 되고 무리수를 둔다는 의미가 되기도 합니다. 특히 월주의 힘이 강하면 강할수록 더더욱 위험합니다. 소위 왕신충(旺神沖)이라고 하는 작용입니다.

허당(虛堂)처럼 겨울에 접어들어 늙고 비실대는 사람이 젊은 강호동이나 이만기에게 맞짱 한번 뜨자고 대들다가 박살나는 꼴입니다. 아니면 폭력계를 주름 잡는 조폭 두목에게 시비 거는 형국이 됩니다. 대단히 위험합니다.

특히 갑자기 크게 성공한 사람일수록 이때에 대개 '고! 고!'를 외치며 밀어붙이다가 쓰러져 박살납니다. 패망하거나 죽을 수도 있습니다. 계절 순환의 이치를 무시한 것이고 강한 기운을 잘못 건드리는 것입니다. 성공가도를 달려온 사람일수록 위험수가 더 커집니다. 혹독한 겨울을 이길 능력이 없으면 납작 엎드리고 조용히 들어 앉아 내실을 다지는 것이 상책 중에서도 상책입니다.

사업을 하는 사람의 경우라면 이 위험한 여섯번째 대운은 전문경영인으로 대리인을 내세우거나 후계자를 내세워 겨울을 이겨내는 것도 한 방법입니다. 물론 현명한 사람만 할 수 있는 방법이기는 합니다. 인생에서는 운이 트일 때까지 기다리고 버티는 지혜와 끈기와 근성이 필요한 것이지요. 상승운과 하강운을 타는것입니다.

어쨌거나 이 여섯 번째 대운을 무사히 잘 넘기면 일단 안전하다고 볼 수도 있습니다. 가장 큰 고비를 넘기는 것입니다.

억울할 것 없습니다. 환갑을 넘겼다면 요절(夭折)은 면하고 기본 천수(天壽)는 누린 것이니 더 이상 욕심을 부려 모으고 움켜쥐려는 생각에서 해방되어야 나머지 인생이 여유롭고 풍요롭고 편해집니다. 어려운 일이기는 하지만 …

인생 여정은 환경과 타이밍이 좌우합니다. 우연이건 노력을 한 결과이건 간에 특히 벼락 성공을 한 사람의 특성이 있습니다.

뛰어야 할 때와 쉬어야 할 때의 구분이 잘 안됩니다. 망할 운을 만나면 쉬어야 하고 흥할 운을 만나면 뛰어야 하는데 망할 운을 만나서 쉬려고 해도 또 주위에 간신들이 몰려들어 바람을 넣습니다. 자만으로 판단력이 흐려져 충신을 멀리하거나 충신의 말을 듣지 않는 경우도 많습니다. 그리고 호화로운 외형에 관심이 많아집니다. 망할 기운을 가진 화려하고 큰 집으로 이사라도 합니다.

이렇게 계절의 기운에 순응하며 살아야 한다고 떠들지만 현실은 그렇게 만만치가 않습니다. 특히 현대의 도시 생활에서는 계절의 순환 열차에 올라 탈 수도 없습니다. 농촌에서는 가을 추수가 끝나면 겨울을 쉬면서 내년 봄을 준비합니다.

그러나 도시 생활은 다릅니다. 일년 내내 여름처럼 쉬지 않고 계속 달리면서 살아도 불안한 생활입니다. 지치면서도 지칠 여유조차 없습니다. 제대로 쉴 여유도 없고 제대로 준비할 여유도 없이 뛰기만 하니 탈이 나고 병이 날 수밖에 없는 것이지요.

따라서 숨 쉬는 소리를 들으면서 몸도 정신도 여유를 가지려면 도

시를 떠나 농촌에 사는 것이 최상의 방책이기도 합니다.

  기회란 느닷없이 그냥 들이닥치는 것이 아닙니다. 대개 운이 암시를 합니다. 징조입니다. 속이 불편하거나 부글거리면 설사 준비가 돼 있다는 신호입니다.

  가야 할 길인지 가지 않아야 할 길인지 현명한 사람은 압니다.

  밀어붙여야 할 때인지 쉬면서 재충전이라도 해야 할 때인지 아니면 아예 접어야 할 때인지 지혜로운 사람은 압니다.

  운이 암시하는 징조를 무시하면 운이 강제 집행에 나섭니다. 강제 집행 당한다는 것은 추락이라 대개 결과가 좋지 않습니다. 잘 나가던 과거만 생각하고 앞으로도 계속 잘 나갈 것이라고 믿고 돌진하다가 다치는 것이지요.

  어디서 왔는지는 잊고 어디로 갈 것인지를 제대로 판단해야 합니다. 냉정한 현실 현상 판단입니다. 지금 서 있는 자리가 튼튼하고 안정적인지부터 제대로 보고 지금 가진 것이 확실한지도 봐야 합니다. 앞에 놓인 물건이 금덩이인지 돌덩이인지 생각이 있고 안목이 있는 사람은 척 보고도 압니다.

  뛰어야 할 것인지 걸어야 할 것인지, 아니면 쉬어야 할 것인지, 체력과 환경과 타이밍을 보는 것입니다. 그것도 냉철하게….

  고스톱 화투판에서 자주 쓰이는 말 중에

  '죽어봐야 저승 맛을 안다'는 말이 있습니다. 스톱을 해야 할 타이밍인데도 '고! 고!' 하고 객기를 부리거나, 느긋이 쉬면서 광이나 팔아야 할 사람이 똥배짱을 내밀고 소위 '막고'라고 하는 '무대뽀 고! 고!'로 질주하다 엎어질 때 쓰는 말입니다. 컨디션이 좋지 않거나 패가 잘 풀리지 않을 때는 쉬면서 광이나 팔아야 합니다. 때를 기다려야 한다는 말이지요. 이를 무시하고 계속 가다가는 설사나 퍼지르다

쓰리고에 광박에 피박까지 쓰고 여차하면 인생 거덜 나거나 심장마비 걸려 죽을 수도 있습니다.

상황에 따라서는 설사 패가 좋다고 해도 죽어 주어야 할 때도 있습니다. 박찬호라고 일년 내내 야구를 잘할 수 있는 것은 아닙니다. 이미자라고 해서 일년 365일 동안 감기 몸살 한 번 걸리지 않고 맨날 고운 목소리로 노래를 잘 부르고 돈을 잘 벌 수는 없습니다. 흐르는 세월의 운세 부침(浮沈)에 따라 어려울 때는 쉴 줄을 알아야 합니다. 그것이 운을 따르는 것이고 순리를 따르는 길입니다.

봄에는 씨앗을 뿌리고, 여름에는 활발하게 성장하도록 잡초를 제거하고, 가을에는 풍요롭게 수확하며, 겨울에는 저장하면서 봄을 기다려야 합니다. 순리를 역(逆)한다는 것은 봄에 추수한다고 덤비는 꼴이 될 수 있습니다.

겨울이 지나면 반드시 봄이 온다는 당연한 이치를 아는 사람은 기다릴 줄도 압니다. 만약에,

겨울을 벗어나야 하는데 방법이 없으면 따뜻한 남쪽 지방이나 남쪽 나라로 이사를 가든지 이민이라도 가면 됩니다. 앉은 자리에서 아무리 용을 써 봐야 몸만 상하고 헛농사 짓습니다. 역경을 헤치고자 하면 환경부터 바꾸어야 합니다.

사주가 더운데 여름 대운에 있으면 추운 지방이나 추운 나라로 떠나면 됩니다. 이사를 가든 이민을 가든 유학을 가든 안 풀리면 떠나야 합니다. 겨울에도 싱싱한 딸기를 키우려면 따뜻한 온실을 만들어 주면 됩니다. 목표가 있어도 이루기 어려우면 인위적으로 이룰 수 있는 환경이라도 만들어 주어야 한다는 말입니다. 운을 스스로 만드는 것입니다. 운이란 그렇습니다.

물론 평소에 공부를 열심히 해서 풍부한 실력을 쌓아야겠지만 운

이 있는 놈은 선생님이 설명하는 교재에 밑줄만 좍좍 그어 놓으면 그것이 시험에 잘 나옵니다. 그러나 시험운이 없는 놈은 밤새도록 지하철 정거장 이름을 순서대로 달달 외어 놓으면 막상 시험에는 버스 정거장 이름을 순서대로 쓰라고 나옵니다. 뒤로 자빠지는데 앞에 붙은 코까지 깨지는 꼴 납니다.

  운의 흐름을 읽고 순리를 따르면 됩니다. 그것은 어찌 보면 지극히 상식적이기도 합니다. 상식이란 다른 거 없습니다. 친구들과 한 잔 술에 취해 노래방에 가서 느닷없이 '오! 솔레미오'를 뽑아대며 엄숙하고 우아한 폼을 잡는다면 그 사람은 분명 정신병자이거나 맛이 간 사람이겠지요? 때와 장소가 있는 법입니다. 환경과 타이밍을 역(逆)하면 고단해집니다.

  목표가 정해지면 그 목표를 이룰 수 있는 환경 조건을 찾아가거나 만들어야 합니다. 물에 가야 물고기를 잡고, 산에 가야 산토끼를 잡을 수 있습니다.

  '부지런하기만 하면 산다?' 거짓말입니다.

  '알뜰하기만 하면 산다?' 그것도 거짓말입니다.

  천지조화의 순리를 거스르면 만사가 허사일 뿐입니다. 골병만 듭니다. 과실이나 열매도 척박한 환경의 땅에서 자란 나무에 열린 것과 비옥한 환경의 땅에서 지기(地氣)를 충분히 받고 자란나무에서 열린 것과는 다릅니다. 물론 종자도 중요하지만 환경을 잘못 만나면 열매도 작고 잘기만 합니다. 맛도, 영양가도 떨어집니다.

풍수(風水)

 풍수학에서는 물(水)을 재물로 봅니다.
 물이 펑펑 솟아나거나 큰 물을 만나는 꿈을 꾸고 복권에 당첨되었다는 소문도 있습니다. 큰 물이 감아 돌아 그에 안긴 자리를 부자 되는 자리로도 봅니다. 가까운 예로 많이 회자되는 곳이 재벌들이 몰려 산다는 서울의 한남동이라는 지역입니다.
 그러나 물이라고 다 좋은 것은 아닙니다. 물도 물 나름입니다.
 일단 양수(陽水)라야 합니다. 맑고 깨끗해야 합니다. 고이지 않고 흘러야 하고 지상에 드러나 있는 물이어야 생명력이 있어 살아있는 명당수라고 봅니다. 그래야 주변에 형성된 명당의 기운을 끌어 모아 저장하고 그 기운을 증폭 시킨다고 봅니다.
 반대로 음수(陰水)는 갇힌 물입니다. 썩고 냄새나는 물입니다.
 웅덩이 물이요, 지하의 어둠속을 흐르는 지하수맥 등입니다. 복개된 개천의 물도 음수입니다. 수족관도 지하에 있으면 음수 역할을 합니다. 지하의 아쿠아리움도 음수입니다. 물은 가두어두면 탁해지거나 썩게 마련입니다.
 흐른다고 해서, 지상의 물이라고 해서 모두 양수가 되는 것도 아닙니다. 지저분하거나 탁하면 음수입니다.

풍수란 바람과 물의 작용을 보는 것입니다.

차가운 북서풍은 음풍(陰風)으로 음수의 작용을 한다면 따뜻한 동남풍은 양풍(陽風)으로 양수의 작용을 합니다.

따라서 주택은 따뜻한 동남의 양풍을 맞이할 수 있는 동남향이 좋은 것이고, 북서향을 바라보는 것은 불리하게 봅니다.

북서향 쪽은 바람을 막기 위해 높은 것이 좋을 것이고, 동남향 쪽은 바람을 받기 위해 트인 것이 좋겠지요. 막는 것은 산이든 구릉이든 건물이든 관계없습니다.

음택(陰宅) 풍수인 묘지 풍수에 대해서 좀 살펴보겠습니다.

살면서 가장 감당하기 어려운 충격은 가족의 죽음을 만나는 일입니다. 이별 중에서도 가장 가혹한 이별이지요. 그래서 중요시되는 것이 죽음을 마무리하고 정리하는 장례의식입니다. 이제 그 경건한 의식마저 산업화되고 형식화 되고는 있지만….

음택 풍수는 죽은 자의 집을 보는 것이므로 귀신이 사는 집 풍수라고도 볼 수 있겠습니다. 귀신은 육신을 떠난 혼백(魂魄)입니다. 혼백이라고 하면 혼(魂)과 백(魄)을 말하는 것이니 영혼(靈魂)이라고 할 수도 있겠고, 정신이라고 할 수도 있을 것입니다. 넋입니다. 혼(神魂;신혼)은 양(陽;하늘)이요, 백(體魄;체백)은 음(陰;땅)입니다.

부정과 모혈(父精.씨톨과 母血)이 만나 입태(入胎)될 때 백이 먼저 들어온다고 합니다. 백은 음인 땅으로부터 들어온답니다.

혼은 출태(出胎)되어 탯줄을 자르는 순간 하늘로부터 들어온다고 합니다. 살아있는 동안 혼과 백이 뭉쳐서 항상 같이 살다가 죽으면 혼과 백이 분리되어 해체되고 그동안의 동거 관계를 청산한다는 것입니다.

현대적으로 좀 유식하게 비유하면 백은 하드웨어(Hardware)에 해당하고 혼은 소프트웨어(Software)에 해당될 듯도 합니다. 몸체인 하드웨어가 먼저 만들어지고 거기에 소프트웨어라는 프로그램이 설치되는 것입니다.

죽기 며칠 전에 혼이 먼저 빠져 나간다는데 저승사자가 혼만 데리고 가는 것입니다. 나가지 않고 뼈에 남아 흙으로 돌아가는 것이 백이랍니다. 양기인 혼은 원래 왔던 천계(天界)로 돌아가고 음기인 백은 원래 왔던 지계(地界)로 돌아가는 것입니다. 하늘과 땅의 기운으로 출발해 음양으로 만나 조화를 이루며 살다가 임무를 마치고 헤여져 각각 고향으로 돌아가는 것이지요.

그런데 이 뼈를 명당에 묻으면 망자(亡者)의 백이 좋아하므로 후손에게 여러모로 이롭다고 보는 것이 음택(陰宅)풍수 이론입니다. 그래서 인품을 볼 때도 '뼈대'를 중시하는 것이고...

죽음을 맞이하면서 혼은 하늘로 올라가지만 죽은 후에도 인간의 절반인 백은 몸의 뼈에 남아 죽은 자와 후손들을 연결시켜주는 매개 작용을 한다고 보는 것이 음택 풍수입니다. 백은 아직 죽은 몸의 뼈에 남아 일정기간 살아있다는 말입니다.

따라서 화장을 하면 백도 같이 산화되어 완전히 사라지게 되므로 후손과의 연락망이 두절되는 것으로 DNA 구조가 깨지게 되어 후손에 대한 영향력이 없어져 이른바 무해무덕(無害無德)이 된다는 말이 됩니다. 800℃ 이상의 온도에서 화장을 하면 DNA가 완전히 파괴되는 것이므로 과학적으로 분석할 수도 없다고 하는데, 시신을 태우는 화장장의 온도는 적어도 1000℃에서 2000℃에 이르는 고온(高

溫)이 되므로 망자(亡者)의 백도 같이 사라져 죽은 자와 산자의 연결 고리가 완전히 끊겨 연락 두절이 되므로 아무런 작용을 하지 못한다는 것입니다. 또,

시신을 매장하면 하늘로 떠난 혼(魂)이 미련이 남아 완전히 떠나지 못하고 시신 주위를 맴돈다고도 합니다.

조상을 위하는 척 엄숙한 표정으로 어설프게 명당 타령하는 것 보다 깔끔하게 화장해서 땅으로 돌려보내면 뒷탈 염려도 없고 개운하겠지요? 원점인 고향으로 보내 주는 것입니다.

또 한편으로는,

인간은 72근의 정기(精氣)를 부여받아 태어난다고 합니다. 그 중에서 65근은 살아서 자식 농사를 짓고 생활을 위한 활동을 하면서 소진하고 나머지 7근은 죽어서도 뼈에 남아 영향력을 행사하는 현상이 그 자손에게 덕도 주고 해도 주는 것이라고도 하는데 현대의 각박한 세상에서는 남녀관계가 자유로워져 정력의 낭비가 심하고 살기도 힘들어 그 남은 7근 조차 죽을 때 가져가지 못하고 살아서 72근을 거의 다 소진하는 경향이 많다고 합니다. 완전히 끝나는 것입니다. 이렇게 되면, 굳이 명당 찾아 팔도를 헤매고 다니며 고생할 필요는 더더욱 없겠지요?

말도 많고 탈도 많은 것이 우리의 묘자리 풍수입니다. 그 뿌리가 너무 깊고 넓게 얽혀 돌아가므로 구름 잡는 식에다 난해하기 짝이 없어 긴가민가한지라 자세히 들여다보기도 그렇고 그렇다고 외면하기도 찜찜한 것이 묘자리 풍수입니다. 믿고 따르자니 뭔가 이상하고 아예 무시하자니 한편으로는 또 좀 불안하기도 한, 그런 것이 묘지 풍수가 아닌가 합니다.

풍수(風水)를 교과서적으로 이해하면 장풍득수(藏風得水)를 줄인 말로 바람을 갈무리하고 물을 얻는다는 말입니다.

살아있는 사람이 사는 곳을 양택(陽宅)이라 부르고 죽은 사람이 들어가 쉬는 곳을 음택(陰宅)이라고 합니다. 살아있는 사람이 사는 곳이 안온하고 편안해야 하듯이 역시 죽은 사람이 쉬는 곳도 편안한 자리가 되어야 한다는 것입니다.

좋은 자리 찾아 무덤을 쓰는 일과 무덤을 치장하고 관리하는 것이 반드시 나쁘다고 할 수만은 없습니다. 죽은 자에 대한 공경과 사랑의 표현일 수도 있기 때문입니다. 다만,

대부분 그것이 정도가 지나치고 자기 과시나 발복(發福)을 원하는 이기심으로 이루어지는데 문제가 있는 것이지요.

장법(葬法)의 근본은 고인을 편안하게 모시는 것이 전부인데도 혹시라도 무언가를 얻으려고 한다면, 낳고 길러주신 부모님의 은혜는 뒷전이고 그분들을 이용해서 무엇인가 얻으려고 한다면 이것은 천지의 이치와 뜻을 거스르는, 오히려 죄업(罪業)을 청하는 것이나 다름없다는 말입니다.

묘 자리 하나로 대통령을 만들어주고 묘 자리 하나로 자손에게 복을 주는 것은 아니기 때문입니다. 멀리 찾아 볼 것도 없이 대통령이 되겠다는 사람들 대부분이 소위 대통령이 날 명당이라는 땅을 찾아 조상의 무덤을 옮기지만 그들이 모두 대통령이 되던가요?

좀 더 거슬러 올라가서 조선시대에 수많은 왕들 모두가 당대의 최고 풍수지관들을 총 동원해 묘터를 잡았는데도 그들의 집안 꼬라지가 어떻게 돌아갔는지를 보면 답은 바로 나옵니다. 자식이 그 모친을 범하지를 않나, 형제간 또는 숙질(叔侄)간의 피비린내 나는 살육전은 다반사였습니다. 한마디로 그들의 집안 꼴을 들여다보면 엉망

진창이요, 완전 개판입니다.

결국 만사는 땅에서 나오는 것이 아니라 인간에게서 나옵니다. 모든 것은 살아있는 인간이 스스로 책임져야 합니다. 묘 자리를 두고 부질없는 욕심으로 장난질을 치면 안 된다는 말입니다.

명당이 있다고 해도 아무에게나 나타나 보이는 것도 아니랍니다. 또한 자격이 없는 자를 명당이라고 하는 곳에 묻어도 그 후손에게 발복(發福)의 행운을 주는 것도 아니랍니다. 옛날에도 눈과 마음이 밝은 명사(名師) 지관은 돈 많이 주고 의뢰한다고 해서 아무에게나 함부로 묘 자리를 잡아주지 않았다고도 합니다. 그 사람의 품성을 보고 조상이 어떻게 살았는지도 알아보는 등 선인(善人)인지 악인(惡人)인지를 자세히 파악한 다음 만약에 문제가 있는 사람으로 판단되면 무슨 핑계를 앞세워서라도 기피했다는 것입니다.

악인에게 명당을 알려주면 알려준 그 지관이 천벌을 받는다고 지리서(地理書)에도 나와 있을 정도인데, 그래서 그런지 돈 받고 명당이라는 묘 자리를 남발한 지관의 말년이 불행하거나 그 자손들의 인생이 잘 풀리지 않는 경우도 심심찮게 봅니다.

굳이 명당이라고 하면 내가 보기에 또는 자손이 보기에 편안한 땅으로 느낄 수 있으면 됩니다. 조상이 편안하게 안식할 수 있겠다고 생각되는 땅이 명당입니다. 편한 땅을 찾는 것은 느낌으로도 알 수 있습니다. 묘 자리든 자신이 살 집이든 마찬가지입니다. 한 시간 정도 그 자리에 머물러 있어 보면 어느 정도 느낌이 옵니다. 기운(氣運)을 느끼는 것입니다.

술법(術法)에 매달려 고민할 필요는 없는 것이지요. 물론,

그보다 웬만하면 깔끔하게 화장을 해서 이승의 인연을 다 끊고,

다 잊고, 편안하게 쉬도록 해주는 것이 가장 좋습니다.

진정으로 죽은 자를 고이 보내 드릴 마음이 있고 아쉬운 마음에 묘지라도 남기고 싶다면, 관이고 뭐고 다 버리고 시신을 화장한 분골(粉骨)을 그대로 흙과 섞어 땅속에 매장하는 것이 가장 좋을 법도 합니다. 아쉬우면 거기에 아주 작은 봉분하나 만들어도 되겠지요. 이것을 자연장(自然葬)이라고도 할 수 있습니다.

명당이라는 말에도,
긍정적인 측면의 명당이 있고 부정적인 측면의 명당이 있는 것 같습니다. 명당 중에는 인생을 포기하는 사람들의 명당도 있습니다. 자살하는 사람들이 찾아가는 단골 장소입니다. 부산의 태종대 자살바위 같은 바닷가 절벽 위나 서울의 한강 다리도 있고 고무신을 가지런히 벗어놓고 들어가는 저수지의 어느 지점도 있습니다. 대개 이런 곳에 가보면 우선 어지럼증부터 일어나고 삶의 허망함이 밀려옵니다. 자살하기 딱 좋은 명당 자리가 됩니다. 험난한 인생의 고통으로부터 어서 빨리 벗어나라고 은근히 유혹하는 듯한 묘한 기운이 감도는 느낌입니다. 서로 궁합이 맞는 것이고 기운이 맞아 떨어지는 것입니다.

궁합이란 사람과 사람 사이에만 있는 것이 아닙니다. 사람과 장소 관계에서도 궁합이 있습니다. 긍정적인 사람은 밝고 따뜻한 기운이 서리면서 안온한 곳을 좋아하고 삶에 지친 사람은 차라리 공동묘지 같은 곳에서 깊은 위로를 받을 수도 있습니다.

결론은,
죽은 풍수가 살아있는 사람의 문제를 해결하지는 못한다는 것입니다. 살아있는 사람의 문제는 살아있는 풍수가 해결합니다.

이상한 점이 있습니다.

하나님에게 양자(?)라도 간 것으로 보이는(?) 일부 종교인 외에는 대부분의 집안에서 세상을 떠난 조상에게 제사를 지냅니다. 그런데 이 제사 문제로 가족 간에 불화나 분쟁이 일어나는 경우를 심심찮게 볼 수 있습니다. 이상하다고 하는 것은,

제사 문제로 가족 간의 분쟁으로 제사상을 엎어버리는 등 시끄러운 일이 일어나거나 그렇게까지는 아니더라도 제사 준비를 하면서 불평불만이 표출되는 등 정성이 깨지는 집안에는 신기하게도 거의 반드시 흉사가 일어난다는 사실입니다. 우연인지 아니면 정말로 귀신이 있어 화가 난 것인지는 우매한 필자의 식견으로 알 수가 없으나 아무튼 그렇게 돌아갑니다.

귀신은 선악(善惡)을 구별하지 못한답니다. 자식이라고 봐주지도 않고 남이라고 홀대하지도 않는답니다. 그리고 귀신은 변덕이 죽 끓듯하고 잘 토라지기도 한답니다. 귀신을 다루는 것은 대단히 까다롭고도 까다롭다는 말입니다.

따라서 귀신을 어설프게 건드리는 것은 위험을 수반한다고 볼 수 있겠는데 귀신의 집인 묘지를 함부로 손대는 것을 꺼리는 것도 바로 이런 이유로 보입니다. 귀신이나 묘지를 다루는 일에도 가장 중요한 것은 순수한 정성이요, 마음입니다. 그것은 조상에 대한 존경에서 우러나오는 정성이어야 합니다.

그리고 제사 문제로 인해 일어나는 좋지 않은 현상들에 대한 허당(虛堂)의 생각은 이렇습니다. 제사 때문에 조상이 토라져 방해를 놓는 것이 아닙니다. 자손들의 운이 기울어지는 것입니다. 운의 암시로 인해 자신들도 모르게 정신적으로 분열되고 열 받아 제사상까지 엎어버리는 등의 일이 벌어지는 것입니다.

제사 이야기를 좀 더 들여다 보면,

우리나라의 제례(祭禮)는 그 전통이 대단히 오래된 것으로 원시적인 형태로 이어오다가 고려 말기와 조선조를 통해서 유교사상의 영향을 받아 그 형식과 절차를 갖추게 되었다고 합니다.

고려 말의 정몽주에 의해서 제례의 규정이 만들어졌다는데 이때의 규정에 의하면 높은 벼슬을 하는 사람들에게는 2대, 3대의 제사를 지낼 수 있었지만 대부분의 하층민들에게는 부모의 제사만 지낼 수 있었다고 합니다.

그러던 것이 한말(韓末) 갑오경장(甲午更張)의 여파로 계급사회가 급격히 무너진 덕분에 모든 사람들이 사대부(士大夫)가 되어 양반행세를 하기 위해(?) 너도 나도 4대 봉제사(奉祭祀)를 하게 된 것이라고 합니다.

4대 봉제사에도 이유가 있습니다.

죽은 혼백령(魂魄靈)은 일정한 시간이 지나면 소멸한다고 보았는데 그 소멸 시기를 120년으로 보았고 사람의 일대(一代)를 30년으로 보아 4대에 가면 120년이 되어 다 없어지므로 제사를 지낼 필요가 없다는 것입니다. 뼈에 남아 살아있는 자손에게 영향력을 행사한다는 체백(體魄)도 120년이 지나면 소멸한다고 보므로 이래저래 4대 봉제사가 됩니다. 어쨌거나 120년이 지나면 완전히 떠난다는 것입니다.

정리 합니다.

풍수(風水)는 바람과 물을 의미합니다. 따라서 풍수는 바람이니 '뻥'입니다. 미안하지만….

지관(地官)이니 풍수(風水)니 하는 사람들도 대부분 귀신 팔아먹거나 '뻥'을 팔아먹고 사는 '뻥'장사요, '뻥수'들입니다.

귀신을 끌어다 붙이자면 한이 없습니다.
심지어 거주지나 사업장을 옮기는데도 귀신이 따라 붙습니다. 터 귀신이 바뀌어 새로운 귀신을 만나기 때문인지, 아니면 그동안 같이 살던 귀신이 따라가기를 싫어하거나 좋아하는 것인지….
옛말에,
새 집 짓고 삼년 나기 어렵고, 새 사람 들어오고 삼년 나기 어려우며, 묘 쓰고 삼년 나기 어렵다고 했습니다. 이 말의 뜻은 여기다 꼭 무슨 귀신을 접목하기보다 자연의 변동이나 인간의 변동사에 영향을 주는 자연의 기운 변화를 의미하는 것으로 해석해야 될 것 같은데 대부분 무서운 귀신에 연결시켜 겁을 줍니다.
철학원이나 점집에 가서 올해 이사운이 있는지 묻는 경우가 많습니다. 역학적인 운에서 이사를 하는 등의 변동 기운이 들어오기는 합니다. 그러나 이것이 꼭 이사를 해야 하는 운은 아닙니다. 아무리 이사운이 있다고 해도 지금 사는 곳에 아무런 불편이나 문제가 없고 잘 살고 있다면 굳이 이사를 할 필요도 없습니다.
그리고 현재 살고 있는 곳이 불편하거나 문제가 있으면, 또는 현재 살고 있는 집이 어쩐지 마음에 들지 않거나 집에 들어가기조차 싫을 정도면 이사운이 있고 없고를 떠나 가능한 빨리 이사를 하는 것이 좋습니다. 마음 가는 곳이 중요하기 때문입니다. 그것은 곧 기(氣)라고 하는 기운을 말합니다. 기운이 좋지 못하면 그 집에 살아서 좋을 수는 없습니다.
역학적으로 보는 이사운이라는 것도 매년 걸릴 수도 있고, 매월 걸릴 수도 있습니다. 말하자면 귀걸이, 코걸이입니다.
운 따라 가다가는 이사 하다 한 평생 볼일 다 본다는 말입니다. 따라서 여기에 너무 집착하지 말고 현실적으로 접근해야 합니다. 이른바 사판(事判)을 해야 한다는 말입니다.

이사운도 이사운이지만 실제로 보면 이사하는 방위에 대해서 더 신경을 쓰는 경우가 많기도 합니다. 귀신 타령입니다.

누구는 좋지 않다고 말리는 방위로 이사를 해서 나쁜 병에 걸리거나 망했다고 하는 등의 말들이 심심찮게 떠돌아다닙니다. 흉한 방위로 이사를 잘못 가서 멀쩡하던 사람이 죽었다고도 합니다. 이럴 때 주로 거론되는 것이 대장군 방위나 삼살 방위 등입니다. 이런 방위에 대한 해석이 또 무시무시합니다.

그러나 중요한 점을 간과하고 있습니다. 무섭다는 대장군 방위를 보면 해마다 그 방위가 정해져 있습니다. 다시 말하면 누구에게나 같은 방위라는 것입니다. 예를 들어,

亥년이나 子년이나 丑년은 누구에게나 서쪽 방위가 대장군 방위에 해당 합니다. 그렇다면 亥년과 子년과 丑년의 삼년 동안은 누구나 할 것 없이 서쪽으로 이사 가는 사람은 모두 망하거나 악질에 걸리거나 가족 중에 죽음을 당하는 등 변고를 겪는다는 것인데….

이거 말이 되는 건가요?

물론 그해에 서쪽으로 가서 좋지 않은 일을 당하는 사람이 있을 수 있습니다. 그러나 그해에 서쪽으로 이사 가서 건강도 좋아지고 승진도 하고 재산도 오히려 불어나는 사람도 많습니다. 이런 사람은 부적을 사서 붙이거나 굿판이라도 벌여 지신(地神)에게 손이라도 미리 써 놓은 것인가요?

그해에 좋다는 방위로 안심하고 이사를 가서 느닷없는 흉사를 겪는 사람도 많습니다. 대장군 방위 뿐만 아니라 삼살 방위라는 것도 그렇고 나이에 따라 방위의 길흉을 가리는 방소법(方所法)이라는 것도 한결같이 일률적입니다. 해마다, 또는 나이에 따라 누구에게나

같이 적용된다는 것입니다.

어디나 순기능과 역기능은 공존 합니다. 누구에게나 다 좋은 것은 없습니다. 따라서 누구에게나 다 해로운 것도 없습니다.

독약도 마약도 사람에 따라 질병에 따라 약으로 쓸 수가 있습니다. 인삼 녹용도 체질에 맞지 않는 사람이 먹으면 오히려 독이 됩니다.

이런 저런 악살(惡殺)방위에 걸려도 이사 가는 곳과의 거리가 십리가 넘으면 문제가 없다고도 합니다. 아마 귀신끼리도 관할하는 구역이 있어 그 경계를 넘으면 인수인계가 잘 되지 않는 모양입니다. 동원하는 예방법도 다양합니다.

액(厄)을 막아준다는 부적을 동원하는 것은 물론 이삿짐을 실은 차가 좋은 방위 쪽으로 한 바퀴 돌아서 들어가거나 가구를 거꾸로 들이는 등등…. 그렇게 해서 마음이 편하고 안정이 된다면 굳이 말릴 일만은 아닌지도 모릅니다. 문제는 지레 겁을 먹거나 경제적으로 부담이 될 수 있는 정도까지 간다면 이것은 결코 바람직하지 않다는 말입니다.

일부(?) 악덕(?) 무속 점술인들이 이사를 한다고 하면 누구에게나 무시무시하게 무서운 악담(惡談)으로 시비를 걸어 부적을 권유한다는 것은 이미 거의 공지의 사실이 되고 있습니다. 심지어 가사 걸친 일부 스님들까지 이따위 장난을 한답니다. 하긴,

일부 땡초는 무속인보다 더 심한 장난을 치기도 한답니다.

손 없는 날이라는 것도 있습니다.

일명 태백살(太白殺)이라고도 하는데 해당 방위에 살(殺)이 있으니 피하라고 하는 날입니다. 이것만 보고 이사 날짜를 잡는 경우도 많습니다. 이삿짐센터에서 매년 발간하는 커다란 달력에는 어김없

이 이 손 없는 날이 표시되어 있고 이날은 이삿짐 나르는 수수료도 월등히 비쌉니다. 이때는 전 지역 귀신들의 전체 총회가 있답니다. 지상의 모든 귀신들이 하늘나라에서 열리는 귀신 정기 총회 참석차 지상을 완전히 비우는 날이라고 합니다.

윤달 타령도 많이 하지요?

집을 수리하거나 산소를 이장 또는 단장할 때도 윤달을 찾고, 죽을 때 입고 갈 수의를 장만하는 일도 윤달에 많이 합니다.

윤달을 다른 말로 공달, 덤달, 여벌달, 공망달, 공망월이라고 부르기도 합니다. 윤달이라는 것이 있는 것은 양력으로는 1년이 365일이고 음력으로는 1년이 354일이 되어 11일의 오차가 생기게 되므로 이것을 조정하기 위해 즉 음력의 1년에서 모자라는 11일을 채워주기 위해 중간 중간에 끼워 넣은 달이 바로 윤달입니다. 이때는 어떤 행동이나 행위 또는 이동에 아무런 해가 없다고 해석하는데, 없던 달이 생긴 것이라 인간사를 방해하고 장난질하는 귀신들이 이 시기를 이용하여 모두 휴가도 가고 염라대왕이 소집하는 회의에도 참석하느라 지상에 없으니 그들의 못된 간섭을 받지 않는다는 말입니다. 귀신들이 관심이 많은 일을 이때에 해치워 버리자는 것이지요.

특히 이 윤달을 이용해서 장의사나 수의를 판매하는 장사가 대목을 맞기도 하는데 어느 인터넷 장사꾼은 황금을 입혔다는 안동포 수의를 수십벌씩 만들어 한 벌에 수천만원씩에 팔아먹어 양식 있는 사람들의 눈과 귀를 의심하게 만들고 백화점에서도 수백만원짜리 수의를 공공연히 팔고 있답니다.

선(線)을 넘어도 좀 심하게 넘은 것이지요. 한마디로 미친 짓들입니다. 아마도 비싼 황금 수의를 입고 저승에 가서 그것을 염라대왕한데 바칠 뇌물로 쓸 요량인 것 같습니다.

또 윤달에 장사를 시작하면 사고도 없고 장사가 잘 된다는 속설이 있기도 한데 과연 귀신의 힘이 크기는 큰 것 같습니다.

그러나 이사를 갈 때는 방위도 중요하겠고 시기도 중요할지 모르지만 그 보다도 정말 중요한 것이 있습니다.

이사 갈 집에 대해서

첫째, 그 집에 살면서 요절(夭折)한 사람은 없는지?
둘째, 그 집에 살면서 악사(惡死)한 사람은 없는지?
셋째, 그 집에 살면서 이혼(離婚)한 사람은 없는지?
넷째, 그 집에 살면서 가출(家出)한 사람은 없는지?

그리고 그 집에 살면서 흥(興)해서 나갔는지 망(亡)해서 나갔는지?

이런 등등의 여러 가지 상황들을 알아보고 정하는 것이 더욱 중요합니다. 그 집의 지기(地氣)를 알 수 있기 때문입니다. 강한 기운을 누를 능력이 없는 사람에게는 위험이 따를 수 있습니다. 물론 새 집으로 이사갈 때는 다른 각도에서 봐야겠지요.

택일(擇日)이라는 것도 좀 그렇습니다.

대부분의 경우 온갖 잡다한 택일법 중에서 스스로도 그 진위나 작용에 대해서 확신을 가지지 못하는 자신만의 몇 가지 방법으로 날짜를 잡으면서 여기에도 귀신을 동원합니다.

특히 혼인 택일의 예를 들어보면 무슨 소린지도 모르는 공식표를 내밀면서 육신(六神)의 작용을 무시하는 사람이 의외로 많습니다. 예를 들면,

여자에게 육신으로 상관(傷官)에 해당하는 년, 월, 일은 남편이 보기 싫거나 남편을 극(剋)하는 작용을 하는 때입니다.

남자에게 육신으로 겁재(劫財)에 해당하는 년, 월, 일은 아내가 보기 싫거나 아내를 극(剋)하는 작용을 하는 때입니다.
　극한다고 하는 것은 이긴다, 또는 이겨먹는다, 관리한다는 뜻이지만 심하면 날려버린다는 뜻도 내포되어 있습니다. 싫어지는 것입니다. 검은 머리가 파뿌리가 될 때까지 잘 살겠다고 맹세하고 만방에 선포하는 날을 정하면서 하필 남편을 극해서 내쫓는 날이나 아내를 극해서 쳐내는 날을 택한다? 답은 독자님의 판단에 맡깁니다.
　출산 택일이라는 것이 있습니다.
　아이가 태어나는 날짜와 시를 좋은 사주가 되도록 인위적으로 맞추어 태어나게 하는 것입니다. 본시 이것은 천명을 거스르는 일이라 함부로 행해서는 안되는 일이라고 공식적인 입으로는 떠들면서도 자식에 대한 과욕과 돈벌이를 위한 수단이 서로 죽이 척척 맞아 대부분의 점집이나 철학원에서 아무 거리낌 없이 행해지고 있습니다. 그런데 문제는,
　아이가 태어날 날짜가 정해져 있다는 것은 그 아이가 잉태된 시점에 이미 결정되어 있다는 것입니다. 만들어졌으니 태어날 수 있는 것이지요. 정해진 결혼을 앞당기거나 늦출 수는 있습니다. 그러나 이미 잉태되어 정해진 출산을 앞당기거나 늦출 수는 없는 노릇 아닌가요? 비정상입니다.
　만들어진 날짜는 가만 놔두고 태어나는 날짜만 인위적으로 바꾼다? 사주의 기준이 엄마의 뱃속에서 태어나 탯줄을 자르는 바로 그 순간 우주에서 쏟아져 내리는 기운을 흡취하는 것이라고는 하지만 그것은 인위적인 작용을 가하지 않은 자연적인 출산을 하는 경우입니다. 이미 잉태되면서 태어날 날짜도 정해져 있고 따라서 태어날

바로 그 날짜의 우주 기운을 받을 준비도 되어 있다고 본다면 이야기는 달라집니다.

천명으로 정해진 기운을 받지 않고 무리하게 다른 기운을 받고 태어났다면 과연 이상이 없을까요? 애당초 자신에게 맞지 않는 기운을 받고 태어난다는 것인데 그것이 정상이 될 수 있을지는 의문입니다. 그래서 그런지 택일을 해서 출산을 하려 해도 그렇게 원하는 대로 되지 않는 경우가 현실적으로 많습니다. 수술할 의사가 갑자기 배탈이 나거나 설사를 만날 수도 있고 그 외에도 병원 측의 갑작스러운 사정으로 일이 뒤틀리게 되어 수술이 늦어질 수도 있습니다. 산모가 갑자기 출혈을 심하게 하거나 몸에 이상이 생겨 당장 출산해야 하는 경우가 생기기도 합니다.

대 역학자로 고고하게 살다가 타계한 모모 선생 같은 명리학의 대가는 천기누설을 두려워했기 때문에 제왕절개 하는 수술 날짜를 택일해주지 않았다고 하는데 안타깝게도 그런 큰 분은 떠나고 없습니다.

미안하지만(알고 보면 미안할 것도 없지만) 그런 큰 역학자는 이제 없다는 말입니다.

출산 시 제왕절개하는 비율이 세계 최고라는 우리나라의 경우 의사가 산모에게 출산 예정일을 알려주면서 택일을 해오라고 하는 경우가 많습니다. 출산 예정일을 기준해서 앞뒤로 각 3~4일 정도 범위 안이거나 또는 예정일 전의 약 일주일 내지 열흘 정도 사이에서 여러 개의 사주와 대운까지 뽑아 그 중 좋다고 하는 날을 택하게 되는데 평일 날 중에서도 시간은 아주 특별한 경우 외에는 낮 시간에 한정됩니다. 의사도 쉬는 날이 있어야 하고 여행도 가고 잠잘 시간이 필요하기 때문이겠지요.

이렇게 택일을 한다고 해도 년과 월은 대부분 이미 정해져 있습니다. 단지 날과 시를 정할 수밖에 없는데 시도 낮 시간에 한정돼 있으므로 세상에서 가장 좋은 사주를 고른다는 것은 처음부터 불가능합니다. 며칠간의 사주 중에서, 몇 십 개의 사주 중에서, 그래도 그 중 좋다고 생각되는 사주를 골라내는 것 뿐입니다.

모든 것은 인간의 희망과 욕심이 만들어 낸 관습입니다.

황당한 것은,

자신이 택일해 주어서 낳은 아이의 사주를 모른 척하고 다음에 다시 가지고 가서 내밀면 사주가 너무 좋지 않다고 험담을 해대는 경우입니다. 철학원에서 택일해 낳은 아이라고 하면 도대체 누가 이따위 말도 안되는 택일을 했느냐고 한심하다는 듯이 혀를 끌끌 차는 인간까지 있답니다.

이사나 혼인 날을 택일하는 경우도 이런 어이없는 경우가 많습니다. 그러면서 다시 택일해야 한다고 바람을 넣기도 합니다.

이왕이면 좋다는 것으로 찾는데 뭐라고 시비를 걸 일은 아닌지 모릅니다. 우리의 소중한 전통 민속 문화로 본다면 더욱 그렇습니다. 그러나 무리할 필요는 없습니다.

어쨌거나 이런 저런 술수를 부리는 것 보다 더 중요한 요소가 있습니다. 자식을 잉태하는 마음과 태도입니다. 술과 담배에 잔뜩 취하고 찌들려 해롱해롱 해가지고 혼탁해진 정신 상태와 휘적거리는 몸으로 만든 자식을 아무리 공들여 좋은 날짜 잡아서 낳아봐야 소용없습니다. 부모가 취해서 알딸딸해 가지고 임신하면 그 자식 역시 해롱해롱하고 알딸딸한 놈이 튀어 나올 수밖에 없습니다.

천둥 번개가 천지를 뒤흔들거나 바람이 심한 날 임신하지 말라거나, 폭우가 쏟아지는 날 임신하지 말라거나, 안개가 심한 날 임신하지 말라거나, 너무 차거나 너무 더운 환경에서 임신하지 말라는 등

등의 옛 어른들의 충고가 전혀 일리 없는건 아닙니다.

여기에 임신 중의 생활환경과 태도 또한 중요한 것은 너무도 당연합니다. 건강하고 좋은 토질에 날씨도 좋아야 하고 여기에 관리를 잘 해 주어야 건강한 농산물이 풍요롭게 생산될 수 있습니다.

인간 농사도 마찬가지입니다. 자연의 법칙은 식물에게나 짐승에게나 인간에게나 다르지 않습니다.

어떻게 보면 다 우스운 짓으로 생각될 수도 있겠으나 한편으로 보면 이 모든 것들은 우리의 소중한 전통 문화이기도 합니다.

또 그렇게 생각하고 정리하면 편하기도 하겠지만 무슨 짓을 어떻게 하건 자신의 마음이 편하고 안정되는 길이라면 굳이 말리거나 비난할 일은 결코 아니라는 생각입니다. 역시 마음 가는 곳이 중요하기 때문입니다. 다만,

전국의 땡초, 무당, 점술인, 역술인에게 멍석말이 당할 각오를 하고 여기서 확실히 밝혀둘 게 있습니다.

이사나 결혼 날짜 등을 소중히 택일하는 경우가 많지요? 그러나, 잘 되고 못 되고는 택일과 전혀 전혀 상관없습니다.

팔자 건강(八字 健康)

늙지 않았더라면 요절 하였을 터
요절하지 않았으니 늙은 것을 …
살아서 늙는게 요절보다 낫지 않은가

중국 당나라 '백거이(白居易)'가 읊은 시랍니다.

병들어 죽지 않고 노령의 작용으로만 죽기가 어려운 세상입니다. 인간을 괴롭히는 질병의 종류가 8000 가지가 넘는답니다.
질병 중 절반 이상은 인간 스스로 만든 질병이라고 하네요.
자연을 버리고 문명을 선택한 결과입니다. 문명은 火氣로 불입니다. 불을 사용해서 음식을 익혀먹기 시작하면서 사악(邪惡)해진 탓입니다. 자연의 순리를 등진 욕심 탓이기도 합니다.
역학적으로 보면 음양(陰陽)의 균형이 무너진 탓입니다. 음양의 조화가 깨지면 모든 것이 불안정하고 헝클어집니다.
인체의 건강에서도 마찬가지입니다. 음양의 대표적인 성질은 차가운 기운과 뜨거운 기운입니다.

차가운 계절인 겨울에 태어나 사주가 냉하고 차면 성격도 냉하고 차고, 체질도 역시 냉하고 찹니다.

뜨거운 계절인 여름에 태어나 사주가 뜨거우면 성격도 불처럼 활활 타고 체질도 뜨겁습니다.

인간은 천지자연의 기운에 의탁하고 있으므로 기본적으로 더울 때 태어나면 뜨거운 체질이 되고 추울 때 태어나면 차가운 체질이 됩니다. 그리고 건조한 계절에 태어나면 건조한 체질이 되고 습(濕)한 계절에 태어나면 습한 체질이 되는 것 또한 당연한 이치입니다. 성격도 같이 따라 갑니다.

체질이 차고 습하면 더운 것을 좋아하고 춥고 습한 지역이나 계절을 견디기 어려워해 그에 따른 질병에 걸리기 쉽습니다.

체질이 뜨겁고 건조한 사람은 차고 추운 것을 좋아하고 더운 지역이나 계절을 견디기 어려워해 그에 따른 질병에 걸리기 쉽습니다.

인체의 피부도 기온이 내려가는 겨울과 밤에는 수축하고 봄과 아침이 되면 열리게 됩니다. 여름이나 낮에는 최대로 확장됐다가 가을과 저녁때는 다시 수축되지요. 자연의 원리에 의한 음양 기운이 조화를 이루고 있는 것입니다.

음양의 관계는 그리움의 관계라고 했습니다. 그리우면 만나야 합니다. 그렇지 않으면 상사병에 걸려 시들시들하다가 시들어버립니다. 차면 따뜻한 기운을 만나야 하고 뜨거우면 차고 시원한 기운을 만나야 합니다. 추운 겨울에는 두꺼운 내복을 껴입고 아랫목을 찾습니다. 그것이 자연의 섭리를 따르는 순리입니다.

물론, 남녀의 차이는 있습니다.

남성은 양성(陽性) 기운이 강하고 여성은 음성(陰性) 기운이 강합니다. 음양의 기운을 조화시키려면 남성은 약간 서늘한 곳에서 생활하는 것이 좋고 잠자리도 약간 서늘한 곳이 좋습니다. 남자가 너무 따뜻하면 누글누글해져 못쓰게 됩니다. 생식력부터 허약해집니다.

이에 반해 여성은 약간 따뜻한 곳에서 생활하는 것이 좋고 잠자리도 약간 따뜻한 것이 좋습니다. 여성은 몸을 따뜻하게 해 주어야 합니다. 여성이 너무 찬 곳에 오래 앉아 있거나 잠자리가 차면 냉병부터 시작해서 온갖 질병을 부릅니다.

양기(陽氣)가 강한 남자는 한습(寒濕)한 환경에서 태어나는 것이 조화롭고 음기(陰氣)가 강한 여성은 조열(燥熱)한 환경에서 태어나는 것이 좋습니다.

이것이 음양의 이치입니다. 조후(調候)를 이루는 것입니다.

조후란 기후를 조절하여 중화를 이루는 것입니다. 실제로 사주팔자를 보고 감정을 할 때도 그 영향력이 70~80% 이상을 차지할 정도로 조후의 작용을 중요하게 봅니다.

건강을 위해 등산을 할 때도 뜨거운 여름에 태어나 양기가 강한 사람은 시원한 계곡 등반이 좋을 수 있는 것이고 반대로 차가운 겨울에 태어나 음기가 강한 사람은 따뜻한 태양 빛을 많이 받을 수 있는 능선을 타는 것이 기본적으로 좋을 수 있다고 했지요?

뜨거운 여름에 태어나 양기가 강한 사람은 추운 겨울 등반이 좋을 수 있고 추운 겨울에 태어나 음기가 강한 사람은 따뜻한 여름 등반이 좋을 수 있습니다. 남녀를 구분해보면,

양기가 강한 남성은 시원한 계곡 등반이 좋을 수 있고 음기가 강한 여성은 햇살을 많이 받는 능선을 따라 등반하는 것이 좋을 수 있습니다.

운동이나 명상 또는 기도를 해도 양기가 강한 남성이나 여름에 태

어나 양기가 강한 사람은 서늘한 기운이 시작되는 저녁때나 밤이 좋을 수 있고 여성이나 겨울에 태어나 음기가 강한 사람은 따뜻한 기운이 시작되는 아침이나 낮이 좋을 수 있습니다.

한의학은 음양오행 이론을 근간으로 하고 있습니다.

음양오행 이론을 뿌리로 해서 사주 명리학이라는 운명학과 한의학이라는 건강학으로 분화(分化)된 셈입니다. 기본 이론이 같다는 말입니다. 사주를 보고 오행과 천간 지지의 균형과 그 구성을 보면 오장육부를 비롯한 인체의 부위별 허실(虛實)과 특성이 나타나고 이를 바탕으로 건강 진단이 가능하고 그에 따른 처방으로 치료 방법이 나옵니다.

원칙적으로 어느 오행의 기운이 한쪽으로 기울어지면 그 오행의 기운이 강하게 지배하게 되 있습니다. 고유의 기운이 되는 것입니다. 오행의 기운이 심하게 왜곡되면 병이 되어 나타납니다.

특히 물(水)은 생명의 원천이요, 생명의 기본 원재료라고 했습니다. 모든 생명은 물에서 태어나 물을 먹고 살므로 물이 마르면 시들어 쪼그라지고 죽습니다.

인간도 마찬가지입니다. 죽을 때는 괄약근이 풀어지면서 닫혔던 구멍이 모두 열려 다 쏟아버리고 갑니다. 물에서 생기고 물에서 태어나 물과 더불어 살다가 이제 물과의 이별을 하는 것입니다.

질병의 원인을 대체적으로 크게 보면,

첫째, 팔자에 의한 고유의 기질에 의해서 발생하는 경우가 있고

둘째, 운세(運勢)의 환경 변화에 의해서 발생하기도 하며

셋째, 생활상의 어떤 습관이나 행위의 누적으로 발생할 수도 있습니다. 건강하고 멀쩡한 사람도 냉동실에 몇 시간만 가둬두면 얼어 죽습니다.

계절의 오행별로 기본적인 특성을 분류해 보면,

봄은 木의 기운이 강한 계절이므로 봄에 태어난 사람은 木氣에 해당하는 간, 담의 기능은 강화되고 상대적으로 金의 기운은 약하게 되어 金氣에 해당하는 폐, 대장의 기능이 부실할 수 있습니다.

물론 木의 공격을 받는 土氣가 허약해져 비위장이 부실하거나 허리 쪽이 약하기 쉽습니다.

간이 큰 사람을 상어같은 인간이라고도 하지요? 상어를 해부해 보면 내장의 2/3를 간이 차지할 정도로 간이 크다고 합니다. 공격성이 강합니다. 봄에 태어난 사람의 특성은 대체로 의욕적이면서 정력적이고 활동적이나 金氣가 허약해 마무리가 좀 약하면서 의리에 소홀(?)할 수 있습니다.

사주에 木氣가 너무 왕해서 병이 되면 木氣를 다스려야 하는데 火氣로 왕한 木氣를 설기(泄氣)하는 방법이 있고 金氣를 강화해서 왕한 木氣를 극해서 강제로 누르는 방법이 있습니다. 土氣를 동원하여 왕한 木氣를 분산 약화시키는 방법도 있습니다.

사주에서 木氣가 너무 강하면 火氣와 金氣와 土氣에 해당하는 환경, 음식, 색상 등등 모든 것을 생활에서 활용하면 도움이 될수 있습니다. 반대로,

木氣가 약해 간 기능이 부실하면 나무와 가까이 하면 좋고 동쪽 방향으로 머리를 두고 잠을 자는 것도 좋습니다. 또한 녹색이 많이 들어간 의복이나 악세사리 등을 활용할 수도 있고 가정이나 업무 공간에도 활용할 수 있습니다. 음식도 마찬가지입니다.

木氣를 生해주는 水氣도 좋지만 자칫 잘못되면 木을 얼게 하여 오히려 죽일 수도 있으므로 주의해야 합니다.

여름은 火의 기운이 강한 계절이므로 여름에 태어난 사람은 火氣에 해당하는 심장, 소장의 기능이 강화되고 상대적으로 水의 기운은 약하게 되어 水氣에 해당하는 신장, 방광 생식기관의 기능이 부실할 수 있습니다. 호흡(呼吸)과도 관련이 있습니다. 金氣가 약화되는 것입니다. 여름에 태어난 사람은 대개 호흡이 짧고 빠르고 얕습니다. 반대로 겨울에 태어난 사람은 대개 호흡이 길고 깊습니다. 숨을 깊이 쉬는 습관을 들이면 심리적으로도 안정을 얻을 수 있고 행동과 건강으로도 연결 됩니다. 그래서 운동 중에서 가장 중요한 운동이 숨쉬기 운동이 됩니다. 모든 생물은 숨을 쉬지 못하면 죽습니다.

여름에 태어난 사람의 특성은 대체로 먼저 일을 저질러 놓고 뒤에 수습하는 성향이 강합니다. 핏대 체질에 성격도 급합니다. 따라서 실수도 잦은 편입니다. 후회를 부르는 것이지요.

사주에 火氣가 너무 왕하고 뜨거워 병이되면 火氣를 다스려야 하는데 土氣로 왕한 火氣를 설기하는 방법이 있고 水氣를 강화해서 왕한 火氣를 극해 강제로 누르는 방법이 있습니다. 또한 金氣를 동원하여 왕한 火氣를 분산 약화시키는 방법도 있습니다.

사주에서 火氣가 너무 강하면 土氣와 水氣와 金氣에 해당하는 환경, 음식, 색상 등등 모든 것을 생활에서 활용하면 도움이 될 수 있습니다. 반대로,

火氣가 약해 심장 기능이 부실하면 나무와 태양을 가까이 하면 좋고 동쪽이나 남쪽으로 머리를 두고 잠을 자는 것도 좋습니다. 또한 푸른색이나 붉은색이 많은 의복 또는 악세사리 등을 활용하면 좋고 가정이나 업무공간에도 마찬가지입니다. 木氣나 火氣에 해당되는 음식물도 좋습니다.

가을은 金의 기운이 강한 계절이므로 가을에 태어난 사람은 金氣에 해당하는 폐, 대장의 기능이 강화되고 상대적으로 木의 기운은 약하게 되어 木氣에 해당하는 신경계통이나 간, 담의 기능이 부실할 수 있습니다. 간 기능은 배터리 기능과 같습니다. 간의 기능이 부실하다는 것은 배터리 기능이 약하다는 뜻입니다. 가을에 태어난 사람의 특성은 대체로 활동성은 약한(?) 편이나 정리 정돈과 마무리를 잘하는 편입니다. 결단력이 있고 과감하기도 하며 입만 열면 의리를 내세우기도 합니다. 정치성도 강합니다.

　사주에 金氣가 너무 왕해서 병이 되면 金氣를 다스려야 하는데 水氣로 왕한 金氣를 설기하는 방법이 있고 火氣를 강화해서 왕한 金氣를 극해서 강제로 누르는 방법이 있습니다. 또한 木氣를 동원하여 왕한 金氣를 분산 약화시키는 방법도 있습니다.

　사주에서 金氣가 너무 강하면 水氣와 火氣와 木氣에 해당하는 환경, 음식, 색상 등등 모든 것을 생활에서 활용하면 도움이 될 수 있습니다. 반대로,

　金氣가 약해 폐 기능이 부실하면 금속(金屬)을 가까이 하면 좋고 서쪽으로 머리를 두고 잠을 자는 것도 좋습니다. 또한 흰색이 많은 의복이나 금속으로 된 악세사리 등을 활용하면 좋고 가정이나 업무 공간에도 마찬가지입니다. 물론 土氣에 해당되는 모든 것을 활용하는 것도 좋습니다.

　겨울은 水의 기운이 강한 계절이므로 겨울에 태어난 사람은 水氣에 해당하는 신장, 방광의 기능은 강화되고 상대적으로 火의 기운은 약하게 되어 火氣에 해당하는 심장, 소장의 기능이 부실할 수 있습니다. 겨울에 태어난 사람의 특성은 대체로 활동력은 약한 편이지만

지혜로운 면이 있습니다. 추운 겨울이라 외부 활동에 제약을 받으므로 방안에 들어앉아 머리 굴리는 일이 본분입니다. 차분하고 안정적인 성품이 과도하면 차고 냉정 할 수도 있습니다. 그러나 흐르는 물이라 내면적으로는 끊임없이 움직이는 특성을 가지기도 하는데 종교성도 강합니다.

사주에 水氣가 너무 왕해 차가움이 병이 되면 水氣를 다스려야 하는데 木氣로 왕한 水氣를 설기하는 방법이 있고 土氣를 강화하여 왕한 水氣를 극해서 강제로 누르는 방법이 있습니다. 또한 火氣를 동원해서 왕한 水氣를 분산 약화시키는 방법도 있습니다.

사주에서 水氣가 너무 강하면 木氣와, 土氣와, 火氣에 해당하는 환경, 음식, 색상 등등 모든 것을 생활에서 활용하면 도움이 될 수 있습니다. 반대로,

水氣가 약해 신장 기능이 부실하면 물을 가까이 하면 좋고 북쪽으로 머리를 두고 잠을 자는 것도 좋습니다. 또한 흑색이나 회색이 많은 의복이나 악세사리 등을 활용하면 좋고 가정이나 업무 공간에도 마찬가지입니다. 金에 해당되는 모든 것을 활용하는 것도 물론 좋습니다. 예를 들어,

사주가 너무 차거나 몸이 차서 혈액 순환이 잘 안된다면 심장의 펌프질이 시원찮기 때문입니다. 심장은 火氣입니다. 火氣는 붉은색입니다. 이런 경우 특히 속옷을 붉은 색으로 도배질을 해 입으면 도움이 됩니다. 심장 펌프가 강화되어 혈액순환에 영향을 주는 것입니다. 다만, 나이 탓에 혈액순환에 문제가 있는 경우라면 원칙적으로 붉은색 속옷을 입으면 좋지만 조심해야 합니다. 강화된 火氣가 火剋金해서 숨을 쉬는 호흡 기관인 폐를 관장하는 金이 파괴되어 호흡기 쪽을 다치기 쉽습니다. 조심해야 합니다. 왼쪽 손 보호하려다 오른

쪽 손 다치는 꼴 납니다.

늙으면 가장 힘든 것이 숨을 쉬는 일이므로 火氣가 강한 여름에 태어난 사람일수록 더 위험해지는 것이고 이런 사람이 여름을 만나면 더더욱 위험해집니다. 폐렴으로 폐암으로 연결되기도 합니다.

동서양을 막론하고 여름 더위가 기승을 부릴 때 노인의 사망률이 높습니다. 지나치게 강한 火氣를 견디지 못한 金氣가 녹아버리는 것으로 숨구멍이 폐쇄되어 막히는 것입니다.

허(虛)한 것도 병이요, 실(實)한 것도 병이라고 했습니다.

너무 강해도 병이요 너무 약해도 병이라는 말입니다. 균형을 잃은 것이고 조화가 깨진 것입니다.

음양 오행학적으로 보면,

너무 강한 오행이 있어도 거기에 병이요, 너무 약한 오행이 있어도 거기에 병이라는 것인데 증세는 약한 쪽 보다 강한 쪽에서 먼저 일어나는 경우도 많습니다. 그러나 역시 먼저 보완해야 하는 곳은 약한 쪽입니다.

너무 강해서 병이되는 것은 유연하지 못한 탓이기도 합니다. 유연한 것은 휘어지기는 해도 잘 부러지지는 않습니다. 강하고 단단한 치아는 잘 썩고 고장이 잘 나고 잘 망가지지만 부드러운 혀는 그렇지 않은 것과 같습니다. 유연성의 차이입니다.

여름에 태어난 사람은 뜨거운 열기가 차서 병이 되므로 차가운 한기가 나는 水氣로 치유해야 하는 것이 기본 원칙입니다. 겨울에 태어난 사람은 차가운 한기가 차서 병이 되므로 뜨거운 열기가 나는 火氣로 치유해야 하는 것이 기본 원칙입니다.

남성은 양성(陽性)입니다.

음성의 보완이 필요합니다. 양성인 남성은 여성으로부터 음기를 흡취하여 음양의 조화를 이룹니다. 남성의 생식기관은 시원한 바람이 통하도록 몸 밖에 매달아 놨습니다. 남성은 양성의 동물이므로 음성의 기운으로 보호해야 음양 조화를 이루어 건강한 생명의 씨앗(精子)을 생산할 수 있기 때문입니다. 내년 봄에 심을 곡식의 씨앗도 차고 서늘한 처마 밑에 매달아 보관합니다.

여성은 음성(陰性)입니다.

양성의 보완이 필요합니다. 음성인 여성은 남성으로부터 양기를 흡취하여 음양의 조화를 이룹니다. 여성의 생식기관은 따뜻한 몸 안에 깊숙히 묻어 보관하고 있습니다. 여성은 음성의 동물이므로 따뜻한 양성의 기운으로 보호해야 음양 조화를 이루어 생명을 생산 양육할 수 있기 때문입니다.

따라서 남자와 여자가 한 지붕, 한 이불 속에서 같이 어울려 살아야 하는 것은 천륜이요, 지극히 자연스러운 현상입니다. 대개 홀아비 생활을 오래 하거나 과부 생활을 오래한 사람이 특히 생식기관과 관련된 질환을 가지는 경우가 많습니다.

이름만 유부녀, 유부남이고 실질적으로 홀아비 과부나 다름없는 생활을 하는 경우도 마찬가지입니다. 물론 정서적으로도 정상적일 수 없습니다.

사주에서 일간이 허약하면 대체로 건강이 허약하기 쉬운데,
오행의 강약이 주는 영향 외에도 어느 육신(六神)이 강해서 일간이 약하게 되었는지에 따라 차이가 좀 있습니다.
식상이 너무 많아 일간이 허약하면,
설기(泄氣)가 심한 상태로 2박3일 계속 설사한 사람처럼 힘이 없고 흐물흐물한 허기(虛氣) 증세입니다. 어지럼 증상입니다. 기(氣)가 빠지고 속이 빈 증세라 툭 건드리기만 해도 자빠질 것 같아 피곤을 많이 느끼고 자리만 나면 기대거나 드러누울 생각을 합니다. 머릿속이 텅 빈 형상이라 두통이 심하기도 한데 인성이 태약하거나 없으면 더합니다. 먹은 것도 없이 싸기만 하는 꼴입니다. 정신도 몽롱하거나 어리버리한 경우가 많습니다.
재성이 너무 많아 일간이 허약하면,
소금에 절인 배추처럼 축 늘어진 증상입니다. 너무 바쁘고 고단해

서 지친 상태와 같습니다. 시달리고 힘겨워 진이 다 빠진 것이지요. 그래도 습관처럼 일어나 움직입니다.

관살이 많아 일간이 허약하면,

기본적으로 병약한 상태입니다. 질병을 달고 살기도 하고 잡몽(雜夢)에 시달려 숙면(熟眠)을 취하기도 어려우며 심하면 신병(神病)같은 증세를 만나기도 합니다. 관살은 질병 성분이요 귀신 성분입니다.

질병에도 가족의 내력이 있다고 하지요? 부모나 조부모 중에서 암이나 고혈압 등의 고질병으로 고생한 사람이 있으면 그 자손 중에서도 암이나 고혈압 등에 시달리는 자손이 나올 가능성이 높아지는 현상인데 부부 간에도 영향을 주는 경우가 많습니다.

배우자 잘못 만나 신세 엎어 먹을수도 있다는 말입니다.

결혼을 한다는 것은 운명을 하나 더 만나는 것과 같다고 했습니다. 따라서 배우자를 어떻게 만나느냐 에 따라 자신의 운명을 전혀 엉뚱한 방향으로 끌고 갈수도 있다는 말이 됩니다.

싱싱한 과일이나 채소도 썩거나 상한 놈 옆에 두면 같이 썩어버립니다. 남녀가 만날 때는 가장 먼저 음양의 구조가 조화로워야 한다고 했지요? 예를 들어,

여름에 태어나 火氣가 강한 체질인 여성이 역시 火氣가 강한 체질의 남성을 만나면 우선 여성의 신장 자궁 기능이 타 들어가고 혈액순환부터 방해를 받습니다. 이렇게 되면 요통이나 신경통 등을 비롯해 온갖 부인병 계통의 질병으로 시달리기 쉽습니다.

건강은 음식과 운동 등의 후천적인 습관도 크게 좌우합니다.

잘 먹고 잘 배설하면서 기초적인 육체적 운동이 원활하면 기본적인 건강은 유지될 수 있습니다. 음식은 입보다 몸이 맛있어 해야 하

고 몸이 좋아해야 합니다. 입이 좋아하는 음식으로 입맛에만 치중하면 질병을 부르는 지름길입니다. 물론,

  육체적인 운동 또한 대단히 중요하지요. 기계도 작동하지 않고 장시간 방치하면 녹슬고 고장 나서 못쓰게 되듯이 우리의 몸도 움직여주지 않으면 녹슬고 망가질 수밖에 없습니다.

  또한 아무리 좋은 음식물을 섭취한다 해도 운동을 하지 않으면 음식물의 영양소를 몸 전체로 배달하는 혈액의 순환이 원활하지 못해 중간에서 배달 사고가 나거나 흐름이 정체되기 마련입니다.

  우리의 몸은 약 60조개 이상의 세포로 구성되어 있다고 합니다. 영양소를 습취하면 혈액을 통해 60조개의 세포에 골고루 배급되어 전체 조직이 가동되고 건강이 유지되는 것인데, 운동성이 약하면 도로 유통망이 부실해 배달사고가 생겨 배급받지 못하는 부위가 생길 수 있고 이 부위는 곯아들게 되는 것이 당연합니다.

  만약에,

  어느 쪽 세포에서는 많은 영양소를 흡수하고 어느 부위의 세포에는 영양소의 배급이 중단되거나 아주 적게 배분된다면 풍족해서 넘치는 부위에는 살이 디룩디룩 쪄서 한쪽으로 삐져나올 수도 있을 것이고 그렇지 않은 부위에는 말라서 쪼그라드는 기형적인 형상이 될 수도 있겠지요. 비유를 하자면 그럴 수도 있다는 말입니다. 여기에 암이라는 덩어리가 생기면 이놈이 모든 영양소를 집중적으로 먹어 치운답니다. 따라서 암은 자꾸 성장해서 커지고 다른 쪽은 영양소를 공급받지 못해 말라 들어가게 되는 현상이 벌어진다는 것입니다.

  우리 몸의 세포는 20대가 지나면서 시들고 죽어가지만 암세포라는 괴물 덩어리는 한번 생겼다 하면 계속 공격적으로 증식되어 커지

기만 한답니다. 작아지는 기능은 없고 커지는 기능만 가진 것이 암이라는 말입니다.

현대인이 가장 두려워하는 질병인 암(癌)이라는 글자를 펼쳐 보면, 병들어 누울 녁(疒)자에 입 구(口)자가 세 개나 있고 뫼 산(山)자가 있습니다. 글자 그대로 보면 태산같이 너무 많이 먹어서 생기는 병이 암이라는 뜻으로 해석할 수도 있습니다.

조물주께서는 인간이 평생 먹고 살 양식으로 각각 곡식 100가마씩을 누구에게나 공평하게 나누어 주었답니다. 일 년에 한 가마씩을 먹으면 100년을 살 수 있지만 일 년에 두 가마씩을 먹어버리면 50년 밖에 살 수 없다는 계산이 나옵니다.

적게 먹는 소식(小食)이 건강 장수에 도움이 된다는 말이 되겠지요? 그렇다고 무조건 적게만 먹는다고 장수하는 건 아닙니다. 지나치면 굶어 죽습니다. 활동량에 비례해서 먹어야겠지요.

우리가 평균 수명까지 살아갈 경우 암에 걸릴 확률은 남자는 3명 중 1명 이상이고 여자는 5명중 1명 이상이라는 무서운 질병이 암입니다. 영양소를 흡수하면 60조개의 각 세포로 골고루 잘 배달되어 전체적으로 건강이 유지 된다고 했습니다.

만약 어느 한 쪽에서 이 영양소를 집중적으로 먹어 치우면 그쪽은 비대해지고 나머지 부위는 영양부족으로 무너질 수밖에 없는 것인데 바로 이 영양소를 독식해서 집중적으로 먹어 재끼는 놈이 암(癌) 덩어리라는 골치 아픈 놈이라는 말이지요. 따라서 암 덩어리는 자꾸 커지고 아무것도 얻어먹지 못하는 몸의 다른 부위는 말라비틀어지게 되는 것입니다. 그래서 자기밖에 모르는 인간을 암적(癌的) 존재라고 하는 것이고 …

음양의 조화가 한쪽으로 기울어져 너무 뜨거운 기운으로 뭉치면 타서 암 덩어리가 되고, 너무 차면 얼고 단단하게 굳어져서 암 덩어리가 됩니다.

이것을 성격적으로 연결해보면 특별히 열을 잘 받거나 반대로 너무 꽁하는 성격이 굳어지면 암으로 연결될 수 있다는 말이 됩니다. 한쪽으로 편중되어 굳어지는 것입니다.

발암의 원인이 될 수 있다고 해서 탄 고기를 먹지 말라고 하지요? 열을 너무 많이 받아 뜨거우면 폐렴(肺炎), 장염(腸炎), 간염(肝炎), 위염(胃炎) 등등 불타는 염(炎)으로부터 시작되어 암으로 발전되는 것이고 너무 차가우면 딱딱하게 굳는 경화(硬化) 작용으로 암이 됩니다.

특히 음양의 대표선수인 水火의 중화가 중요합니다. 중화의 균형이 깨져 한쪽으로 기울어지면 고장나는 것입니다. 굳는다는 것은 움직이지 않아서 생기는 현상입니다.

오지랖이 넓어 오장육부를 비롯해 걸치지 않는 곳이 없는 암이지만 심장에는 암이 생성하지 않습니다. 잠시도 쉬지 않고 계속 뛰기 때문이랍니다. 걸으면 살고 누우면 죽는다지요?

대개 심심해서 죽습니다. 물론,

너무 바빠서 과로해도 죽습니다.

기본적으로 우리의 몸은 건강한 세포와 질병을 유발하는 못된 세포가 절반씩 나뉘어 서로 견제하면서 전쟁을 벌이고 있는 상태랍니다. 이 균형의 중화가 깨지면 사단이 나는 것이지요.
그러고 보니 어느 의학자의 말이 생각납니다.
회충(蛔蟲)입니다.
우리는 과거에 구충제를 너무 많이 먹어 오히려 몸의 균형을 잃었다는 것입니다. 회충에도 몸에 이로운 회충이 있고 해로운 회충이 있는데 회충약을 너무 많이 먹다보니 이로운 회충까지 박멸되었다는 것입니다. 왼쪽 다리 고치려다 오른쪽 다리 고장 나는 꼴입니다.
거머리나 구더기로 상처를 치료하는 장면을 본적이 있지요?
인체의 내장 상처를 치료하는 시도까지 하고 있답니다. 물고기로 발바닥을 깨끗이 청소하거나 피부병을 치료하기도 합니다.
어느 분야나 선악(善惡)은 공존 합니다. 그러나 뭐니 뭐니 해도 특히 현대 사회에서 건강을 위협하는 최대 적은 스트레스입니다. 이것을 제대로 관리하지 못하면 암은 물론이거니와 그 외에도 온갖 정신적 육체적 질병을 부릅니다.
낙타가 무거운 짐을 지고 힘겹게 사막을 건너다가 마지막을 버티지 못하고 쓰러지는 것은 먼지 하나의 무게가 더해진 때문이라고 합니다. 이 먼지 하나의 무게는 바로 스트레스입니다.
인생 만사에서 아주 작아 보이는 0.001%의 작용으로 방향이 정해지는 경우가 많습니다. 50%는 중립이지만 50.001%가 되는 것과 49.999%가 되는 것은 완전히 다릅니다. 비록 별거 아닌 것 같고 있으나마나한 것 같아 보이는 0.001의 차이 때문에 한쪽으로 기울어져 버립니다. 따라서 크게 보면 사주가 운명을 운영한다고 하지만 다른 여러 가지 작용도 봐야 합니다. 모든 생활 환경적인 요소가 영향을 준다는 말입니다.

그 중의 하나로 가장 먼저 생각나는 것이 성명(姓名)입니다.

이름의 작용 또한 결코 무시할 수 없다는 것입니다. 이름이 암시하는 길흉의 작용이 아주 작은 영향력을 가졌다고 해도 경우에 따라서는 한쪽으로 완전히 기울어지게도 할 수 있기 때문입니다. 어쨌든,

스트레스가 퍼붓는 무차별 공격에 당하는 경우가 많은데 스트레스는 주로 火氣에서 옵니다. 도시는 불의 환경입니다.

따라서 스트레스를 피하려면 불을 멀리하면서 물 좋고 산 좋은 시골의 자연을 많이 접하는 것이 좋습니다. 또한,

스트레스를 유발하는 욕심과의 전쟁에서 벗어나는 것입니다.

이렇게 정리가 되면 우선 어깨를 짓누르던 짐이 가벼워집니다. 여기에 좋은 음식을 먹으며 몸과 마음이 밝고 건강하면 엔돌핀이 돌아 건강한 세포가 활성화되어 힘을 얻으므로 병든 세포를 물리치고 건강을 유지할 수 있지만 스트레스에 짓눌려 살면서 썩은 음식을 먹고 생각과 행동이 쓰레기통이면 온 몸에 사기(邪氣)가 넘쳐 병든 세포가 힘을 받아서 건강한 세포를 짓밟아 병든 환자로 만드는 것입니다.

건강한 생활이 건강한 몸을 유지시켜 준다는 지극히 기초적인 상식입니다. 말은 쉬운데 실천이 좀 어렵기는 하지만….

건강한 생활에 더해, 사주에서 모자라는 부분을 보충해 주고, 넘치는 부분을 덜어내어 균형을 이루어 주는 것 또한 훌륭한 지혜가 됩니다. 습관과 환경입니다.

음양의 균형을 잡고 조화를 이루어야 하는 것은 건강에만 해당되

는 것이 아니고 모든 인간사에 필요 합니다.

펼치고 발산하는 기운이 강한 여름에 태어난 여자와 정리하고 정돈하는 기운이 강한 가을에 태어난 남자가 만나 결혼을 하면 마누라는 돌아다니며 저지르기나 하고, 그 남편은 따라다니며 정리하느라 바쁜 모양이 되는데, 실제로 사는 내막을 들여다보면 그렇게 삽니다.

여름에 태어나 火氣가 강한 사람끼리 만나 부부가 되면,

그 집은 항상 시끄럽고 분주하고 정리 정돈이 어지러운 분위기가 되기 쉽습니다. 사방 팔방에 어질러 놓는 성분입니다.

반대로 차가운 겨울에 태어나 한기가 강한 남녀가 만나 부부가 되면 그 집은 어쩐지 썰렁한 냉기가 감도는 경우가 많습니다.

가정의 분위기가 추우면 가족의 건강도 추워질 수 있습니다. 음기가 강하면 무엇이든 깊은 곳에 잘 감추는 습관이 있어 자기가 감추어 놓고도 찾지를 못해 더듬는 경우도 많습니다.

어느 한쪽으로 크게 기울어질 수록 이런 현상이 더 심합니다.

인간 !

참 오묘하게 만들었지요? 아무리 생각해 봐도 잘 만들어진 작품입니다. 조물주의 창의성에 감탄과 경의를 표하지 않을 수 없습니다. 모양새를 봐도,

다 같은 동물이지만 인간은 다른 동물과 좀 다릅니다.

참새는 참새끼리 생긴 모양이 거의 같습니다. 돼지도 돼지끼리 생김새가 거의 같고 물고기도 잉어는 잉어끼리 생긴 모양이 거의 같습니다. 육안으로는 구분이 거의 불가능할 정도입니다.

그러나 인간의 생긴 모양은 다 다릅니다. 육안으로도 쉽게 구분이 될 수 있도록 만들었습니다. 구조 또한 그렇습니다.

미세하고 정밀하기 짝이 없도록 기기묘묘하게 만들어져 있으면서도 중간 중간에 약간의 윤활유를 뿌려주고 손만 좀 봐주면서 사고만 당하지 않으면 백년 이상의 세월을 무난하게 작동할 수도 있습니다. 관리를 어떻게 하느냐에 따라 백년 이상도 갈 수 있고 태어나서 세상 구경조차 제대로 못한 채 사라질 수도 있습니다. 저승길이 그렇게 먼 곳이 아니라 바로 코앞의 문지방 밖이 되기도 합니다. 저승사자가 항상 붙어 따라 다니면서 관리 상태를 살피다가 안 되겠다 싶으면 데리고 가버립니다. 따라서 뭐니 뭐니 해도 건강은 사전 예방적인 관리가 최선입니다.

우선 건강한 생활 습관이 가장 중요할 것이고 혹시 몸 어디선가 이상이 생겨 비상사태라는 긴급 신호가 오기 전에 사전 검진을 하는 것 또한 대단히 중요하겠지요. 상식입니다.

음양 오행학적으로 볼 때,

원칙적으로 비견 겁재가 들어오는 운에 그동안 좋지 않았던 건강이 좋아지고 회복될 수 있습니다. 운에서 비견 겁재가 들어온다

는 것은 힘이 들어오는 것과 같습니다. 몸에도 힘이 들어와 활력이 솟아야 질병을 물리칠 수 있을 것이므로 인성운에 보양(保養)하고 치료해서 비겁운에 기력이 살아나 건강이 회복되는 것입니다.

그러나,

비겁이 태왕해서 오히려 병(病)이 되는 사주라면 그 비겁 기운의 극을 받아 약화된 오행을 강화해 주는 운이 유리할 수 있습니다.

예를 들어 金 기운이 태왕해서 상대적으로 약한 木 기운이 맞아죽는 팔자라면 木의 기운이 강화되는 운에 경과가 좋아질 수 있다는 말입니다. 균형을 이루는 조화입니다.

그러나 무엇보다 중요한 것은 마음의 자세입니다. 즉,

의지의 강약이 많이 좌우한다는 말입니다. 암(癌)에 걸렸다는 청천벽력 같은 선고를 받고도 '이제 내 인생 절단났구나' 생각하고 아예 포기하는 대신 '이까짓 거 이겨 보겠다'는 희망과 의지로 극복한 사람도 우리 주위에 심심찮게 볼 수 있습니다.

하늘이 무너져도 솟아날 구멍이 있다는 말이 있습니다. 정신력이 중요하다는 뜻입니다. 연계해서 생각해보면,

병원이나 약에만 매달리는 것이 올바른 해결책이 될 수 있는 것도 아니라는 말이 되기도 합니다. 그럴듯한 미사여구에 휘황찬란한 광고가 판을 치는 세상이라 텔레비전이나 신문 광고에 나오는 좋다는 음식이나 약 다 먹으면 이 세상에 병들거나 죽을 사람 하나도 없을 것 같습니다.

아무리 몸에 좋은 보약이라고 해도 너무 많이 먹으면 오히려 건강을 해치는 독약이 됩니다. 좋다는 음식도 마찬가지입니다. 좋다는 것 다 먹다가는 먼저 배부터 터져 죽을 판입니다. 제철 음식을 위주로 골고루 맛있게 먹어주면 됩니다.

간암에 걸려 첨단 시설을 갖춘 현대식 병원에서 최고라고 하는 의사가 수술을 하고 최신 약을 먹고도 죽는 사람이 있고,

정신력으로 극복하면서 자연 속으로 들어가 자연을 흡취하며 자연식으로 간의 기능을 키워 거뜬히 이겨낸 경우도 많습니다.

온갖 첨단 의학이라는 최신의 지식으로 위엄스럽게 포장한 유명한 의사, 약사도 처방이 서로 제각각이라 중구난방입니다.

같은 사람에게 어떤 놈은 아스피린이 만병통치약이라도 되는 양 좋다고 권하고 어떤 놈은 아스피린을 먹지 말라고 말립니다.

병원이라는 사업도, 의사라는 직업도 좋기는 합니다.

살아나면 명의(名醫)가 되어 공을 치사 받고 죽어도 책임이 없습니다. 사람 살린다는 병원에 초상 치르는 장례식장까지 차려놓고 있지요? 살아도 돈 받아먹고 죽어도 돈 받아먹는 알짜배기 장사를 하는 곳이 병원이라는 곳입니다. 꿩 먹고 알 먹는 도둑놈 장사입니다.

인생에 정답이 없다고 했듯이 건강에도 정답은 없습니다.

인위적인 처방은 한계가 있다는 말입니다. 좋다는 것이라고는 다 챙겨 먹는 천하의 갑부나 권력자라고 해도, 대한민국 최고의 병원을 소유한 재벌 주인이라고 해도, 건강에 대해서만은 자신 있다고 큰소리치는 운동선수라고 해도, 팔자에서 병을 만나면 드러누워야 하고 심하게 걸리면 죽어야 합니다.

팔자 그물에 걸려들면 빠져 나가기 어렵습니다. 세상만사 억지 부린다고 되는 것도 아니라는 말입니다. 어차피 팔자에서 만나야 할 재난은 만날 수 밖에 없으니 차라리 담담하게 받아들이는 것이 마음 편할 수도 있습니다.

늙어가면서 세가지를 탐하지 말라고 했습니다.

첫째, 말탐을 하지 말라고 했습니다. 늙어가면서 말이 너무 많아지는 것을 경계하는 말입니다.

둘째, 식탐을 하지 말라고 했습니다. 맛있는거 찾아 헤매지 말라는 말입니다.

셋째, 약탐을 하지 말라고 했습니다. 오래 오래 살겠다고 온갖 좋다는 약 다 먹는다고 오래 사는 것도 아니고 오히려 추해 질수 있다는 충고입니다.

좀 매정하고 섭섭하게 들릴지 모르겠으나

꼭 죽어야 할 때라면 되지도 않을 이상한 짓거리들을 해서 말년에 오히려 추한 모습만 보이지 말고 그냥 죽어주는 것도 좋을 수 있다는 말입니다.

인생살이에서 도 터진 도사 같은 이런 저런 말들을 이사람 저사람 늘어놓지만 사실은,

무책임하고 머리 좋은 인간들의 말장난인 경우가 대부분입니다. 건강문제도 마찬가지입니다. 너무 걱정할것 없습니다.

모든 질병은 치유됩니다. 다만,

살아서 치유되는가, 죽어서 치유되는가의 차이 뿐입니다.

'무더위'란 '물'과 '더위'의 혼합어입니다.

뜨겁고 습한 현상으로 숨 쉬기가 어려워지는 상태를 무더위라고 합니다. 지구의 평균 온도가 15℃라고 하던가요? 물론 지역별 차이는 있겠지만 전체적인 평균이 그렇답니다.

갈수록 기온의 상승이 심해집니다. 어느 해 여름은 40℃를 넘나드는 사상 최고의 기온을 기록하면서 미국 유럽 등지에서 특히 많은 노인들이 무더위 폭탄에 희생 됐답니다. 우리나라에서도 사망자가 많이 나왔는데 유래 없는 무더위가 기승을 부리는 해에는 노인들의 사망이 유난히 많았다고 합니다.

이것은 화극금(火剋金)의 이치입니다.

金은 오행으로 폐, 대장, 기관지, 호흡기 계통을 의미합니다. 숨을 쉬는 기관입니다. 기관지가 약해지고 호흡 기능이 부실해진 노인에게 火氣가 치솟으면 그렇지 않아도 허약해진 金氣를 완전히 녹여 버리므로 사망에까지 이르게 되는 현상입니다.

인체의 안정적인 평균 체온이 36.5℃이므로 그 이상으로 기온이 치솟으면 숨쉬기 어려워지는 것은 당연하겠지요.

숨을 쉬지 못하면 죽습니다. 그래서 역시 호흡이 중요합니다. 숨쉬기 운동입니다. 호흡(呼吸)이란 콧구멍으로 바람이 드나드는 것을 말합니다. 숨을 들이 쉬고 내 쉬는 작용입니다. 콧구멍으로 바람이 들어가지 않아도 죽는 것이고 들어간 바람이 나오지 않아도 죽습니다. 환풍(換風)이 되지 않는 것입니다. 환풍이란 바람이 뒤바뀌어 순환되는 작용입니다. 뒤집어지는 것입니다.

차를 바꿔 타는 것은 환승(換乘)이요,

돈을 바꾸는 것은 환전(換錢)이고,

간이 뒤집어지면 환장(換臟)입니다.

허당(虛堂)이 창안(?)한 '구구(九口) 관리법'이 있습니다.

인체의 아홉 개 구멍 관리만 잘하면 건강에 문제가 없고 만수무강할 수 있다는 말입니다.

아홉 개의 구멍이란 두 눈과 두 콧구멍과 두 귓구멍과 입과 그리고 두 배설기관입니다. 이것은 잘 먹고 잘 배설하면 이상이 없다는 말인데 꼭 건강 문제에만 해당되는 것은 아닙니다.

듣고 보고 표현하는 작용을 비롯해서 먹고 배설하는 문제와 색정 문제까지 인생의 전반적인 관리법이기도 합니다.

아홉 개의 구멍 중 어느 구멍을 막론하고 각각 용도와 용량이 있습니다. 눈에서는 눈물이 나와야 하고 코에서는 콧물이 나와야 합니다. 입으로는 건강한 음식물이 적당량 들어가야 하고 콧구멍으로는 맑고 깨끗한 공기가 드나들어야 합니다.

그 외에도 각각 용도와 용량이 있으니 이 규정을 위반해서 거기에 드나들어서는 안되는 것이 드나들거나 용량을 위반하면 건강도 인생도 무너지기 쉽습니다. 이 아홉 개의 구멍 관리만 잘하면 건강은 물론 도인(道人), 성인(聖人)도 됩니다.

이 아홉 개의 구멍에도 오묘한 음양 이치가 담겨 있습니다.

사람(얼굴) 안에 또 작은 사람이 있다고 보는 소인상법에서는 인중(人中)을 몸체의 중심으로 봅니다. 기(氣)의 중심이라고 할 수도 있겠지요. 인중을 중심으로 해서 위에는 짝수를 이룬 구멍이 세 개씩 있어 여섯 개의 구멍이 있고, 인중의 아래로는 홀수의 구멍이 세 개가 있습니다. 음양법에서 인체의 위(上)는 양이고, 아래(下)는 음입니다. 양기(陽氣)인 무형의 기(氣)가 드나드는 위(양)에는 음인 짝수의 구멍으로 배치되어 음양의 조화를 이루고 있습니다.

음기(陰氣)인 유형의 질(質)이 드나드는 아래(음)에는 양인 홀수의 구멍으로 배치되어 음양 조화를 이루고 있습니다.

너무 절묘하지 않은가요? 그 뿐이 아닙니다.

남성은 양이고 여성은 음인데, 아홉 개의 구멍은 양이라 남성을 의미합니다. 그렇다면 여기에서도 여성은 뭔가 달라야 하겠지요? 다행히 영명하신 조물주께서는 음양의 이치를 아시고 융통성을 발휘하시어 여성에게는 은밀한 구멍을 하나 더 만들었습니다. 생식기 안에 내장되어 있어 하나로 보이지만 자세히 들여다보면 요도구(尿道口)와 질(膣)이라는 두 개의 구멍으로 분리되어 있습니다. 이 열 번째의 구멍인 질(膣)이 제 十口입니다. 음인 여성은 남성에 비해 구멍 하나가 더 있는 셈입니다.

남자보다 환풍구(換風口)가 많아 환풍이 더 잘 되므로 여자가 더 오래 산다고도 볼 수 있는지 없는지는 모르지만….

하여간 그렇습니다.

옛날 옛날, 어느 어느 날, 어디 어디에서,

젊은 놈들 몇이 어울려 노닥거리다가 어떻게 하면 건강하게 오래 살 수 있을까 하는 문제로 토론이 벌어졌습니다. 그러나 이놈 말이 저놈 말이고, 저놈 말이 이놈 말이라 쉽게 결론이 나지 않으므로 나이 많은 노인이 많이 사는 이웃 동네에 가서 조사를 해 보면 장수에 좋은 양생법(養生法)을 알 수 있지 않을까 하는데 의견을 모은 끝에 그 길로 이웃 마을로 몰려갔더랍니다.

마침 경로당에 모여 시간을 잡숫던 노인네들에게 물었습니다.

"할아버지께서는 연세가 얼마나 되셨는지요?"

"나? 가만, 올해로 백 살하고도 세 살이나 더 먹었구만."

"그러세요? 할아버지께서는 무슨 양생법을 쓰시는가요?"

"응, 뭐 특별한건 없고 나는 평생 술과 담배를 입에 대 본적이 없어."
"예, 그러시군요."
하고는 옆에 있는 또 다른 할아버지에게 물었습니다.
"할아버지께서는 연세가 어떻게 되셨는지요?"
"나는 아흔 아홉이야."
"할아버지께서는 평소에 어떻게 건강관리를 하시는지요?"
"나는 평생 여자를 멀리했지."
하고 대답했습니다. 그런데 그 옆 한쪽 구석에 가장 늙어 뼈만 앙상한 노인 한분이 웅크리고 앉아 있는지라 다가가서 물었습니다.
"할아버지는 평소에 어떤 양생법을 쓰시기에 이렇게 장수하시는 지요?"
"나는 저런 사람들과는 달라. 난 말이야, 술 먹고 싶은 대로 먹고, 담배 하루 종일 물고 살고, 계집질도 코피 터지도록 원 없이 하고 말이야, 하여간 나 하고 싶은대로 다 하고 살았어."
너무도 놀랍고 반가운(?) 나머지 연세가 얼마인지 물었습니다.
"내 나이? 나 이제 쉰 셋이야."
옛 우스개 얘기로만 듣기에는 뭔가 메시지가 있어 보이지요? 그러나 꼭 그런 것만도 아닌 것이 정 반대의 경우도 있답니다. 죽은 지 오래 되지 않은 중국의 역대 지도자들 생애를 살펴보니
    임표(林彪)는 술도 담배도 입에 대지 않았는데 63세를 살고,
    주은래(周恩來)는 담배는 입에 대지 않았지만 술은 즐겼는데 78세를 살다 죽었고,
    모택동(毛澤東)은 술도 담배도 즐겼지만 83세를 살고,
    등소평(鄧小平)은 술, 담배에 카드까지 즐겼지만 93세를 살다 죽었다는데, 놀라지 맙시다.

장학량(張學良)이라는 사람은 술, 담배는 물론이고 카드도 즐기면서 첩질까지 열심히 했지만 무려 103세까지 살았다고 하는 자다가도 눈이 번쩍 뜨일 반갑고(?) 희망적인(?) 이야기가 있기는 합니다. 단,
사실인지 아닌지는 허당(虛堂)도 잘 모릅니다.

건강과 수명은 인위적인 현상과 자연적인 현상이 종합적으로 어우러져 좌우된다고 할 수 있습니다.
인위적인 현상은 사판(事判)으로 봐야 할 것이고 자연적인 현상은 이판(理判)으로 봐야겠지요. 이판으로 보나 사판으로 보나 중요한 것은 역시 음양의 조화입니다.
일차적으로는 음양이 조화된 우주의 기운을 받아 태어난다면 기본적으로 일단 안정된 좋은 팔자를 안고 태어나는 것을 말합니다. 그리고 살아가면서도 음양의 기운을 조화롭게 받아들이는 것입니다. 생활의 습관이나 환경의 중요성입니다.
그 중에서 가장 기초적이고 중요한 조건과 환경중의 하나가 부부관계라고 볼 수 있을 것입니다. 부부관계란 남녀의 만남이고, 남녀의 만남은 음양의 만남이기 때문입니다.
양성(陽性)인 남자와 음성(陰性)인 여자가 만나 음양의 균형을 이루고 사는 것이 자연의 이치를 따르는 섭리이고 정신적인 건강과 육체적인 건강을 유지하는 바탕이 되는 것은 지극히 당연하다고 하겠습니다. 이성(異性)간에 성적인 교류에 의한 조화를 이루어야 한다는 말입니다. 언젠가,
남녀의 성 관계의 중요성을 밝히는 어느 전문 의학자 단체의 연구 발표가 있었습니다.

부부 사이의 성적 교류가 활발하면,
① 혈액 순환이 원활해져 콜레스테롤의 수치가 내려간다고 합니다.
② 한 번의 부부관계에서 많은 칼로리가 소모되어 다이어트에 효과가 있다고 합니다.
③ 근육의 긴장을 풀어주고 통증을 환화시켜 주는 효과가 있다고 합니다.
④ 글로블린A라는 물질의 분비가 증가되어 면역 기능을 강화시켜 주는 효과가 있다고 합니다.
⑤ 주당 3회 이상 부부생활을 하면 뇌졸중 예방에 효과가 있다고 합니다.
⑥ 에스트로겐의 분비가 활발해서 피부 미용에 효과가 있다고 합니다.
⑦ 뇌를 자극하여 노화, 치매, 건망증을 예방하는 효과가 있다고 합니다.
⑧ 남성의 경우 전립선의 기능을 강화시켜 전립선암이나 염증을 예방하는 효과가 있다고 하는데 실제로 혼자 사는 남성이나 혼자 사는 것과 마찬가지인 남성에게 전립선에 관련된 질병이 비교적 많다고 합니다.
⑨ 여성의 경우 정기적으로 행하면 자궁의 기능을 강화시켜 준다고 합니다. (남성의 정액에는 여성의 난소암을 예방하는 물질이 있다는 연구 결과도 발표된 적이 있습니다.)
⑩ 따뜻한 사랑의 감정이 우울증을 치료하는 효과도 있다고 합니다.

그러나 위에 열거한 내용은 어디까지나 합법적인 부부간의 정상적이고 정기적인 관계를 의미합니다. 혹시 바람돌이, 잡돌이들의 착각이나 오해가 없기 바랍니다.

규칙적인 성생활은 면역력을 높이고 스트레스 지수도 낮춰준다는 것은 과학적인 실험으로도 증명이 된 사실입니다.

감기나 면역체계 이상과 같은 기초 질병에 자주 걸린다면 자신의 부부생활을 돌아보고 점검해 볼 필요가 있다는 말입니다.

왼쪽으로든 오른쪽으로든, 이것이든 저것이든, 과(過)하면 사단 나는 법이지요? 심하면 죽습니다. 과욕(過慾)을 부리면 재앙을 초래하는 것이고, 운전도 과속(過速)하면 사고나게 돼 있으며, 과음(過飮)하거나 과식(過食)하면 반드시 탈이 나는 법입니다.

특히 락(樂)은 극(極)하지 않아야 한다고 했습니다. 쾌락의 즐거움은 과도하지 않도록 적당히 조절해야 한다는 말입니다.

설기과다(泄氣過多)면 필망필사(必亡必死)한다고도 했습니다. 정혈(精血)의 과다한 낭비를 경고하는 말입니다.

불로장생하는 약초와 정력제를 찾아 그렇게도 몸부림치던 중국의 진시황제는 오히려 50세 한창 나이에 요절했답니다.

사랑은 음식과 닮은 점이 있습니다.

지나치게 새콤달콤할수록 몸에는 해로울 수 있습니다.

조미료를 쓰지 않아도 괜찮은 맛을 내는 음식이 좋듯이 사랑도 마찬가지입니다. 재료가 훌륭하면 특별한 요리나 양념 없이 그 자체만으로도 최고의 맛을 낼 수 있습니다.

음식이 달거나 너무 매우면 위장에 상처를 낼 수 있듯이 사랑도 너무 달거나 매우면 자신과 상대의 속을 할퀼 수 있습니다. 심하면 인생을 송두리째 갈기갈기 찢어 놓을 수도 있습니다.

지나친 단맛이나 매운맛을 내는 자극적인 양념은 위험합니다. 사랑도 음식처럼 유통기한이 있어 유통기한이 지나면 변질되기 쉽습

니다. 그러나 잘 숙성시키면 처음과는 또 다른 맛을 찾을 수 있습니다. 어느 조사에 의하면,

　대한민국의 부부 중에서 20% 이상이 월 1회 이하의 부부관계를 하고 있다는데 이것은 성관계가 거의 없는 부부나 마찬가지라고 봐야 합니다. 사실적으로는 부부가 아니라 남남이나 거의 같다는 뜻이지요. 특히 대한민국 중년 여성은 성에 대한 적극성이 세계 최고 수준이라는 조사 통계도 있고 보면 이래저래 대한민국의 남편들은 고단하고 고달픈 운명을 태생적으로 타고난 것 같습니다. 정신 차리지 않으면 밤낮으로 여성상위(女性上位)에 치어 숨조차 쉬기 어려울 수 있습니다. 이미 이 구석 저 구석에서 남편들의 살려달라는 신음소리가 많이 들리고 있습니다.

　그런데도 대한민국 남성의 성의식 수준은 최하라고 합니다.

　여성의 지나친 적극성에 아예 질려서 그런가요?

　연구하고 분발해야 합니다. 이것은 간단히 넘어가서는 안되는 심각한 문제입니다.

　40대 이후의 한국인 남성 절반 이상이 발기부전 증상에 시달린다고도 합니다. 전쟁처럼 피투성이가 되어 살아야 하는 현실에서 받는 스트레스에 술과 담배로 찌들고….

　거기다 밤낮으로 마누라 모시느라 코피 터지고 자식들 양육비에 시달려 뼈골이 녹아 진이 빠진 탓입니다.

　그렇다고 인위적인 수법에 매달리는 것은 위험합니다.

　객관적으로 봐서 정상적인 작동을 하는데도 정력제(精力劑)에 환장을 해 눈을 까뒤집고 찾아다니는 정신 나간 인간들 많습니다.

　체력과 활력이란 온몸에 골고루 퍼져야 전체적인 건강 조화가 이루어져 활발하게 활동할 수 있을 것 같은데,

다른 데는 흐물흐물하면서 신체의 일부 한군데만 힘을 몰아넣어 도대체 어찌하겠다는 것인지….

그렇게 해서 정상적으로 돌아가게 되기나 하는 것인지 이해하기 어렵습니다. 힘을 한군데로 몰아넣으면 그 부위는 터지거나 아예 고장나서 완전히 망가져 못쓰게 될 수도 있을 것 같은데….

신노심불로(身老心不老)라,

몸은 비록 늙었으나 마음이야 청춘이니…….

아쉽지만,

많이 많이 아쉽고(?) 억울(?)하지만

자연세계에서 불로불사(不老不死)는 없습니다.

농담아닌 슬픈 농담하나 전합니다.

부부싸움에서,

남편의 능력에 따라 아내의 대꾸가 다르답니다.

남편이 돈도 잘 벌어오고 강한 체력을 발휘하면

'그래, 당신 잘났수~'

남편이 돈은 잘 벌어 오지만 체력이 허약해서 빌빌대면

'사람이 밥만 먹고 사나?'

남편이 돈은 못 벌어 오지만 강한 체력을 발휘하면

'당신이 사람이야? 짐승이지.'

남편이 돈도 못 벌어오는 주제에 체력마저 허약하면

'당신이 해준 게 뭐있는데? 앙?! 앙?!'

그런가요?

이래 저래 남자 노릇하기 참 어렵습니다.

잘난 자나 못난 자나, 많이 가진 자나 적게 가진 자나,
누구나 늙어가고 누구나 죽어 사라지게 되는데….

그래도 아쉬움과 미련이 남아,

몸도 마음도 서서히 허물어지고 살아온 시간보다 남은 시간이 너무 적다는 사실에 가슴이 미어집니다.

믿어지지도 않습니다.

어느덧 숨을 몰아쉬며 뒤뚱 걸음을 걸어야 하는 신세가 되고 죽음이라는 공포의 그림자가 서서히 다가온다는 사실을 생각하면 가끔은 발작이라도 일어날 것 같지요?

그리고 거대한 고독과 허무가 밀려옵니다.

그놈의 년식(年式)이 문제입니다. 년식은 세월입니다.

자동차도 년식이 오래되면 폐차하듯이 인간의 생명도 년식이 오래되면 시들시들 허물어지고 그러다 가는 것이지요.

이 당연한 이치를 당연히 받아들이기가 쉽지 않습니다.

그래도 우리는 시대를 잘 타고난 덕택(?)으로 오래 오래 잘 먹고 잘 살고 있습니다. 이제 백세 시대를 만난다고 합니다.

고려 시대에는 귀족층이라고 해도 평균 수명이 40세 미만이었고 임금님도 40을 가까스로 넘겼다는데 우리는 그보다 두 배를 더 살고 있습니다. 불과 50년 전만 해도 우리나라의 평균 수명이 겨우 50을 넘겼을 정도라는 것을 생각하면 그야말로 천지개벽을 했다고 해야 합니다.

독자님은 몇 년식인가요?

전분세락(轉糞世樂)이라…,

개똥밭에 굴러도 이승이 낫다는데….

어느 덕이 높은 유대교의 지도자가 곧 저승길을 떠날 차비를 하고 있는데 제자들이 모여들어 그 지도자의 수명을 연장해 달라고 기도를 하고 있었더랍니다.

그러자 하늘에서 장중한 하나님의 목소리가 들려왔더랍니다.

"그대들의 정성어린 기도가 너무 간곡하여 소원을 들어 주겠노라. 다만, 그대들의 수명에서 각각 며칠이건 몇 달이건 원하는 대로 덜어 내서 그것을 모은 만큼의 수명을 연장해 주겠노라."

하는 것입니다. 그러자 한동안 침묵이 흐르더니

"난 한 달을 내겠소."

"난 두 주일을 보태겠소."

"난 열흘이요."

하고 각자 자신의 수명을 덜어서 내놓고 있는데 누군가 한쪽 구석에서

"난 삼십년을 내겠소!"

하고 소리치더랍니다. 모두 깜짝 놀라 도대체 누군가 하고 일제히 그쪽을 쳐다보았습니다. 저쪽에서 소리쳤던 이 사나이는

"단, 내 계모의 수명을 드리겠소."

하고 당당히 선언하더랍니다. 계모와의 사이가 얼마나 좋지 않았으면 그랬을까 하고 동정이 가기도 합니다. 우리 속담에도 친 엄마한데 맞으면 아프지 않은데 계모한데 맞으면 아프다는 말이 있지요? 동서고금(東西古今)이 다르지 않은 것 같습니다.

여시여시(如是如是)라, 그렇고 그렇습니다.

천하의 여성 여러분에게 호소합니다.

주사야사다사능(晝事夜事多事能)이라는 것이,

밤낮으로 모든 걸 다 완벽하게 잘한다는 것이 그리 쉬운 게 아닙니다. 남편에게 너무 많은걸 바라면 그 넘치는 과욕이 먼저 남편부

터 죽이고, 자신에게도 스트레스로 돌아와 그로 인해 스스로 정신적, 육체적 건강을 해칠 수 있습니다. 너무 많거나 큰 것을 탐하다가 실패하면 그 상처 또한 많고 큽니다.

정상적인 부부라면 나이가 들어가면서 다정히 손을 잡고 자기만 해도 기본적인 음양 교류는 충분합니다.

옛날에,
어느 방사(方士)가 기가 막힌 약을 팔고 있었답니다.
그 약을 여성의 몸에 묻히기만 하면 천하 없는 석녀(石女)이거나 정조가 굳은 열녀(烈女)라도 음기(淫氣)를 참지 못해 눈동자가 허옇게 뒤집어져 정신을 못 차리고 남자의 품에 바로 안겨버린다는 신비의 묘약(妙藥)이라고 선전하며 팔고 있었습니다. 어느날 이웃 마을의 탕아(蕩兒)로 소문난 놈팽이 건달 한 놈이 어슬렁거리며 들어와서
"선생님, 계십니까?"
하고 물었습니다. 약장사 부인이 나와서
"외출하셨는데요."
하고 대답하자 사내놈이
"일부러 찾아 왔는데, 어떻게 하나…."
하고 난감해 하는데 부인이
"무슨 일이신데요?"
하고 물었습니다. 사내가 머뭇거리는 듯하면서
"예, 사실은 그 신비의 약을 사러 왔거든요."
하며 부인의 눈치를 살폈습니다. 그러자 부인이 눈치를 채고 얼른 그 말을 받아

"아, 그 약요? 제가 드리면 되지요. 드릴께요."
하며 방으로 들어가서 약을 찾아가지고 나와 건네주었습니다.

 약을 주고 돈을 받으려고 하는데 사내놈이 약병을 받아 들고 얼른 뚜껑을 열어 약물을 손에 묻혀 가지고는 갑자기 부인의 몸에다 튕겨 버렸습니다. 그러고는 엉겁결에 당황해서 어쩔 줄을 몰라 하는 부인의 옷소매를 잡고 방으로 끌고 들어가 욕심을 채우고는 유유히 사라졌습니다. 약값도 안주고.

 얼마 뒤에 집 주인인 방사가 돌아 왔습니다.

 그런데 부인의 태도가 어딘지 어색하고 평소와 다른 점을 발견한 방사가 다그치자 부인은 조금 전에 일어났던 일을 그만 실토하고 말았습니다. 화가 머리끝까지 치민 방사가 길길이 뛰면서 마누라를 잡아먹을 듯이 윽박질렀습니다.

 "이런 정신나간 화냥 여편네를 봤나."

 그러자 당하고만 있던 부인이 갑자기 머리를 쳐들고 째려보며 소리를 질렀습니다.

 "그럼, 날더러 어떻게 하라구요. 만약에 그 사람 말을 안 들어주면 당신이 파는 약이 효험이 없다는 걸 증명하는 꼴이 되고, 그렇게 되면 당신은 사기꾼이 되는 판인데….

 그래도 좋아요? 앙?! 앙?!"

 신용이 중요한가요,

 마누라의 정조가 중요한가요?

 답이 좀 어렵습니다.

 국민투표에라도 붙혀야 할지…

```
丙 丁 戊 己 庚 辛 壬      癸 辛 癸 壬   女
午 未 申 酉 戌 亥 子 ⑦    巳 酉 丑 子
```

"눈 … 쌍꺼풀 수술 하셨지?"

사주를 다 쓰고 난 다음의 첫마디입니다.

팔자를 뜯어 해부해 보니 전체적으로 음습하고 눈이 클만한 요소가 별로 없는데도 실물의 눈이 왕방울만하면 쌍꺼풀 수술한 경우가 많습니다. 이 사주 주인공도 눈이 단추 구멍만 해서 쌍꺼풀 수술을 한 경우입니다.

차가운 丑월 섣달에 태어난 辛酉 일주가 앞뒤의 癸水 빗물에 녹이 슬었습니다. 이렇게 되면 양기가 부족하고 게으른 성분이라 활동성이 좀 떨어질 수 있습니다. 멀리 가서 깨끗한 壬水를 길어오지 않아도 되고 가만히 있어도 앞뒤로 비가 내리므로 이 탁한 빗물에 씻어 버립니다. 癸水에 세수하는 격이라 알아주는 놈도 없고 깨끗하고 빛이 반짝이는 辛金 보석도 아닌데 스스로 혼자 보석인양 착각에 사는 사람입니다. 활동을 한다고 해도 빛을 보기 어렵습니다. 게으른 면도 있습니다. 성격도 차고 내향성이며 활달함과는 거리가 좀 있어 보입니다.

이 차가운 사주에 火氣가 없습니다. 있기는 있군요. 시지에 巳火가 있습니다. 그러나 자세히 보니 巳酉丑으로 삼합되어 金局을 이루어 火氣의 작용을 거의 못하고 있습니다. 火氣인 빛이 작용을 못한다는 의미입니다. 어둡습니다. 사주가 어두우면 성격도 어둡고 사는 것도 어둡습니다. 건강도 어둡습니다. 게다가 火氣를 생해줄 木의 성분도 전혀 없습니다.

대운에서 조차 木氣도 火氣도 들어와 주지 않습니다. 金水 상관격입니다. 이 사주를 종격(從格)으로 보고 싶은 사람도 있을 줄 압니다. 종격 좋아하는 사람들은 습관적으로 웬만하면 종격으로 돌려 버리기도 합니다. 왕한 오행 육신에 따라가는 사주라는 것입니다.

생명 보험회사에 입사한지 몇 개월 안 된 사람입니다. 될까요? 특히 생명보험 영업 업무란 맨땅에 박치기하는 작업입니다.

사주에 木, 火의 기운이 약하면 쌍꺼풀 수술을 해서 눈을 크게 하는 것도 나쁠 것은 없습니다. 이마와 더불어 눈은 천기(天氣)인 태양의 기운을 흠뻑 흡취하는 역할을 합니다.

태양열 전기를 얻기 위해 지붕에 설치하는 집열판과 같은 역할을 하는 것이지요. 이렇게 모은 천기를 두 눈썹 사이의 명궁이라는 통로를 통해 흡취한다고 보면 되겠습니다. 그러나 주의해야 합니다. 관상학적으로 눈 위의 눈두덩이를 전택궁(田宅宮)이라고 해서 글자 그대로 부동산이요, 사는 집의 크기로 볼 수 있는데 여기에 칼을 대는 것이고 또한 수술을 하면 자연 좁아지게 됩니다. 큰 집 버리고 좁은 집으로 이사 가는 꼴이 되는 것이지요.

또한 부부관계와 남녀 관계를 보는 곳인 처첩궁(妻妾宮)이라고 하는 눈 꼬리부분까지 영향을 미칠 수 있습니다. 따라서 인생 전반기의 수술은 여러 가지 위험을 내포하고 있다고 볼 수 있으므로 주의가 필요합니다.

쌍꺼풀 수술도 일종의 성형수술입니다. 쌍꺼풀 수술이든 다른 부위의 성형 수술이든 무리하지 않는 한 반대할 이유는 없습니다. 몸이나 얼굴의 어느 부위에 흠이 있어 남에게 혐오감을 줄 수 있거나 그렇게까지는 아니라도 그 흠으로 인해 어쩐지 남 앞에 나서기가 멈칫거려진다면 그로 인한 스트레스가 정신적 육체적 건강에도 영향을 줄 수 있고 살아가는데 커다란 방해가 될 수 있기 때문입니다.

다만 객관적으로 봐서 아무 문제가 없는 부위에 무리하게 칼을 대는 것은 바람직하지 못하다는 것입니다.

생긴 대로 산다기 보다 사는 대로 생긴다고 했으니 수술을 해서 밝고 맑은 인상이 되면 인생도 밝고 맑아질 수 있습니다.

꼭 성형수술을 해서 팔자가 달라진다기 보다 자신 없는 부위 때문에 항상 불만이고 주눅이 들어 움츠리다가 수술을 해서 기분이 좋아진다면 생활에서도 자신감이 생길 수 있고 인생의 발걸음이 한결 상쾌하고 가벼워질 수 있기 때문입니다.

옷도 몸에 맞지 않거나 남의 눈에 흉하게 보이면 고쳐 입거나 바꿔 입어야 합니다. 이름도 마찬가지로 그 내용이 좋지 않거나 흉하여 별명거리가 된다면 좋은 이름으로 바꾸는 것이 좋습니다. 성형수술도 이와 같은 맥락에서 이해하면 될 것 같습니다.

역학상으로 어차피 몸에 수술 자국이나 칼을 댈 사주팔자를 타고 났다면 필요한 부위에 성형수술을 함으로 해서 더 큰 수술수를 면할 수 있다고도 봅니다. 팔자에서 수술수라고 하면, 주로 일주에 백호살이나 양인살이 있거나 형, 충이 있는 경우를 말하고 일주에 酉金(칼)이 있는 경우에도 수술수가 있다고 볼 수 있는데 특히 酉金이 식신인 경우에는 그 가능성이 더 커집니다.

이 외에도 수술수가 있는 사주가 있지만 이것이 꼭 무슨 사고를 당하거나 병이 들어 수술을 당하는 것만이 아니고 내가 남을 수술하거나 남에게 칼을 대는 기운도 있습니다. 사주학은 양면학입니다. 의료계에 종사할 수도 있을 것이고 그 외에도 칼을 쓰는 데는 많습니다. 정육점이나 식당의 주방도 칼을 쓰는 곳이기는 마찬가지입니다. 칼이란 생활에 유용하게 잘 쓰면 편리한 것이지만 잘못 쓰면 흉기가 됩니다. 의사가 칼을 잡으면 사람을 치료하여 살리는 칼이 되겠지만 강도가 칼을 잡으면 오히려 사람을 잡는 칼이 되는 것이지요.

세상 만물은 이렇게 사용하기에 따라 다릅니다.

우음수성유사음수성독(牛飮水成乳巳飮水成毒)이라는 말이 있습니다. 소가 물을 먹으면 우유를 생산하지만 뱀이 물을 먹으면 독을 만든다는 말입니다. 만사는 어떻게 활용하고 사용하느냐에 따라 결과가 달라지게 마련입니다.

눈 이야기가 나왔으니 눈에 관한 초특급 비밀 하나 공개 합니다. 미국의 CIA(중앙정보국)에서도 전혀 눈치 채지 못한 내용을 독자님의 고매한 인격을 믿고 은밀히 알려 드리는 것이니 절대 소문내시면 안 됩니다.

대체로 여성의 눈이 크면 유방의 유두(乳頭;젖꼭지)가 큰 경우가 많습니다. 눈이 크면 유방도 큰 경우도 많지만 유방의 크기와 상관없이 유두가 큽니다. 반대로 눈이 작으면 유방의 유두도 작은 경우가 많습니다. 눈이 작다고 유방이 작은 것은 아니지만 유방의 크기와 관계 없이 유두는 대개 작습니다. 못 믿겠으면 당장 대중목욕탕의 여탕으로 뛰어가 보시면 확인할 수 있지만 남자는 불법무기 소지죄로 고발당할 수 있으니 조심해야 합니다.

아기는 엄마의 젖꼭지를 매개체로 해서 영양분을 공급 받습니다. 엄마의 젖꼭지가 작으면 아이의 성질이 신경질적이고 비뚤어질 수 있습니다. 유두를 물고 빨아도 자꾸 빠져 나가므로 짜증이 나는 것입니다. 대책을 세우는 것이 좋습니다.

역학입문

"저도 역학(易學) 공부를 할 수 있을까요?"

팔자 공부를 하고 싶다고 처음 역학원 문을 두드리는 사람은 대개 이런 질문을 하는 경우가 많습니다. 어떤 우연에 의한 계기로 자연스럽게 역학이라는 분야에 관심을 가지게 되는 경우도 있고 소위 신기(神氣) 비슷한 기운을 가지고 있으면서 문을 두드리는 경우도 있습니다. 이 두 가지가 복합적으로 작용하기도 합니다.

물론 역학을 공부할 수 있는 자질과 일종의 신기라고도 할 수 있는 영적(靈的)인 감각이 뛰어나면 이를 두고 금상첨화라고 할 수 있겠지요. 역학의 원리인 이론적 소양과 영감(靈感)을 동시에 가지면 이는 쌍권총을 찬 격이 됩니다. 여기서 영감이라고 하는 것은 꼭 무슨 귀신을 뒤집어 쓴 경우를 말하는 것이 아닙니다. 직관력을 말합니다.

꿈이 잘 맞는다든가 자기 일은 잘 모르면서도 남의 일에 이래라 저래라, 또는 이렇다 저렇다 하고 지껄이면 이상하게도 잘 맞거나 그대로 되는 등의 현상을 주로 말합니다.

이것은 역학이라는 영역에 입문할 수 있는 탁월한 '끼'가 될 수 있고 강력한 '무기'가 될 수 있습니다. 끼라고 하는 것은 그 방면에 재미가 있고 맛을 느낄 수 있는 천성적인 기질이기도 합니다.

직관력이 필요한 이유는 운이 결정을 해주는 것이 아니라 가능성의 범위를 암시해주기 때문입니다. 역술인의 본분은 그 중에서 최선의 선택을 할 수 있도록 카운슬링을 해 주는 것이지요.

음식은 맛이 있어야 합니다. 그리고 영양가가 있어야 하고 또한 경제적이어야 합니다. 잘못하면 배탈이 나기도 하는 등 후회할 수 있습니다. 사랑도 마찬가지입니다. 알콩달콩한 맛(재미;짜릿짜릿한 감정)이 있어야 하고 영양가(진실성, 장래성)가 있어야 하며 건실해야 합니다.

역학이라는 특수한 공부를 하는 것도 역시 음식을 먹거나 연애하는 것과 같습니다. 맛(재미, 흥미)이 있어야 하고 영양가(내용)가 있어야 하며 경제적으로 큰 부담이 되지 않아야 합니다.

대부분의 사람은 이성보다 감성의 지배를 많이 받습니다.

학생은 공부를 열심히 해야 한다는 사실을 너무 잘 알면서도 놀기를 더 좋아 합니다. 따라서 공부도 감정의 계열인 재미가 첨가되어 있어야 한다는 말입니다. 맨날 늦잠만 자던 놈도 수학여행 가는 날 아침에는 절대로 늦잠을 자지 않습니다.

끼가 있는 사람은 재미를 알고 맛을 압니다. 아무리 진수성찬을 차려놔도 배가 부르거나 밥맛이 없으면 허사입니다.

만약에,

공부에 재미가 없거나 맛을 느끼지 못한다면 그 공부는 체질에 맞지 않는 것으로 봐야 하므로 포기하는 것이 좋습니다. 무리해서 억지를 부려봐야 좋은 성과를 기대하기도 어렵고 오히려 정신 건강 뿐만 아니라 몸까지 상합니다.

사주에 그 특성이 나타나기도 합니다. 직관력의 특성입니다. 가끔은 아무리 사주를 뜯어보고 찢어봐도 공부를 해서 될 사람이 아닌데도 공부를 하고 싶다고 찾아오는 경우가 있습니다. 취미로 공부해서 살아가는 소양과 지혜로 삼고 주위에 봉사나 하려는 생각이면 말릴 이유가 없지만 전문가가 되어 이것을 무기로 밥벌이를 하겠다는 등의 심산으로 덤비는 경우에는 답답해집니다.

답답하다는 말은 답이 두 개라는 말 아닌가요? 어느 것이 정답인지 애매하거나 아예 정답이 없다는 말입니다. 그럴 때는 최대한 상대방이 기분 상하지 않도록 이렇게 설명 합니다.

"이 학문은 누구나 공부할 수 있습니다. 그러나 전문가가 돼서 먹고사는 방편으로 삼겠다고 하면 얘기가 달라집니다.

가수가 되려면 음악성과 발산성(發散性)이라고 하는 끼가 있어야 하듯이 어느 분야나 특수한 분야는 다 마찬가지 입니다. 역학이라는 분야 역시 그렇습니다. 내가 보기에는 선생께서 물론 공부를 할 수는 있겠지만 끼가 좀 약해 보여서 솔직히 자신은 없네요. 잘 생각해서 결정하세요."

이렇게 설명하면 얼굴이 붉어지며 화를 내기도 합니다.

"내가 명색이 대학을 나와 공직 생활을 수십 년 한 사람인데 학문이라며 이까짓 거 뭐가 어렵다고 내가 못한다는 말이요!"

등등….

영적(靈的)인 감각과도 연결되는 직관력은 대개 남자보다 여자의 경우에 강하게 나타납니다. 꿈도 여자에게 많이 나타나고 여자의 꿈이 현실과 잘 맞기도 합니다. 음기가 강하기 때문입니다.

줄타기에 능하고 잘 나가는 남자 뒤에는 꿈을 잘 꾸고 잘 맞는 아내가 뒤에 버티고 있는 경우도 많습니다. 지나치면 귀신 집안과 연결되기도 합니다.

귀신을 끌어들여 영적으로 점을 친다는 점술인이나 무속인들에게도 영성(靈性)의 한계가 있습니다. 시간성과 공간성입니다. 이 한계를 벗어나면 어렵습니다. 너무도 신통 방통 꼬부랑통이라고 소문난 무속 점술인도 어느 시간 또는 어느 장소를 벗어나면 캄캄해져 헛소리나 지껄이는 경우가 많습니다.

점보러 갈 때는 아침 일찍 가라고 하지요? 정신이 맑을 때라야 잘 본다는 말인 것 같은데 어떤 점술인은 잘 나가다가 갑자기 오늘은 더 이상 점치지 않겠다고 자리를 거두는 경우도 있습니다.

이정도면 그래도 현명한 사람이라고 봐야 합니다. 더 해봐야 헛소리나 나불대다가 엉터리라는 소문만 나게 되고 영업에 지장만 생길 우려가 크기 때문입니다.

어떤 점술인은 점보러 온 사람에 따라 당신은 보지 않겠다고 선언하고 돌아 앉는 경우도 있습니다. 대개의 점술인들은 주로 작고 매서운 눈매와 험한 말투를 활용한 자신만의 요상한 카리스마(?)를 가지고 우선 상대를 제압부터 하는 경우가 많은데 너무 강한 기(氣)의 소유자를 만나게 되면 오히려 그 기에 눌려 당황할 수밖에 없습니다.

"이실직고(以實直告)하렷다!"가 통하지 않겠다 싶으면 이때는 후퇴작전을 쓰게 되는 것입니다. 한마디로 임자 만나는 경우입니다. 이때 후퇴하지 않고 무리수를 두게 되면 위압적인 자세로 돌변하여 공갈 협박 작전으로 들어갈 수 있습니다.

대개 엉터리일수록 싸래기 밥만 먹었는지, 아니면 콩이 반말인지 팥이 반말인지 아무한테나 반말을 지껄이고 말투가 험하며 표정도 위협적이고 협박적입니다. 무서운 귀신 앞잡이 흉내를 내며 겁을 주는 것이기도 합니다.

이상하게도 사람에 따라서는 이 작전이 오히려 위엄(?)을 보이고 믿음이 가도록 하는 작용을 하기도 합니다.

　종교에도 사이비 종교일수록 불지옥을 들먹거리며 겁을 주고 협박(?)하는 것이 상례로 되어 있지요? 이때 당황하면 당하기 쉽습니다. 차분하고 냉철하게 생각해봐야 할텐데 겁부터 집어먹고 예, 예, 하다가는 자신도 정리가 안된 상태에서 당하고 마는 것입니다. 여유를 잃는 것이고 순리를 놓친 것입니다.

　좀 천천히 가도 좋을 것을 서둘다 낭패 보는 일이 많습니다.

　해변의 아름다운 조약돌은 정이나 망치로 두드리고 다듬어서 만든 것이 아닙니다. 오랜 기간 철썩이는 파도의 부단(不斷)한 쓰다듬음으로 만들어 집니다. 서둘거나 무리해서 망치나 정을 들이대면 돌은 깨집니다.

　무속이나 신점(神占)을 하는 사람은 굳이 표현하자면,

　이승과 저승을 즉, 귀신과 사람 사이를 연결시켜 주는 중개인 역할을 하는 셈인데 귀신과의 연결 끈이 떨어지면 헛소리를 하거나, 아니면 선천적 후천적으로 탁월하게 발달, 발전, 계승된 눈치를 활용해서 위협적으로 돌변하기도 합니다.

　일부 못된 엉터리 무가(巫家)에서는 찾는 사람의 불안한 심리를 이용하여 정신을 못 차리게 뒤흔들어 놓고는 굿을 하라고 꼬드기고 한번 걸려들면 또 하고, 또 하도록 계속 가지고 놀면서 그 가정을 거덜내고는 급기야 자신의 신(神)딸이 되도록 종용하기도 한답니다. 아예 꼼짝달싹 못하는 영원한 종이요, 노예로 만들어버리는 것입니다. 이들은 만사를 굿으로 해결한다고 주장합니다.

　이런 엉터리 사기꾼에게 걸려들어 알거지 되고 쪽박찬 정신 나간 사람까지 있습니다. 물론 일부 엉터리 악덕 점술인이나 사이비 무속인의 행태이기는 하겠지만….

대한민국에 무당이 30만 명 이상이라고 하고 심지어 백만 명에 육박한다고까지 하는 판에 어느 놈이 암까마귀요, 어느 놈이 숫까마귀인지 구별 한다는 것도 거의 불가능합니다. 다들 자신만이 진짜요, 최고의 고수 귀신 앞잡이라고 입에 거품을 물고 주장합니다. 그러면서 또 자신은 무당이 아니라고도 합니다.

대개 여자 무당은 스스로를 보살(菩薩)이라고 하고 남자 무당인 박수는 스스로를 법사(法師)라고도 합니다. 잘은 모르지만,

보살이면 불가(佛家)에서 부처님에 버금가는 성인을 말하거나 성불(成佛)하기 위해 수행하는 불자를 말하는 것 같은데···.

그리고 법사라면 머리를 깎지 않았을 뿐 수행을 많이 해서 스님에 버금가는 그야말로 도가 통한 불자를 말하는 것 같은데···. 신도들에게 아부(?)하느라 그러는지는 몰라도 웬만하면 또 처사, 법사, 보살이라고 불러 줍니다.

어이가 없지만 이것은 일부(?) 엉터리 땡초들의 자업자득입니다. 스스로 무당 짓을 하는 것입니다. 아니,

알고 보면 합법적인 종교라는 것도 사실은 허가난 무당들입니다. 멀쩡하게 잘 먹고 잘 지내는 귀신이나 불러내서 닦달하고 극락 지옥 팔아먹는 짓은 똑 같은지라 같은 업종으로 봐야 합니다.

신점을 하거나 무속인이 아닌 육임점이나 육효점 등 소위 역점을 하는 사람 중에도 귀신을 팔아먹는 이런 사기꾼(?)이 있고 심지어 명리학을 한다는 사람 중에도 철학원이라는 간판을 내 걸어놓고 자기도 만나보지 못한 귀신을 들먹이며 헛소리를 지껄여대는 경우가 많습니다. 당사자들은 부인하겠지만 엄연한 사실입니다.

특히 무섭고 흉한 소리를 하면서 틀림없다는 식으로 일방적인 큰 소리를 펑펑 쏘아대는 사람들입니다. 질문도 허용하지 않습니다. 그

러니 문답도 없습니다. 그저 '예! 예!'만 해야 합니다. 자기 혼자 그 야말로 치질 걸린 바퀴벌레 설사하는 소리를 끙끙대며 잔뜩 늘어놓습니다. 그리고 땡!입니다.

소위 족집게라고 큰소리치는 부류들 중에 이런 사람이 많은 것 같은데 족집게 노릇도 아무나 하는 게 아닙니다.

배짱과 눈치가 적어도 9단 이상은 돼야 하고 얼굴에 두꺼운 철판을 깔아야 합니다. 자기 딴에는 잔머리 굴려가며 함부로 족집게 흉내 내다가 헛다리 잡으면 뒤를 수습하기 어려워 감당이 안될 수도 있을 것이고, 신통한 도사 소리 들으려고 무리하다가 아주 바보 될 수도 있을 것 같은데 이들에게는 아무렇지도 않은 그냥 일상사일 뿐입니다. 두부 먹다가 이빨 내려앉을 소리를 하고도 뻔뻔스럽게 둘러 댑니다.

따라서 이들의 첫째 덕목으로,

헛소리를 늘어놓고도 눈 하나 깜짝하지 않는 배포가 있어야 하고, 얼굴에 두꺼운 철판을 깔아야 합니다. 또한 교묘하게 돌리는 잔머리에 유창한 말솜씨까지 곁들여야 합니다.

그리고 무엇보다도 순간적으로 돌아가는 눈치가 비상해야 합니다. 좀 좋게 표현하면 탁월한 순발력입니다.

이조시대만 해도 공식적으로 나라의 일을 점치는 국무(國巫)라는 무속인이 있어 임금님의 상담자 내지는 조언자가 되어 그런대로 대접을 받았다고 하고 지금도 유명한 어느 무속인은 인간문화재로 나라에 등록되어 세금으로 월급까지 받아먹고 있다고는 하는데,

어쩌다 대다수 무속 점술인들이 이렇게 됐는지 안타깝습니다.

모르는 것은 부끄러운 것이 아닙니다. 다만,

알려고 하지 않거나 배우려고 하지 않는 것이 부끄러운 것이고

모르는 것을 아는 것처럼 위장하는 것이 부끄러운 것이지요.

혹시라도,

알면서 그것을 밑천으로 무서운 칼을 휘두른다면 또한 천벌 받습니다. 긍정적으로 잘 활용하면 우리의 소중한 문화유산이 되는 것이고 부정적으로 잘못 활용하면 사기꾼들의 놀이터요, 장난이 되는 것이고···.

상담은 문답이 있어야 합니다. 그래야 길을 찾을 수 있고 앉을 자리를 찾습니다. 이런 이야기가 있습니다.

성질 더러운 어느 부자가 병이 들어 의사를 불러 왔더랍니다.

의사가 와서 어디가 아픈지 물었더니 환자가 짜증을 내면서 이렇게 투덜댔습니다.

"이보시오. 그걸 알아내라고 당신을 부른 거 아니요?"

그 말을 듣고 잠시 생각하던 의사가 이렇게 말했습니다.

"알았습니다. 제가 잘못 온 것 같군요. 잠깐 어디 좀 다녀와야겠습니다. 가서 수의사 친구를 데려 오겠습니다. 물어보지 않고 환자를 진찰할 수 있는 의사는 그 친구 뿐이니까요."

잔머리 굴리지 말고 큰머리를 굴리는 성실한 자세를 가져야 합니다. 진정한 영성(靈性)을 가지려면 선성(善性)을 갖추고 봉사 정신과 남에게 이익을 주는 마음가짐부터 갖추어야 합니다. 그렇지 않으면 운명이나 귀신을 빙자해서 돈벌이에 눈이 먼 장사꾼에 불과 합니다. 사기꾼입니다. 이렇게 되면 대개 말로가 비참해지거나 그 영향이 후손에게까지 미치기도 합니다.

모름지기 역학이라는 것은 역술이든 점술이든 제대로 배우고 익혀서, 굿덕(德)이나 부적덕(德)을 베푼답시고 아무나 붙잡고 돈으로 흥정하지 말고 언덕(言德)을 베푸는 것이 도리입니다. 말의 표현이 중요하다는 말입니다.

　선(善)이란 원칙적으로 남에게 이로운 것이고, 악(惡)이란 원칙적으로 자신에게 이로운 것입니다. 남에게도 이롭고 자신에게도 이로운 자리타리(自利他利)의 정신을 가지면 가장 바람직하겠지요. 너 좋고, 나 좋아야 합니다.

　누이 좋고, 매부 좋아야 합니다. 현대적인 표현을 빌리자면 윈윈(Win Win)의 상생 정신입니다.

　진정한 도인이 되려면 맨땅을 침대 삼고 하늘을 이불 삼을 정도의 자세는 되어야 할 것이나 거기까지는 바라지 않더라도,

　활인활생(活人活生)이라는 최소한의 역리학술(易理學術)적 기본 개념은 가지는 자세가 필요한 것이지요. 이런 소리 하면 하품하는 사람이 있을지 모르지만, 덕(德)을 쌓아야 합니다. 콩 심은데 콩 나고, 팥 심은데 팥 나는 법입니다.

　물론 완전한 사람은 없습니다. 따라서 완전한 팔자도, 사주도 없습니다. 절대란 절대로 없습니다. 특히,

　누구도 출생과 죽음을 스스로 주관(主管)할 수는 없습니다.

　그것은 인간의 영역이 아니기 때문입니다.

　정신세계에서 일어나는 신병(神病), 또는 무병(巫病)이라고 하면 서양 의학적으로는 정신 질환입니다. 그런데 약도, 치료 방법도 없습니다. 이것이 문제입니다.

　귀신이 있는지 없는지 허당(虛堂)은 허당(虛堂)이라 모릅니다. 없다고 할 수도 없고, 있다고 할 수도 없는 입장입니다. 틀림없이 있다고 주장해도 아니라고 자신할 수가 없고, 전혀 없다고 주장해도 아니라고 자신할 수가 없습니다.

　모르는 것이지요. 귀신이 있는지 없는지…. 문제는,

이 무병 또는 신병이라는 것이 현실적으로 엄연히 있고 이것을 정신질환일 뿐이라고 주장하는 의사도 이 질병에 대해 뾰족한 대책이 없다는 것이 문제입니다. 질병이면 치료 방법이 있어야 하는 것 아닌가요? 발생한지 얼마 되지 않은 새로운 병종 같으면 또 모르겠으나 수천 년 전부터 내려온 질병이라면 지금쯤은 무슨 치료 방법이 있어야 합니다. 인간의 질병 중 가장 역사가 오랜 질병이 정신병과 성병이라는데….

그런데 병원에서도 대책이 없는 이 '질병'이 병원 외적인 처방으로 조용해지는 경우도 있으니 이런 현상을 과연 어떻게 해석해야 할까요? 정신과 의사는 일시적인 현상이라는 등 나름대로의 변명을 내놓고 있지만 사실은 그렇지 않은 경우도 심심찮게 나타납니다.

허당(虛堂)도 이런 대목에서 답답해집니다.

귀신(鬼神) 이야기가 나왔으니 어느 인류학자가 분석했다는 귀신의 등급을 잠깐 살펴보겠습니다. 7등급으로 나누었습니다.
① 가장 높은 지위의 귀신은 천신(天神) 계열의 귀신으로 제석(帝釋), 천존(天尊), 일월성신(日月星辰), 칠성(七星), 불사(佛師) 등이랍니다. 이 귀신들은 '하늘'에 근원을 두고 있어 최고의 권위와 영험을 지니고 있는 것으로 받아들여진답니다. 귀한 귀신(貴神)이라는 말이지요.
② 그 다음으로는 본향(本鄕) 귀신인데 조상 등의 산신(山神)계통이랍니다. 이들은 각 지역에 오랫동안 뿌리를 내려온 '토착세력'으로 주민들의 주체성과 정체성의 반영이기 때문에 영향력이 크다고 본답니다.
③ 셋째는 유비, 관우, 장비, 제갈공명 등 중국에서 건너온 외래(外來) 신령들로 대부분 별도의 건물에 모셔지기 때문에 전내신(殿內神)이라고도 불립니다. 말하자면 외국산 수입 귀신들입니다.
④ 넷째는 최영, 임경업, 신립 등 우리 고유의 장군신(將軍神)이랍니다.
⑤ 다섯째는 집을 지켜주는 성주, 마을이나 나라를 지켜주는 군웅(軍雄) 등 가택신(家宅神) 계열이랍니다.
⑥ 여섯째는 터주, 서낭, 지신할매 등 잡귀(雜鬼), 잡신(雜神) 계열입니다.
⑦ 그리고 일곱째는 시왕, 넋대신, 사자 등 짐승과 관련된 귀신들입니다.
계급이 높을수록 젯상을 받을 때의 대접이 달라지는 등의 차별이 있을 수밖에 없는데 신을 부를 때 부르는 신가(神歌)도 다르다고 하

니 그 영향력 또한 다를 수밖에 없겠지요.

특히 우리나라에서 서식(?)하는 귀신 중에서 가장 무섭고 앙칼진 귀신이 장가 못가고 죽은 '몽달귀신'과 시집 못가고 죽은 처녀 귀신인 '손각시귀신'이라고 하지요? 그래서 독신자의 시신을 매장할 때는 귀신이 관(棺) 밖으로 튀어 나오지 못하게 가시덤불로 관을 싸서 묻거나 관을 거꾸로 세워서 묻기도 했답니다. 시집 장가도 못가보고 죽은 귀신이 품는 한(恨)이 그만큼 무섭다는 말인 것 같습니다. 그렇다고 합니다.

여기서 특별히,

귀신을 무서워하는 독자님에게 허당(虛堂)이 연구한 결과를 자신 있게 발표합니다. 귀신이 있다고 해도 지금은 특히 도시 지역에는 귀신이 대부분 사라지고 없습니다.

귀신은 어두운 밤에 활동하는데 도시는 밤낮으로 휘황찬란한 밝은 불빛으로 뒤덮여 안전하게 숨을 곳도 없고 마음 놓고 밖으로 나돌아 다닐 수가 없어 모두 떠나고 갈 곳 없는 일부 무능하고 멍청한 귀신들만 겨우 골방 구석에 쳐 박혀 덜덜 떨고 있습니다.

물론,

농어촌 지역에도 불빛이 많아져 귀신의 숫자가 확연히 줄었습니다. 안심해도 좋습니다.

모르긴 해도,

이렇게 귀신이 귀하다보니 무속인이나 땡초들이 귀신을 불러내는 데 애로를 좀 겪고 있을 것으로 보입니다.

따라서 귀신값은 올라가고….

점값도, 굿값도 덩달아 올라가고…….

역학이라는 학문이 옛날에는 고급 학문이었습니다.

내용이 워낙 어렵기도 하지만 글을 아는 사람도 적어 귀신 앞잡이인 일반 무속 점술처럼 아무나 할 수 있는 분야도 아니었습니다. 요즘은 연구하는 사람도 많고 그 활용도가 크게 확산되는 추세이면서도 아직도 미신이라는 인식에서 크게 벗어나지 못하고 있는 것도 사실입니다. 물론,

엉터리들의 장난이 어두운 이미지를 심는데 한몫 했을 것입니다. 역학을 잘못 이해한 탓입니다. 자연 환경을 바탕으로 한 이치학을 글자 놀음으로 이해하거나 보이지 않는 무슨 귀신의 장난쯤으로 오해한 탓입니다. 환경은,

기후의 조화요, 하늘과 땅의 기운 조화입니다. 모든 생명의 고향이요, 삶과 죽음의 터전입니다. 같은 씨앗이라도 물과 햇볕이 풍족한 기름진 옥답에 심어 자란 것과 물과 햇볕의 조화가 깨진 척박한 황무지에서 자란 것과는 다릅니다.

특히 주역을 비롯해서 계열에 속하는 사주명리학 등의 역학은 인생을 푸는 고등 수학이요, 자연 과학이요, 인문 과학입니다. 하긴 일반 수학이라는 것도 우리에게 그렇게 가까운 사이는 아닌 것 같지요? 세상이 갈수록 복잡하고 어지러워 수학이 더욱 필요한 시대이고 특히 고등 수학의 수요가 많아진 시대인데도 학교에서는 여전히 수학이 기피 과목 제 1순위에 버티고 앉아 있습니다.

허당(虛堂)처럼 작은 나무 한그루를 더듬으며 거대한 숲을 아는 척 허세를 부리는 뻔뻔한 사람도 여기 저기 참 많지요?

역학 공부가 어렵고 지루하다는 점을 악용해서 쉽고 편리하도록 공식화 된 컴퓨터 CD로 만들어 팔아먹는 사기꾼 장사도 있고 여기에 현혹되어 제대로 된 최소한의 기본 소양이나 지식조차 없이 그

CD 한 장을 사서 무슨 비결이라도 담긴 보물이나 되는 양 거창한 간판을 걸고 도사 노릇하는 간 큰 사기꾼도 있답니다.

공부를 좀 했다는 사람들도 마찬가지입니다. 역학의 고전(古典)에 인용된 수백 년, 수천 년 된 중국사람 팔자를 중심으로 그 당시의 시대에 맞추어 그야말로 고전적으로 클래식하고 유식하게 구름 잡는 식의 해석을 하는 경우가 많습니다.

시국이 어느 시국인데….

아날로그 시대에나 쓰던 틀을 디지털 시대에 들이대는 꼴이지요. 그때는 맞았지만 지금은 틀릴 수가 있습니다. 아니, 틀리는 경우가 많습니다. 물론 그때는 틀렸지만 지금은 맞을 수도 있기는 합니다. 운명에 변수가 많듯이 운명을 해석하고 감정하는 내용과 과정도 시대와 환경에 따라 변수가 너무 많습니다. 정답이 없는 경우도 많습니다.

역학 이론을 전달해서 가르친다는 이런 저런 엉터리들에게 더 큰 문제가 있기는 하지만 아무 생각 없이 따라가거나 무조건 쉽고 편리한 쪽만 찾으려고 하는 입문자들에게도 문제가 있습니다.

간단히 배워서 특히 밥벌이를 하려고 한다면 그 자세부터 도둑놈 심보가 깔려 있다고 봐야하며 사기꾼이 될 각오를 했다고 밖에 볼 수 없습니다. 짧은 밑천으로 시중에 나와 있는 교재 한권 들고 알아듣지도 못할 소리로 가르친답시고 자기도 제대로 이해하지 못하는 문자를 줄줄 읽어 주면서 입문자들을 농쳐먹는 경우가 많습니다. 심지어,

어디서 몇 개월 배워가지고 거창하게 자신을 위장하고 포장해서 다른 사람을 가르치겠다고 덤비는 웃지 못할 일들이 벌어지기도 합니다. 역학책이라는 것은 또 어떤가요.

음양오행학 '입문서'라며 책을 썼다는 자기 자신도 무슨 소린지 모르는 그야말로 우주적 이론을 어디서 잔뜩 베껴다가 나열해 놓은 경우가 많습니다.

'입문서'라면 초보자에게 걸맞는 책이라는 말인데….

세상 참 묘하게 돌아갑니다. 사주명리학은 단순한 학문(學問)이 아니고 학술(學術)입니다. 학(學)과 술(術)의 조화로 이루어집니다. 비유가 맞는지는 모르지만 학(學)은 하드웨어에 비유할 수 있을 것이고, 술(術)은 알파고 이상의 초고성능 소프트웨어에 비유할 수 있을 듯도 합니다. 학문적인 이론과 그에 대한 응용까지 포함되어 있다는 말입니다. 외워서 되는 것도 아니고 공식대로 풀리는 것도 아닙니다. 응용이 따라야 합니다. 그래서 어렵습니다. 그래서 난해한 면이 많습니다. 그래서 도학(道學)이기도 합니다.

하도 어렵고 난해한지라 같기도(道)라는 별칭까지 붙었습니다. 이것 같기도(道)하고, 저것 같기도(道)하고….

그런 것 같기도(道)하고, 그게 아닌 것 같기도(道)하고….

성경(聖經)에 소경(맹인)이 소경(맹인)을 인도하면 구렁텅이에 빠진다는 구절이 있습니다. 봉사가 봉사를 인도한다는 말이니 엉터리가 엉터리를 가르치는 꼴이 되는 것입니다.

풍수지리 용어에 '서자서(書者書) 산자산(山者山)'이라는 말이 있습니다. 책은 책대로 산은 산대로 따로 논다는 말인데, 이론과 실제가 맞지 않는 제멋대로를 일컫는 말입니다. 엉터리를 말하는 것입니다.

역학이라는 것은 눈에 보이지 않는 감추어진 이면을 보는 것입니다. 단순히 글자 돌림으로 되는 건 더더욱 아닙니다. 무엇보다도 가장 중요한 것은 마음이 맑고 밝아야 합니다. 그래야 길이 보이고 선성(善性)을 베풀 수 있습니다.

나름대로 공부하고 연구해서 세상에 펼쳐보겠다고

철학원이라는 간판을 멋들어지게 걸어 놓고는 폼 나는 자세로 앉아 손님을 기다립니다. 그런데 걱정입니다.

과연 손님이 오기나 할지 그것이 걱정입니다. 한편으로는 손님이 온다고 해도 걱정입니다. 막상 손님을 앉혀 놓고 무슨 말을 어떻게 해서 풀어나가야 할지….

잘못해서 엉터리라는 소리를 듣지나 않을지….

상상만 해도 긴장이 되고 등줄기에서는 벌써 땀이 나기 시작합니다. 오금이 저리기도 하고 없던 두통이 생겨 머리가 아파오기도 합니다. 차라리 손님이 오지 않았으면 좋겠다는 황당한 기대(?)까지 해 봅니다. 이것이 대개 초보 도사가 만나는 첫 관문입니다.

남의 팔자를 감정하는 입장에서도 취미로 공부해서 그냥 감정하는 것과 전문가라는 간판을 앞세워 상담비를 받고 영업적으로 감정하는 것과의 사이에는 우선 심리적으로 큰 차이가 큽니다.

사주가 너무 약해 심약한 사람은 임자 만나 호되게 한번 당하고 나면 그 자리에서 바로 전신 마비 상태에 빠지고 졸도할 수도 있습니다. 최소한 부분 마취 상태라도 빠집니다. 충분한 실력을 갖추어 내공이 쌓이면 물론 무서울 것도 없지만….

무속 점집이나 철학원이나 주로 여자 손님들이 많습니다.

이들에게는 적당히 맞장구를 쳐 주면서 이야기를 들어 주는 것도 중요합니다. 여자는 조잘조잘 말하기 위해 태어난 동물입니다. 질문도 답도 필요 없고 그냥 시원하게 쏟아내려고 찾는 사람도 많습니다. 주로 서방이나 시어미가 난도질을 당하는데 자식 문제도 많습니다.

여자가 입을 닫으면 화병이 생기고, 속병이 생기고, 우울증이 생깁니다. 따라서 하소연하러 와서 하소연하고 나면 속이 시원해져 만병이 치료 되는 경우도 많습니다. 이것도 활인활생(活人活生)입니다.

사주명리학(四柱命理學)은 자연이치학(自然理致學)이라고 했지요? 따라서 주술(呪術)적으로 보면 위험합니다.

옛날의 고답적인 이론으로 보거나 이상한 술법을 자꾸 갖다 붙이면 오류가 많아지게 됩니다. 신살도 그렇지만 종격(從格)이라는 이론도 그렇고, 조자시(朝子時) 주자시(晝子時)로 子시를 구분하는 것도 마찬가지입니다.

사주를 세울 때 동지를 한해의 시작으로 봐야 한다는 주장도 있습니다. 종격이란 현대의 실정과는 맞지도 않는 고전 이론일 뿐입니다. 子시를 한 시간씩 나누어 봐야 한다거나 동지를 새해의 시작으로 봐야 한다는 등도 일견 그럴 듯해 보이기는 합니다.

왜놈들이 통치하던 시절 우리나라 국민의 평균 수명이 50세가 안 됐다고 하는데 지금은 80세를 넘나들고 백세를 바라본다지요? 아니, 150세를 살 수 있는 사람이 이미 태어났다고까지 합니다. 옛날에는 못 먹고 헐벗어서 병들어 죽었지만 지금은 너무 잘 먹고 편해서 병들어 죽는 세상입니다.

팔자 공부도 마찬가지입니다. 죽은 지 수백 년 수천 년 된 옛날의 중국 사람들 사주로 가득 채워진 책을 놓고 이러쿵 저러쿵 백날 더듬거려 봐야 답을 찾기 어렵습니다. 해석의 방향이 달라져야 합니다. 거기다 이 책은 이 말하고 저 책은 또 저 말합니다. 이 사람은 이 말하고 저 사람은 저 말합니다. 같은 책에서 같은 사주를 놓고도 전혀 다른 엉뚱한 소리를 하는 경우도 많습니다. 책을 쓴 놈조차 자기가 써 놓고도 무슨 말인지 모르는 경우도 허다합니다. 그냥 남의 책을 줄줄이 베낀 탓입니다. 그래서 짜증이 나기도 하고 열 받아 이 놈의 골치 아픈 공부를 아예 엎어버릴까도 생각해봅니다. 성질만 더 러워지기 딱 좋습니다. 물론,

　기계도 사용설명서대로 쓰면 수명도 길어지고 성능도 좋아지게 마련입니다. 그러나,

　2017년도에 만들어져 첨단 전자 부품으로 떡칠을 한 자동차를 분해하면서 수십 년 전에 만들어져 전기와 기름과 물만 있으면 굴러가던 포니 자동차 설명서를 펼쳐놓고 더듬을 수는 없습니다. 자동차가 달릴 도로 사정도 마찬가지입니다.

　옛날에는 흙길 자갈길 뿐이었지만 지금은 흙길 자갈길은 구경조차 하기 어렵습니다. 불과 몇 십 년 사이에 천지가 개벽할 만큼이나 환경이 바뀐 것입니다. 첨단 디지털 시대에 살고 있는 사람의 사주를 해석하면서 구식 아날로그 시대에 만들어진 이론을 고집할 수는 없는 것이지요.

　사주명리학은 귀신학(鬼神學)도 무당학(巫堂學)도 아닙니다. 통계학은 더욱 아닙니다. 고차원의 자연 이치학입니다.

　자연이 순환되는 계절적인 자연 환경을 바탕으로 한 자연 과학입니다.

　어느 어리석고 멍청한 선비가
　용하다는 관상쟁이한데 점을 치러 찾아갔습니다. 그런데,
　관상쟁이는 방안으로 들어서는 선비를 가만히 쳐다보더니 기겁하듯 깜짝 놀라며 갑자기 넓죽 엎드려 절을 하면서 덜덜 떨리는 목소리로 이렇게 말했습니다.

"황제지상(皇帝之相)이옵니다."

이 말을 들은 선비는 자신의 귀를 의심 했습니다.

"뭐? 뭐라구요? 내가 황제가 될 상이라구요?"

"예, 틀림없습니다."

"도대체 나의 어디를 보아 황제의 상이란 말이오?"

선비가 관상쟁이에게 바짝 다가앉으며 물었습니다.

그제서야 관상쟁이는 머리를 푹 숙인 채 엎드려 벌벌 떨고 있던 고개를 조심스럽게 들어 선비의 얼굴을 자세히 살펴보았습니다.

그런데? 아뿔싸, 이런! 이런!

다시 보니 그 선비의 상은 황제의 상이 아니라 굶어죽을 아사지상(餓死之相)이었습니다. 잘못 본 것입니다. 착각한 것이 속으로 부끄럽기도 하고 굶어죽을 놈한테 덜덜 떨면서 절까지 한 것을 생각하니 부아가 치밀었습니다. 그러나 이왕 이렇게 된 바에는 복채라도 두둑이 뜯어낼 속셈으로 아무렇게나 되는대로 지껄이기 시작 했습니다.

"손님의 눈은 양의 눈이요, 코는 돈비(豚鼻)요, 입은 양의 입이요, 귀는 부채귀입니다. 그러니 손님의 얼굴에는 두 곳이나 양의 상이 있습니다. 한자의 양(羊) 글자에서 뿔을 뽑아 버리고 꼬리를 잘라 버리면 무슨 글자가 남습니까?"

"그야 왕(王)자가 남지요."

"바로 그것입니다. 얼굴에 왕자가 둘이 있으니 그게 어디 보통상입니까? 왕의 할애비가 되고도 남음이 있지요."

"허허, 듣고 보니 그렇군요. 그런데 다른 것은 알아듣겠는데 '돈비'는 무슨 뜻이지요?"

"글자 그대로 돼지 코입니다. 황제가 되니 먹을 것이 풍족하다는 뜻으로 해석하는 것이지요."

멍청한 선비는 흡족한 나머지 복채를 두둑이 주고 집으로 돌아왔습니다. 그리고 당장 그날부터 책이라는 책은 몽땅 보자기에 싸서 엿과 바꿔먹어 버리고 아랫목에 발랑 드러누워 황제가 되는 날만을 손꼽아 기다리고 있었습니다. 그러니,

본시 많지도 않던 살림살이는 점점 바닥이 나기 시작했는데 게다가 마침 흉년까지 들어 영락없이 굶어죽게 되고 말았습니다.

몇날 며칠을 굶어 눈앞이 어지럽고 가물가물하여 숨을 쉴 힘조차 없는 지경에 이르자 아들을 불러 앉혀놓고 마지막 유언을 했습니다.

"태자(太子)는 듣거라. 그리고 황후에게 여쭈어라. 짐(朕)이 지금 붕(崩)하신다고."

뜻을 펼치려면 그에 걸맞는 준비를 해야 합니다. 그리고 운을 기다려야 합니다. 복권에 당첨될 수 있는 운을 만나거나 복권에 당첨될 꿈을 보았다고 해서 그냥 복권에 당첨되는 것은 아닙니다.

복권을 사야 당첨이 되든지 말든지 하는 것이지요.

준비와 더불어 부딪치는 실천입니다.

귀신 장사

생긴대로 산다고 합니다. 일단 맞습니다.

그러나 꼭 그렇지도 않습니다. 사는 대로 생긴다고 볼 수도 있습니다. 그것이 희망적 관점이기도 합니다.

특히 '얼굴'은 정신인 영혼(얼)의 통로, 즉 터널(굴)이랍니다.

그래서 얼굴은 마음을 들여다보는 거울이 됩니다.

얼굴을 인생 계급장이라고도 하지요? 그 사람의 개인 역사가 담겨 있다는 말이기도 합니다.

얼굴에서 지나간 역사만 보는 것은 아닙니다. 지나간 역사도 볼 수 있지만 앞으로 맞이할 미래도 얼굴에서 볼 수 있습니다.

관상을 보는 것은 사주를 보는 것과 같습니다.

사주를 봐서 운명을 개선할 수 있는 길을 찾을 수 있다는 희망을 보듯이 관상을 보고 운명을 개선할 수도 있다는 뜻입니다.

표정이 맑고 밝으면 그 역사도 맑고 밝았을 수 있고, 미래 또한 맑고 밝을 수 있습니다. 단정한 인상을 가진 사람은 정직하고 배신을 하지 않을 것 같은 느낌을 줍니다. 실제로 그 느낌 그대로인 경우가 많습니다. 따라서 인상을 맑고 밝게 하는 노력이 필요 합니다.

예를 들어,

지하철 공사장이나 아파트 공사장 같은 곳에 가보면 여러 노무자들 중에 유달리 인상을 많이 찌푸리고 죽지 못해 하는 것처럼 짜증스럽게 일하는 사람이 있습니다. 태도도 불성실합니다. 입에는 불평불만과 욕지거리를 달고 다닙니다.

어떤 사람은 자기가 무슨 위대한 철학자라도 되는 양 인류의 고통을 혼자 몽땅 짊어진 듯한 표정을 합니다. 걱정도 태산입니다. 심지어 남의 걱정까지 끌어안고 끙끙대는 멍청이도 있습니다. 이런 사람은 대개 만년 그대로 노가다 판입니다.

반면에,

힘든 노가다 일을 하면서도 표정이나 행동이 항상 밝고 활기찬 사람이 있습니다. 일을 해도 긍정적이고 능동적으로 합니다. 이렇게 밝고 활기차게 일하는 사람은 그 바닥에서 최소한 십장이라도 됩니다. 더 발전하면 건설회사 사장도 되고, 회장도 됩니다.

허당(虛堂)의 학원 앞에 24시간 영업을 하는 선술집이 있었습니다. 알고 보니 대부분의 손님들이 노가다들입니다. 사흘들이 싸움질이 벌어져 백차가 출동한다고 하는데 아침 일찍부터 술손님들이 어울려 막걸리나 소주잔을 기울이고 있습니다. 새벽에 나와 하루살이 일자리를 얻지 못한 사람들끼리 어울려 술이나 마시고 있는 것입니다.

지나다니면서 대충 살펴 본 바로는 무슨 걱정들이 그렇게도 많은지 한결같이 얼굴 모습부터 찌들어 있습니다. 좀 심하게 표현하면 찌그러진 개 밥그릇 엎어놓은 꼴들을 하고 있습니다.

일거리를 놓쳤으면 바로 집으로 가서 마누라 엉덩이라도 쓰다듬어 주며 위로를 하거나 설거지라도 거들어야 되는거 아닌가요? 이런 인간들에게 온갖 행운이라는 행운을 모조리 긁어다가 모아 준다고 해도 그 밥에 그 나물입니다.

걱정도 팔자라는 말이 있는데 사실은 걱정의 96%는 미래에 일어나지 않을 것이라는 어느 학자의 말을 들은 적이 있습니다.

걱정을 해도 생산적인 걱정을 해야 합니다.

찌들리고 쪼달리는 인상은 인생을 찌들리고 쪼달리게 합니다.

어려운 일을 하거나 어려운 입장에 처해 있을수록 밝고 긍정적인 사고와 언행이 필요합니다. 유쾌(愉快), 상쾌(爽快), 통쾌(痛快)한 삶은 행운을 부릅니다. 부정적인 사고가 지배하면 바닥부터 밑도 끝도 없이 꼬이게 마련입니다.

허당(虛堂)이 직장생활을 하던 때의 경험입니다.

운전기사로 입사한 한 젊은이는 항상 밝고 명랑한 표정으로 재미가 나서 죽을 것 같다는 태도로 열심히 일을 찾아다니는 스타일이었습니다. 누구나 좋아하지 않을 수 없는 사나이입니다. 회사 간부가 눈뜬 봉사거나 멍텅구리가 아닌 한 그런 사람을 운전이나 하도록 썩혀 버릴 리가 없지요. 그는 현재 회사의 중책을 짊어진 중역으로 승진해 근무하고 있습니다.

또 다른 운전기사가 있었습니다.

이 친구는 틈만 나면 일하는 사람들 사이로 어슬렁거리고 다니며 농담이나 지껄이고 아니면 차안에 들어앉아 낮잠이나 자는 것이 일과였습니다. 들은 바에 의하면 최근까지도 무슨 덤프트럭인가를 운전하며 어려운 생활을 하고 있다고 했습니다.

"언젠가 할 일이면 오늘 하고 누군가 할 일이면 내가 한다."

성공한 사람들은 이 원칙에 충실 합니다. 그 반대로 나가면 불쌍한 인생이 되어 바닥을 떠돌 수밖에 없습니다.

불쌍하다의 불쌍(不雙)은 '쌍(雙)이 아니라(不)'는 말이니 둘이 아니라 혼자라는 말이기도 합니다. 혼자는 외롭고 쓸쓸합니다. 불성실한 사람을 도와줄 사람은 없습니다.

따라서 그런 사람은 혼자일 수밖에 없고 불쌍(不雙)한 사람이 될 수밖에 없습니다. 이런 사람은 주위에 친구나 가까운 동료가 있다고 해도 똑같은 놈들 뿐입니다.

긍정적인 사람과 어울리면 자신의 인생도 긍정적으로 변할 수 있습니다. 부정적인 사람과 어울리면 자신도 부정적인 사람이 되기 쉽습니다. 대개 되는 놈은 되는 놈끼리 어울리고, 안 되는 놈은 안 되는 놈끼리 어울립니다. 끼리끼리 어울리는 '끼끼법칙'에 의한 유유상종(類類相從)입니다.

밝고 긍정적인 표정과 언행으로 밝고 긍정적인 사람과 친해야 합니다. 그리고 태도도 명쾌해야 하고 걸음걸이도 상쾌해야 합니다. 똥밭에 앉으면 똥파리만 모여들고 꽃밭에 앉으면 꿀벌과 꽃나비가 모여들게 마련이라고 했지요? 물론 대책 없이 긍정적인 사고만 너무 지나쳐도 문제가 될 수는 있겠습니다.

그런 예로 농담 한마디 전합니다.

어느 날 아들놈의 성적표를 받아보니 전 과목이 모조리 '가'인데 맨 마지막의 체육 한 과목에만 '양'이라는 도장이 꽉 찍혀 있더랍니다. 너무도 반갑고 감격한 나머지 아들놈에게 한마디 했답니다.

"사랑하는 아들아. 체육 한 과목에만 너무 치중하는 거 아니냐?"

이것도 긍정적인 사고의 하나일까요?

레오날드 다빈치는,

예수가 수난을 당하기 전날 밤 12제자와 만찬을 하는 장면을 그리게 되었더랍니다. 다빈치는 예수의 모델을 찾기 위해 로마 시내 구석구석을 헤매고 다녔습니다. 그러던 어느 날,

변두리의 한 교회에서 기도하는 청년을 보게 되었습니다. 기품 있는 얼굴과 빛나는 눈동자에서 뿜어 나오는 위엄과 광채는 다빈치의 마음을 사로잡기에 충분 했습니다. 다빈치는 그 청년에게 예수의 모델이 되어 줄 것을 간곡히 청하게 되었고 마침내 그 청년을 모델로 하여 예수의 상을 그리게 되었습니다.

그림이 완성되자 다빈치는 그 청년에게 충분한 사례금을 주려고 했습니다. 그러나 청년은 사양하면서

"저는 돈을 바라고 선생님의 모델이 된 것이 아닙니다. 다만, 길이 남을 예술품이 탄생하는데 조금이라도 도움이 되었으면 하는 마음에서 모델이 되었을 뿐입니다."

하고는 홀연히 떠났습니다. 다빈치는 청년의 마음씨에 감복하여 그림을 그리기에 더욱 혼신의 힘을 다한 끝에 여러 해 만에 예수를 비롯한 11제자의 상을 모두 그렸습니다. 이제 마지막 남은 것은 예수를 팔아먹다는 배신자 유다였습니다.

그러나 유다의 모습은 도무지 상상이 되지 않았습니다.

다빈치는 고민 끝에 유다의 모델을 찾아 또 다시 로마 시내를 뒤지며 돌아 다녔습니다. 그러던 어느 날,

범죄와 마약 환자의 소굴인 뒷골목에서 마침내 유다의 모델로 적합한 사람을 찾게 되었습니다. 한눈에 봐도 마약과 알코올 중독자였습니다. 뿐만 아니라 온갖 나쁜 짓을 다 저지르고 다닐만한 비열한 모습이었습니다. 다빈치는 그 사나이에게 다가가서 모델이 되어 줄

것을 부탁했습니다. 그러자 그 사나이는 희멀건 눈을 치켜뜨면서 돈만 준다면 못할 것도 없다고 했습니다.

다빈치는 모델료를 많이 주기로 하고 그 사나이를 화실로 데리고 와서 유다를 그리기 시작하여 며칠 후 유다의 모습이 거의 완성될 무렵이었습니다. 모델 자리에 앉아 있던 사나이가 갑자기 닭똥 같은 눈물을 줄줄 흘리며 울기 시작했습니다. 영문을 모르는 다빈치가 당황하여 이유를 묻자 사나이는 겨우 울음을 삼키며 조용히 입을 열었습니다.

"선생님, 정말 부끄럽습니다. 저는 선생님이 처음 이 그림을 그리실 때 예수의 모델이 되었던 바로 그 사람입니다."

"예? 아니, 뭐? 뭐라구요?"

깜짝 놀란 다빈치가 소리를 지르며 사나이의 얼굴을 뚫어지라 쳐다보았습니다. 그러자 사나이는 다시 입을 열었습니다.

"아마 믿지 못하실 것입니다. 그러나 분명히 저는 그때 그 사람입니다. 그 후 저는 도박에 빠졌고, 술과 마약까지 입에 대기 시작하여 온갖 더럽고 나쁜 짓을 다하다가 결국 이런 몰골이 되고 말았습니다."

사나이는 말끝을 다 맺지도 못하고 다시 흐느끼기 시작 했습니다. 다빈치는 그제서야 지난날 그가 예수 모델이었을 때의 모습을 어렴풋이나마 찾아볼 수 있었습니다.

"정말 알 수 없는 것이 인간의 운명인가 보오. 그러나 후회한들 무슨 소용이 있겠소. 이제라도 지난날의 예수 모습으로 돌아갈 수 있도록 노력 한다면 아마 하느님도 용서하실 것이오. 자, 이제 울음을 그치시오."

하며 그림을 마저 그리기 위해 붓을 들었습니다.

마음하나 열면 거기가 극락(極樂)이요

마음하나 닫으면 거기가 지옥(地獄)이랍니다.

사람들은,

밝고 좋은 소식보다 어둡고 나쁜 소식을 떠들고 전하는데 더 빠르고 열성적인 것 같습니다. 아닌지도 모르겠으나 허당(虛堂)의 생각은 그렇습니다.

철학원이나 무속 점술인들 중에서도 밝고 희망적인 해석 보다는 절망적이거나 불운한 해석에 중점을 두거나 강조하는 경우가 많습니다. 일부에서는 그 정도가 심해서 살길을 찾아온 사람에게 오히려 험한 소리로 겁을 잔뜩 주어 돈을 뜯어내는 데만 혈안이 되고 있어 사회적인 문제가 되기도 합니다. 가능하면 최대한 무서운 소리를 무서운 표정으로 해야 살려달라고 더 매달릴 것이니 부적이라도 한 장 더 비싸게 팔아먹고 그들이 소위 '일'이라고 말하는 굿판이라도 한 건 더 벌일 수 있기 때문인지는 모르겠으나 이런 사람일수록 귀신을 잘 들먹이는 특성이 있습니다.

십이운성법(十二運星法)이라는 이론에 묘지(墓地)라는 것이 있지요? 고지(庫地)라고도 합니다. 묘지와 고지를 묶어 묘고지(墓庫地) 또는 고장지(庫藏地)라고도 합니다. 묘지라고 하면 무덤이라는 의미로 해석될 수 있고 고지라고 하면 모이고 모으는 창고라는 의미로 해석될 수 있습니다. 한쪽은 부정적인 의미가 강하고 다른 한쪽은 긍정적인 의미가 강합니다.

십이운성법이라는 이론이 다분히 일본식(?) 사주풀이법으로 보이기도 하고(?) 내용 중에는 명리학적 이치상 수긍하기 어려운 점이 많기는 하지만 어쨌든 이 십이운성법의 열 두 가지 중에서 특히 묘고지를 많이 활용하는데 그것도 주로 고지라는 의미보다 묘지라는 부정적인 의미로 많이 활용되는 편입니다. 묘지라고 하면 죽은 자가 들어가는 무덤입니다.

지지의 辰, 戌, 丑, 未가 묘지이므로 사주에 이 글자가 있으면 묘지가 되고 운에서 나타나면 그때 묘지에 들어가는 꼴이 됩니다. 입묘운(入墓運) 또는 입고운(入庫運)이 되는 것입니다.

辰은 水의 묘고지가 되고 戌은 火(土)의 묘고지가 됩니다.

丑은 金의 묘고지가 되고 未는 木의 묘고지가 됩니다.

여자 사주에서 水가 관살이면 남편이 되므로 辰년이면 水의 묘지가 되어 남편이 무덤으로 들어가는 꼴입니다. 무덤으로 들어간다는 말은 죽거나 아니면 꼼짝 못하고 감옥이나 병원 등에 갇히는 등의 흉사가 생긴다는 말입니다. 갇히거나 묶여 활동이 위축 또는 정지되는 현상입니다. 운을 감정하면서,

당신의 남편이 무덤으로 들어간다는 등의 해석을 하면

그 소리를 들은 부인이 멀쩡할 수 있을까요? 그날부터 그 부인은 불안으로 잠을 못자고 어쩌다 잠이 든다고 해도 악몽에 시달려 하루종일 병든 사람처럼 어리버리한 상태로 얼굴빛이 죽어갈 수밖에 없습니다. 이렇게 겁을 주고는 남편을 살리려면 큰 굿을 해야 하거나 큰 부적이라도 사야하고 아니면 귀신에게 살려 달라는 기도라도 올려 주어야 한다고 바람을 넣으면 웬만큼 대담하거나 배포가 크지 않고서야 이를 물리치고 거절하기란 결코 쉽지가 않습니다.

그것도 급하다고 합니다. 차분한 판단을 할 여유를 주지 않습니다. 결국은 하라는 대로 굿판을 벌이거나 기도해 달라거나 아니면 부적이라도 살 수밖에 없고, 고리 빚을 내서라도 살려달라고 매달릴 수밖에 없습니다. 그러고 나면 또 마음이 좀 안정되면서 남편도 죽지 않고 멀쩡합니다.

어차피 남편이 죽을 팔자가 아니므로 멀쩡한 것은 당연합니다. 그것도 모르고 빚 갚느라 골병이 들면서도 입방아를 찧고 다닙니다.

그 무당, 참 용하기도 하더라고, 죽을 사람을 살리는 신통력이 있더라고….

그렇게 빚을 내어 날린 돈으로 차라리 남편을 비롯한 온 가족이 몸 보신이나 했으면 좋으련만….

혹시 원수 같은 남편과 원수처럼 살고 있는 경우 이런 험한 말을 듣는다면 오히려 대한독립 만세를 부를 수도 있겠으나 그래도 대부분은 충격을 받을 수밖에 없습니다. 희한한 것은,

어찌된 영문인지 점집도 반말 지껄이에 욕 잘하고 입담이 좋아 부적 잘 팔아먹는 그야말로 혹세무민(惑世誣民)하는 사람일수록 진짜 귀신이나 도사인 줄 착각하는 것인지 인기가 있어 문전성시를 이룹니다. 부적 한 장이면 만사가 다 해결되고 이름만 바꾸어도 금방 팔자가 바뀌어 잘 먹고 잘 산다고 핏대까지 세우며 자신 있게 호언장담 합니다.

기도하거나 굿판만 벌이면 죽을 사람도 바로 벌떡 일어난다고 합니다. 어차피 절반은 맞게 돼있습니다. 나머지 엉터리가 돼버린 절반은 그 핑계가 또 가관입니다. 성의가 부족해서라고 오히려 닦달을 합니다. 영험하기 짝이 없는 자기를, 또는 자기의 할아버지 귀신이나 동자 귀신을 의심하거나 정성이 부족해서 다 된 죽에 코 빠뜨린 것이라고 야단을 칩니다. 무슨 대단한 잘못이라도 한 것처럼 오히려 죄인을 만들어 버립니다.

결론은 돈을 더 바치라는 것이지요. 적반하장(賊反荷杖)도 이정도면 금메달감입니다.

자기가 지어준 이름을 아닌 척하고 다시 가지고 가면 도대체 어떤 놈이 이따위로 엉터리 이름을 지었느냐고 혀를 끌끌 차는 인간도 있답니다. 이름을 잘못 지었으니 나중에 후회하지 말고 자기한데 돈

내고 다시 지으라고 강요하는 황당한 짓도 합니다.

택일을 하는 경우에도 이런 일이 심심찮게 벌어집니다.

이런 부류들 중에 특히 돼먹지 못한 일부 무속인들이 하는 행태를 보면 싸라기 밥만 쳐 먹었는지 아무한테나 반말로 내 뱉는 '배설물'이 저질 코미디는 명함도 내밀지 못합니다.

"이년아, 넌 왜 그렇게 밑(?)이 허술해? 속고쟁이 바람 잘날 없구만. 이놈 저놈 여러 잡 종자가 시도 때도 없이 들락거리니 새끼를 낳아도 어느 놈의 새낀지 종자 구별도 안 돼. 에에! 퉤!"

멀쩡한 처녀를 앉혀놓고 천방지축 찢고, 까불고, 병 주고, 약 주고 마음대로 나발을 불어댑니다. 이렇게 기를 팍 죽인 다음 사업으로 들어갑니다. 살(煞)풀이를 해야 한다고. 만약에 살풀이를 하지 않으면 죽든지 망하든지 하나로 결판을 냅니다.

형편이 정 여의치 않으면, 크게 봐 주어서 부적이라도 크게 한 장 사야 무시무시한 살을 면할 수 있는 크나 큰 은혜(?)를 베푸는 것으로 판결이 납니다.

오래된 이야기지만,

서울에서 억대 주부 도박단이 검거된 적이 있었습니다. 이들이 구속되어 조사를 받았는데 그 여인들의 속고쟁이 밑에는 한결같이 소부랄처럼 부적을 매달고 있더라는 이야기를 들었습니다. 경찰 단속에 걸리지 말고 끗발 좀 나라고 유명 점장이한테 사서 차고 다닌 것이었는데 끗발이고 나발이고 모두 쇠고랑차고 패가망신하여 인생 쪽박 차고 말았습니다.

이런 엉터리 사이비에게 당하는 사람에게도 문제가 있습니다.

쿵! 소리가 나면 호박떨어지는 소리가 분명한데도….

흔히 이기적인 사람이거나 과다한 욕심에 사로잡힌 사람일수록 남에게 사기도 잘 당하는 특성이 있습니다.

　나라가 뿌리째 흔들려 많은 국민이 고통받던 소위 IMF 시절, 무슨 무슨 '파이낸스'라는 간판을 달고 고리의 이윤 배당을 미끼로 수많은 사람들로부터 자금을 끌어 모아 결국 모조리 파산하고 투자자들을 알거지로 만들어 사회적으로 큰 환란을 일으킨 일이 있었습니다. 희대의 사기꾼이라는 조희八인지 조희七인지 하는 인간도 있었지요?

　지금도 이와 비슷한 일들이 알게 모르게 벌어지고 있다는 말이 들리고 일부 합법적인 다단계 판매업이라고 하는 것도 알고 보면 이와 비슷한 경우가 많답니다. 이렇게 사기를 치는 사람들도 문제지만 이런 곳에다 빚까지 얻어 투자한다고 하는 사람들의 정신상태가 더 문제라는 생각입니다. 특히 요즘은,

　은행에 돈을 넣어놔도 제로 금리에 가깝고, 잘 나가는 기업의 이윤이 한자리 수를 넘기 어려운 시대입니다. 상식적으로 말도 안되는 높은 이윤을 보장한다고 속이는 놈도 도둑놈이요, 사기꾼이지만 그런 이윤을 바라고 투자(?)하는 인간도 똑같이 도둑놈 심보를 가진 것으로 볼 수밖에 없다는 말입니다.

　도둑놈 사주와 도둑놈을 잡고 가두는 사람의 사주가 비슷하고, 사기꾼의 사주와 공부 잘하는 천재 사주가 비슷합니다.

　똑같은 재능을 가지고 있어도 좌(左)로 가면 사회를 어지럽히는 사기꾼이 될 수 있고, 우(右)로 가면 천재의 기질을 발휘하여 사회적으로 존경받는 사람이 될 수 있다는 말입니다.

　머리 좋은 놈이,

　공부하는 데 그 좋은 머리를 쓰는 것과 공부는 하지 않고 남을 속이는 데 그 좋은 머리를 쓴다면 좋은 머리를 가지고 있는 것은 똑

같아도 가는 길이나 그 결과는 완전히 딴 판이 됩니다.

역학이라는 분야도 머리가 나쁜 사람은 터득하기 어려운 학문입니다. 따라서 나쁜 쪽으로 천재적인 머리가 돌아가는 인간이 역학을 알게 되면 고단수 사기술을 터득하는 꼴이 될 수도 있습니다.

잘 공부해서 잘 쓰면 사람을 살릴 수 있고 잘못 공부해서 잘못 쓰면 흉기가 되어 사람을 죽일 수 있습니다. 여차하면 사기꾼에게 날개가 달리는 꼴이 되는 것이지요.

가끔 신문 방송에 이런 인간이 쇠고랑 차고 나타납니다. 몇 년 후 그 인간이 또 등장하기도 합니다. 하여간,

좋은 말을 쓰고 긍정적인 기운을 주어 희망을 주는 것이 역술인이나 점술인의 기본 중에서도 기본적인 덕목이요 무거운 의무입니다. 그래서 역업(易業)을 활인활생업(活人活生業)이라고 불렀는데 어찌된 판인지 일부에서는 살인살생업(殺人殺生業)으로 흘러가고 있는 듯합니다. 스스로 죄를 만들고 죄를 불러들이고 있는 것입니다. 그것이 남을 죽이고 동시에 자신도 죽이고 있다는 것을 모릅니다. 결국 업(業)으로 돌아와 자신과 자신의 가정까지도 파괴하고 짓뭉겨버린다는 것을 모릅니다. 심하면 대를 물려가면서 그 화를 당합니다. 업보(業報)입니다.

맑고 밝은 마음과 눈으로 봐야 합니다. 그래서 맑고 밝은 표정과 입으로 전해 주어야 합니다.

맑은 눈으로 보면 맑게 보이는 법이라 맑은 말이 나오는 것이고, 흐린 눈으로 보면 흐리게 보이는 법이라 썩은 말이 나오게 마련입니다. 돼지의 눈으로 보면 돼지로 보이고, 부처의 눈으로 보면 부처로 보인다는 무학대사가 이성계에게 했다는 말씀인지 아닌지,

하여간 유명한 말이 있습니다.

말은 정신에서 흘러나옵니다. 정신이 쓰레기통이면 입에서도 쓰레기만 쏟아져 나올 수밖에 없는 것이지요. 말이란,

잘 나가면 의사의 표현이 되고 소통이 되지만 잘못 나가면 갈등을 부르고 때에 따라서는 무서운 흉기(凶器)가 되기도 합니다. 꼭 말을 해주어 주의를 환기시키거나 조심시켜야 할 필요가 있다고 해도 당의정(糖衣錠)을 활용할 필요가 있습니다.

정제나 환약 등 몸에 좋은 약이 대개 맛이 쓴 경우가 많습니다. 당의정이란 쓴맛 때문에 먹기가 힘든 약을 먹기 쉽고 변질도 막을 수 있도록 달콤한 당분이 든 막을 얇게 입힌 것입니다. 아무리 필요한 말이고 내용이 좋은 말이라도 표현에 따라 듣기에 따라 거부감을 가지게 되는 쓴 맛인 경우가 많습니다.

이왕이면 듣기에 좋은 말로 표현하는 것이 좋을 것이고 상대의 처지에 따라서도 말이 달라져야 합니다. 물론 필요한 말을 해주어야지요.

위약효과(僞藥效果. Placebo Effect)를 노리는 것이기도 합니다. 배가 아픈 사람에게 신뢰받는 의사가 감기약을 처방하며 위로를 하면 희한하게도 효과를 봅니다. 병원 치료를 받아도 기계적인 치료보다 의사의 따뜻한 말 한마디가 더 효과적인 경우가 많습니다. 표현의 중요성입니다.

아름다운 장미에 가시가 있다고 불평할 수도 있지만 험한 가시 속에서 용케도 아름다운 장미가 피었다고 대견해 할 수도 있습니다. 말의 표현은 다르지만 내용은 같습니다. 그리고 현실적으로 절실하게 필요한 말을 해 주어야 합니다.

닭에게 다이아몬드 알이 무슨 소용인가요? 보리 한 알이 필요하지요. 배고픈 거지에게는 먹을 것을 주어야지 위로한답시고 좋은 책을 안겨봐야 아무 소용도 없고 오히려 역효과만 납니다. 추위에 떨

고 있는 사람에게 예쁜 꽃다발은 연탄 한 장보다 못합니다. 배고픈 사람에게는 먹을 것을 주어야 하고 추운 사람에게는 땔감이나 따뜻한 옷이 필요한 것이지요.

내일 죽음이 확정된 사람이 마지막 소원이라고 부탁하는 막걸리 한잔이나 담배 한 모금을 건강에 나쁘다는 핑계로 물리치는 정신 나간 짓은 하지 말고 기꺼이 제공해 주는 것이 좋습니다.

또한,

귀신을 너무 괴롭히지 않는 것이 좋습니다. 조용히 잘 있는 멀쩡한 귀신을 자꾸 불러내서 장난질 치지 말고….

그러다가 정말 귀신에게 혼납니다.

귀신이 내편이라고 믿었다가 큰 코 다칠 수 있습니다. 귀신에게는 정해진 내편, 네편이 없습니다.

어느 막 나가는 개판 집구석 가족들이 모여 앉아 '고스톱' 판이 벌어졌더랍니다.

"아빠, '똥' 먹어!"

"너, 아빠가 '똥' 먹고 '설사'하면 그거 받아먹을라고 그러지?"

"그렇지, 아빠 '피바가지' 씌워 버릴꺼야."

"아빠, 죽어!" "엄마도 죽어!"

"싫다, 얘!"

"죽으라니깐, 그래야 내가 오빠하고 붙지!"

부적 이야기 좀 더 해볼까요?

대통령 친인척 등 고관에게 천만 원씩이나 받고 부적을 팔아먹었다는, 20여 년 전에 이미 고인이 된 왕년의 어느 점술인 할머니가 있었습니다. 이 양반은 부적을 줄 때 엄청나게 비싼 부적값을 받으면서 절대 아무한테나 주지 않고 철저히 운(運)을 분석해서 좋은 운을 맞이한 특별한(?) 사람에게만 부적 놀음(?)을 했고 그것도 부적을 본인이 직접 쓰는 것이 아니라 불교 용품점에서 몇 천 원 주고 사다가 팔았다고 합니다. 몇 천 원짜리 사다가 천만 원씩이나 받아먹은 것입니다.

그런데도 효험이 있다는 소문이 나서 제법 사업(?)이 번창(?)했었다는데 한번은 이 할머니의 딸이 물어봤답니다.

"엄마, 정말 엄마가 주는 부적이 그렇게 좋아요?"

그랬더니 이 할머니 왈

"야, 이년아. 효험이 있으면 내가 지니고 부자 되지, 미쳤다고 남 줘?"

고인의 딸에게서 허당(虛堂)이직접 들은 이야기입니다.

부적이란 그렇습니다.

부적에다 주술적인 의미를 부여해서 불행을 막아주고 행운을 가져다 준다고 믿고 거액을 투자합니다. 그러나 팔자 상 말아먹을 운에 처한 사람이 부적을 붙이거나 지닌다고 해서 망하지 않고 살아나는 것은 아닙니다. 물론 정신적으로 위안은 될 수 있을것입니다. 또한 정신적으로 위안이 되므로 해서 희망적이고 긍정적인 작용을 일으켜 좋아질 수도 있을 것입니다. 위약효과(僞藥效果)를 일으키는 것이기도 하지요.

그렇다면 부적이라는 것이 아주 부정적인 작용만 하는 것은 아니라고 볼 수도 있습니다. 다만 문제가 되는 것은,

부적이 만사를 해결해 주는 도깨비 방망이라도 되는 것처럼 사람들을 현혹해서 무리하게 돈을 긁어내는 행태입니다.

어려운 사람을 앉혀놓고 도와주지는 못할망정 무서운 소리를 방정맞게 지껄여 벼룩의 간을 꺼내 먹듯이 주머니를 털어먹는 흡혈귀 같은 인간 아닌 인간 말입니다.

대개 부적을 잘 활용하는 역술인들은 귀신 이야기를 많이 휘두르고 심각한 표정 연기 또한 일류 배우 뺨치는 프로급입니다. 겁을 주는 것입니다. 망하게도 하고 흥하게도 합니다. 병이 바로 낫기도 합니다. 사람의 목숨을 죽이고 살리고 하는 것도 마음대로 합니다. 망해도 급하게 망하고 죽어도 급하게 죽는다고 합니다.

생각할 여유를 주지 않습니다. 겁을 먹고 정신이 왔다 갔다 할 때 꽉 잡아야 합니다. 여유를 주었다가는 그 사이 고객이 정신이라도 번쩍 들면 부적 장사는 허사가 되기 때문인가 봅니다.

보름 안에 남편이 죽거나 자식이 죽는다는 둥, 간이 떨어져 추락할 소리를 서슴없이 내뱉습니다. 심한 경우 내일 모레 당장 죽는다고 눈알을 부라리며 협박(?)하는 인간도 있답니다.

그것도 확실하다고 장담을 합니다. 심지어는 안 맞으면 손가락에 장을 지지겠다고 큰소리 탕탕 치는 쳐죽일 인간도 있습니다. 웬만한 강심장이 아닌 한 그런 소리를 듣고 배짱 좋게 돌아서기 어렵습니다. '만약에?, 혹시라도 만약에?'

하는 불안이 엄습해 올 수밖에 없습니다. 대부분 부녀자를 상대로 칼을 휘두릅니다. 남자한테 공갈치다가는 잘못 걸려 성질 더러운 사람 만나면 맞아 죽을 수도 있으니 다소곳하고 설사 틀려도 뒤에서 욕이나 하고 마는 부녀자가 만만한 것입니다.

생각해 보면 압니다.

잠시만 정신 차리고 생각해 보면 압니다.

부적이라는 종이 한 장이 그렇게 전지전능하고 큰 능력을 발휘한다면 인생 만사에 걱정거리는 아무것도 없습니다.

부적이 사고도 막아주고, 죽을 사람도 살리고, 망할 사람도 살리고, 가난뱅이를 부자로 만들어 주기도 하고, 병든 사람이 씻은 듯이 낫기도 한다는데 막상 부적을 팔아먹는 그 사람은 대개 다 찌그러져 가는 쪽방에 살면서도 부적을 활용하지 않습니다.

벽에다가 그냥 손님들을 현혹하기 위한 미끼로 폼 나게 붙여 놓았을 뿐입니다.

그 좋은(?) 부적을 자신은 쓰지 않는다?

이거 뭔가 수상하지요?

부적을 쓰는 것이 귀찮거나 아예 쓸 줄도 몰라 불교 용품점에서 도매로 사다가 팔아먹는 점술인이나 무복인도 의외로 많습니다. 스스로 쓴다고 해도 그 자리에서 그냥 그림 그리듯이 바로 직직 그려서 내 밀기도 합니다.

원래 정통 부적을 쓰는 일은 대단히 까다롭습니다. 보통 정성 가지고는 쓸 수 없는 것이 부적입니다. 수십만 종류나 된다는 그 많은 부적에 대해서 다 아는 사람도 없습니다. 돈벌이 부적 장난들이 너무 심합니다. 부적은 전통 문화 정도로 이해하고 활용하는 것이 좋습니다. 그 이상은 무조건 사술(詐術)입니다.

어느 신혼부부가,

어느 시장통 안에 있는 모 철학원에 갔더니 너희들은 삼년 안에 깨지게 돼 있고 만약 깨지지 않으면 내 손가락에 장을 지질테니 잘 살고 싶거든 부적을 사라고 큰소리로 망발을 하더랍니다. 다행히 이

들은 기분 나쁘다며 부적이고 나발이고 거절하고 젊은이답게 자리를 박차고 일어났는데 수 삼년이 훨씬 지난 지금 이 시간까지도 아무 탈 없이 잘 먹고 잘 살고 있습니다.

이따위 헛소리를 함부로 지껄이는 인간은 살인자와 같습니다. 간접 살인을 일삼고 있는 자입니다. 손에 장을 지진다고 큰소리 칠 정도면 여린 마음에 불안해서 대개 액땜한답시고 굿판을 벌이거나 부적을 사는 경우가 많은 것도 사실이고 이런 점을 이용해서 가능하면 더 무서운 소리로, 가능하면 시기를 딱 잘라서 막말을 해대는 것입니다. 정신을 못 차리고 그 자리에서 바로 엎어져 들어오도록 유도하는 수법입니다.

그 영감탱이, 아직도 살아있는지, 천벌을 받고 벼락이라도 맞아 죽었는지 바빠서 확인 하지는 못했습니다.

예를 들어,

길을 가다가 발을 헛디뎌 발목이 부러졌을 경우입니다.

며칠 전에 부적을 권유받고 산 사람이면

"하이고. 그 부적 신통 방통이네. 하마터면 죽을 뻔 했잖아."

부적을 권유 받았으나 사지 않은 사람이면

"하이고. 부적을 안 샀더니 결국 해를 당하는구만."

무당 점술인이면 부적이나 굿이 요술을 부린 것이 될 것이고,

기독교인이면 예수님의 은혜가 될 것이고,

불교인이면 부처님의 가피가 될 것이고. 아닌가요?

이왕 뻗친 김에,

들은 지 좀 오래 된 이야기 몇 토막을 옮겨봅니다.

어떤 분이 여기 저기 점집을 순회하면서 일부(?) 한심한 무속 점술인들의 하는 짓들을 살짝 들여다 봤더랍니다.

제 1화

"이년아. 넌 왜 그렇게 밑(?)이 허술해. 속고쟁이에 바람 잘날 없구만. 김가 놈, 박가 놈, 이놈, 저놈, 여러 종자가 시도 때도 없이 들락거리니 새끼를 낳아도 어느 놈의 새낀지 구별도 안되는구만. 퉤퉤. 어서 나가지 못해? 썩 나가!"

고객의 비위를 맞추지 않고 귀신이 불러주는 점괘대로 인정사정 없이 쏴 부친다고 해서 '칼침'으로 소문난 JN동의 박수무당이 화장기 짙은 30대 여인에게 쩌렁쩌렁한 목소리로 호통을 치자 당사자인 여인은 말할 것도 없고 차례를 기다리던 너댓명의 부녀자들까지도 괜히 주눅이 들어 숨을 죽입니다.

신장(神將)대를 잡고 파르르 떨듯 하던 여인은 아무 소리도 못하고 얼굴을 두 손으로 감싸 쥔 채 도망치듯 서둘러 나갑니다. 점괘의 사실 여부를 확인할 수도 없는 마당에 좌중의 고객들은 박수무당의 점괘를 신뢰하는 쪽으로 기우는 듯 여기저기서 감탄의 한숨 소리가 나오고 여차하면 박수라도 터져 나올 듯한 기묘한 분위기가 연출 됩니다.

"역시 칼침이야. 귀신 곡한다니까."

여기에 더욱 힘을 얻은 듯 박수무당 가라사대

"내가 막말한다고 기분 나쁘게 생각들 하지 마시우. 내 입으로 하는 소리가 아니니께. 뒤가 구린 사람은 욕먹기 싫으면 아예 돌아들 가시든지. 에헴."

이렇게 기골이 장대한 50대의 박수무당이 좌중을 둘러보며 엄숙한 표정으로 엄포의 일침을 놓자 다시 한번 숨죽은 분위기가 돼 버립니다.

여기서 자리를 뜨다가는 '뒤가 구린 년'으로 찍힐 판이니 이러지도 저러지도 못하게 된 부녀자들은 꼼짝없이 오도 가도 못하는 노예

아닌 노예 신세가 돼버린 것입니다. 잠시 후,

그게 싫었던지, 아니면 자신이라도 있어 마치 자기는 '뒤가 구리지 않는 년'임을 증명이라도 할 셈이었는지 40대 여인 하나가 비장한 표정을 지으며 앞으로 선뜻 나서 신장대를 잡았습니다.

제 2화

"시집 갈 생각일랑 아예 말어. 넌 청파살이 끼었어. 지금 시집가면 소박데기 못 면해."

무슨 귀신이 씌었다느니 해서 살풀이로 유명한 SG동의 '마귀할멈'이 서른살 정도 돼 보이는 곱상한 여인에게 잔뜩 겁을 먹였습니다. 여자는 잠자코 듣기만 했습니다.

"서른이 훌쩍 넘을 때까지 치마끈 동여매고 몸 간수 잘혀. 얼굴값 하느라 화냥기가 좀 있어 보여 하는 말잉께 명심하구. 정히, 꼭 시집을 갈 생각이면 총각은 안되고 재취로나 가. 그래야 액땜을 할 수 있어. 그렇긴 하지만, 멀쩡한 처녀를 어떻게 재취로 보낼 수가 있나. 염려 놔. 내가 방법을 줄팅께."

'마귀할멈'은 혼자서 북 치고, 장구 치고, 찧고, 까불고, 병 주고, 약 주고, 천방지축 제멋대로 나발을 불어 댔습니다. 기가 차서 어이가 없는지 여자가 대꾸를 했습니다.

"할머니, 저는요 처녀가 아니거든요."

"뭐?! 처녀가 아녀? 못된 년, 혼인도 안하고 치마끈 풀었구나. 거봐. 내가 뭐랬어. 화냥기가 있다고 했잖아. 그랑께 지금 시집가면 안 돼! 서방한테 뒤지게 얻어맞다 결국은 소박데기가 되고 말지."

그러니까 시집을 잘 가려면 '살'을 풀고 가라는 것입니다. 살만 풀면 시집가서 잘 먹고 잘 산다는 것입니다.

젊은 여자는 기가 막힌다는 표정으로 발딱 일어서면서 쏘아붙였습니다.

"이봐요. 할머니. 애가 둘이예요. 잘 먹고 잘살고 있구요. 할머니 치마끈이나 풀어지지 않게 잘 동여매세요. 알았어요?!"

열 받아 뒤집어진 '마귀할멈'이 휑하니 나가버리는 여자의 뒤통수에다 악담을 퍼부어 댑니다.

"내말 안 듣고 시집갔다 소박맞은 년이 한두 년인 줄 알아? 아무 사내나 붙들고 엉덩이 쌀래쌀래 흔들고 돌아다니다 족보도 없는 새끼 밸 년이 뉘집 가문을 망칠라고 시집을 가! 망할 년."

제 3화

"이집 터줏대감 더럽게 심술부리는구만. 도대체 점괘가 안나와. 집안에 예수쟁이 있지?"

"없는데요."

"아녀, 있어. 사촌까지 쭈욱 훑어봐."

"사촌 중에도 없구요. 아참, 팔촌 동서되는 형님이 교회 집사네요."

"거 봐, 그럼 그렇지. 이집 터줏대감이 섭섭하대. 복채 더 얹고 죄송하다고 빌어."

"팔촌 동서라니까요?"

"그러니까 빌어야지. 자네 터줏대감님 마음이 넓어서 팔촌까지 굽어 살피시는데 어찌 모른 체 할 수 있어?"

화려한 구슬이 줄줄이 달린 목걸이를 목에 두르고 한 손에는 부채를, 또 한 손에는 신주를 들고 돌려가며 점괘가 안 나온다고 연신 괴로워하는 시늉을 하던 무당이 5만원 복채가 더 얹어지는 모습을 확인하고서야 얼굴을 활짝 펴면서 점괘를 내 놓습니다.

"초년에 죽을 고비를 넘겼으니 천년 만년 장수로다."

"죽을 고비 넘긴 적 없는데요."

"없긴 왜 없어. 잘 생각해봐. 열 살 이전에 몸에 칼 댄 일이 있어."

"아홉 살 때 급성 맹장염 수술했는데, 그거 말인가요?"

"거 봐, 칼 댔잖아. 이제 걱정 마, 고비는 다 넘겼으니까."

제 4화

이런 전설 같은 실화도 있었답니다.

역술법을 몇 개월 집중 단기 교육 받은 어느 사람이 그럴듯한 철학원 사무실을 내어 개업을 한 첫날,

제법 차려입은 중년 부인 한 사람이 첫 손님으로 들어왔더랍니다. 손님의 딸이라고 하면서 생년월일을 불러주는데 사주를 뽑아보니 태어난 날이 무자(戊子)일이었습니다. 그런데,

초반부터 제동이 걸렸습니다. 개업 전에 그렇게도 외우고 외우고 또 외워 두었던 사주풀이 공식들이 막상 손님을 앞에 앉혀놓고 보니 몽땅 기억에서 도망가고 행방불명이 되어 아무리 머릿속 구석구석을 뒤져봐도 생각이 나지 않는지라 거의 유체이탈(幽体離脫) 상태에 빠져 탈출구가 없는 캄캄한 지옥 속을 헤매며 눈을 지그시 감고는

'무자(戊子)라, 거참, 무자(戊子)라.'

태어난 날의 간지(干支)인 그놈의 죄 없는 '무자'만 되뇌이며 거의 혼수상태에 빠진 정신을 챙겨 수습하느라 등줄기에 땀을 흘리면서 종적을 감춘 기억을 찾아내려고 하는데…,

느닷없이 손님이 무릎을 탁! 치며 탄복한 표정으로 말하기를,

"하이고. 선생님, 정말 용하기도 하시네요. 우리 딸이 자식이 없
 어 속썩이는 걸 단번에 알아맞히시다니…."

무자(戊子)라고 중얼거리는 것을 무자(無子)로 알아들은 것입니다. 더 이상은 설명이 필요 없겠지요? 거의 마비되다시피 한 정신이 제대로 작동하게 되고 부분 마취 상태로 굳어 버렸던 표정도 되살아나면서 그 다음은 식은 죽 먹기입니다.

첫날부터 감정료에 50만 원짜리 임신 부적까지 팔아먹게 되었고 이 손님의 입방아로 인해 손님이 줄을 잇기 시작해서 단숨에 유명 역술인으로 입신 출세 했다는 전설같은 이야기입니다.

제 5화

이런 옛날이야기도 있습니다.

어느 마을에 조씨(曺氏) 성을 가진 사람이 있었는데 집안에는 고리 땡전 한 푼 없는 빈털터리였으나 어느 날부터 외지로 나가 돌아다니며 남의 관상을 봐주고 돈을 제법 벌어왔다고 합니다.

문제는 이 사람이 관상의 관자도 모르는 사람이라는 것입니다. 그러니 마을 사람들이 이상하게 생각할 수밖에 없었습니다.

한번은,

외지로 장사를 다니는 마을주민 하나가 어느 곳에 들렸는데 높은 대문 앞에서 화양건을 깊숙이 눌러쓴 사람이 이해할 수 없는 이상한

주문을 중얼거리며 여러 부녀자들에 둘러싸인 광경을 보게 되었습니다. 궁금해서 가까이 가보니 관상쟁이 조가(曺家)가 틀림없었습니다. 마침 잘됐다 싶어 얼굴을 가리고 엉터리 관상쟁이의 하는 짓을 엿보게 되었습니다.

그때 어떤 여자가 조가에게 질문을 던졌습니다.

"여기 있는 우리들 중에 아주 귀한 마님이 한 분 계시는데 어느 분인지 알아볼 수 있겠어요?"

구경꾼들 중에는 미복(微服) 차림의 귀부인 하나가 끼어 있었고 그들은 이를 통해 관상쟁이의 신통력을 시험해 볼 심산이었던 것입니다. 이 광경을 몰래 지켜보던 장사치는 당사자도 아닌 자신의 오금이 다 저릴 지경으로 조마조마했습니다.

하지만 조가는 침착한 태도로 허공을 우러르고 손을 되는대로 이리 저리 휘저으면서 아무렇지도 않게 지껄였습니다.

"그런 거 정도는 식은 죽 먹기지요. 에헴! 자, 여러분의 눈에도 보일지 모르니 잘 보세요. 귀부인의 머리 위로 가느다란 연기 한 줄기가 맴돌고 있을 것입니다."

순간, 모든 부녀자들의 시선이 자신도 모르게 한사람에게 집중되어 그녀의 머리 위에 피어오른다는 연기를 보려고 눈알들을 바쁘게 굴렸습니다. 눈을 감고 주문을 외우는 척하면서 이 광경을 본 조가는 갑자기 눈을 크게 뜨고 부녀자들의 얼굴들을 쭉 살피는 척하다가 그 여인을 지목하며 큰소리로 외쳤습니다.

"바로 저분이 귀부인이십니다."

사람들이 놀라 자빠질 판이 되고 한 순간에 신통력을 가진 관상쟁이가 돼버린 것입니다. 이 이야기는,

옛날 중국의 포송령(蒲松齡)이라는 사람이 쓴 요재지이(聊齋志異)

라는 책에 나오는 이야기라는데,

정리를 해보면 이렇습니다. 비록 하찮은 사기 행각이라고 해도 보통을 뛰어넘는 재주가 있어야 한다는 것입니다. 누구나 남들이 가지지 못하는 특별한 재주를 한가지씩은 가지게 마련이지요? 사기술(詐欺術)도 사기꾼에게는 재주요, 기술입니다.

제 6화

어느 양심적인(?) 초보 무당의 고백입니다.
"난 아직 서툴러서 잘 둘러대지를 못해. 손님이 안 맞는다고 하면 그 때부터 기가 팍 죽어서 계속 헛다리를 잡기 시작하는 거야. 그런데 어떤 때는 연때가 맞는 손님을 만나 척척 알아맞추지."
"연때가 뭔데요?"
"그런데…, 이거 말해도 될랑가 모르겠네.

그래 까짓거, 여차직하면 이짓거리 안하면 되지 뭐.

일단 손님이 오면 말이야, 뭣 때문에 왔는지를 탐색하는 게 순서야. 그게 우선 맞아 떨어져야 다음 일이 순조롭게 풀려 나가는 거지. 탐색전이라는 게 결국은 눈치로 때려잡는 건데…,

이거다 저거다 쫙 벌려놔도 도통 눈도 하나 깜빡 안하는 손님 만나면 그야말로 환장하는 거지. 그때는,

'당신, 자식 때문에 속 좀 썩는군.' 하고 운을 떼면 말이야.

'하이고 말도 말아요, 과외공부다 뭐다 해서 남들보다 열 곱도 더 돈을 쳐바르는데도 성적은 안 오르고 공부는 커녕 엉뚱한 짓거리나 하고 다니면서 속을 썩이니….' 등등,

묻지도 않는 말까지 척척 장단을 맞춰주는 손님이 있단 말이야. 이정도 되면 알 것 다 알았으니 그 다음부터는 연계해서 눈치로 때려잡으면 되고, 틀렸다 싶으면 둘러치면 돼. 이런 손님이 바로 연대가 맞는 손님이지, 뭐."

이것 저것 버무리고 짜깁기를 해보면 이렇습니다.

남의 자식보다 열 곱이나 돈을 더 쳐 바르고 있으니 경제적으로는 어느 정도 안정이 된 것이고,

그러자면 남편의 사회적 위치도 어느 정도 반반하다는 말이고, 남편은 돈푼이나 있으니 여자 냄새나 쫓아다닐 것이고,

부모 속 안 썩이는 자식 놈 없으니 자식이 공부는 안하고 딴 짓거리를 하고 다닌다면 여학생 꽁무니나 따라 다닐 것이고….

이정도 감이 오면 그 다음은 자연스러워지는 것입니다.

"쥔 양반을 닮아서 자녀도 여자 냄새를 쫓아다니니 참 걱정 되겠수."

이 양심적이었던 초보 무당님께서도 그 후 눈치 코치의 순발력과 배포를 두둑하게 키우고 얼굴과 심장을 덮은 철판의 두께를 늘리는 데 용맹정진한 결과 지금은 턱살이 제법 두툼하게 오른 유명한 원로 "보살님"이 되어 만수를 누리고 있다는…,

그런 이야기입니다.

점집에서 젊은 미혼 여성에게 내미는 기본 점괘가 있더랍니다.

01. 하마터면 죽을 뻔한 고비가 있었구랴.

　　(교통사고 위험 등 죽을 뻔 안 해 본 사람 있는가?)

02. 이리 갈까 저리 갈까 방황 좀 했구랴.

　　(특히 10대나 20대에 방황 안 해 본 사람 없지.)

03. 믿는 도끼(친구 등)에 발등 찍힌 적이 있구랴.

(한 번도 없었다면 거짓말이고.)
04. 몸에 점이나 흉터가 있구랴.
    (하나도 없는 사람 있으면 손 좀 들어 보라.)
05. 병을 앓은 적이 있구랴.
    (감기 한번 안 걸린 사람 있던가? 감기도 감기 병이다.)
06. 유학을 가고 싶었지만 꿈을 이루지 못 했구랴.
    (그런 꿈 한번 쯤 안 꾸어 본 젊은이가 있을까?)
07. 어느 쪽(남자)을 택할까 진퇴유곡이구랴.
    (양다리 걸치고 흥정 한번 안 해 본 처녀 있던가?)
08. 내 뜻대로 되는 일이 없구랴.
    (뜻대로 다 이룬 사람은 있을 수가 없다.)
09. 이성 문제로 눈물깨나 흘렸구랴.
    (사춘기 건너뛰는 여자도 있나?)
19. 부모 속 좀 썩혔구랴. (또는) 썩히겠구랴.
    (세상에 부모 속 안 썩힌 자식 있으면 나와 보라.)

이따위 엉터리 사기꾼들의 맹활약에 힘입어 오늘도 귀신 꼬봉 노릇하는 점집들은 계속 번창중입니다.

아무리 입이 가벼운 허당(虛堂)이라고 해도
  이런 내용까지 공개하는 것이 바람직한지 몰라 약간 조심스럽기는 합니다마는, 사실은,
  불쌍한 서민의 피를 빨아먹는 인간 아닌 인간들을 처리하는 문제에 대해 늦게나마 상황의 심각성을 인지하신 조물주 하느님과 깊이 의논 중입니다. 의견 차이가 좀 있어 다소 시간이 걸릴 수 있겠으나 결과가 나오는 대로 만방에 공표할 것입니다.

肯定的인 生覺과 生感을 가지면,

生氣가 發動하여 生言과 生行을 하게 되고 希望의 生道를 만납니다.

거기가 極樂입니다.

否定的인 死覺과 死感을 가지면,

死氣가 發動하여 死言과 死行을 하게 되고 絶望의 死道를 만납니다.

거기가 地獄입니다.

利貪害招라,

눈앞의 이익만 탐한다면
또 한편으로 재앙을 불러들이는 것이고….

무속 이야기가 나오면 자연히 종교와 연계 됩니다.

성분이 거의 같습니다. 미신(迷信.迷神) 대접을 받는 무속 계열이나 정신(正信.正神) 대접을 받는 합법 종교 계열이나 본질은 맹목적인 믿음이니 사촌간이라는 말입니다.

구분을 하자면,

무속은 아직도 음지를 벗어나지 못하는 법외적 토종 종교이고 불교나 기독교는 법적인 보호를 받는 수입 종교라는 차이입니다. 그들이 치르는 의식(儀式)도 대동소이합니다.

고리타분한 토종 굿거리 푸닥거리와 뭔가 있어 보이는 수입 굿거리 푸닥거리로 구분 될 뿐이지요.

어쨌거나 대한민국의 종교를 들여다 보면

성향에서도 음양오행과의 연관성이 좀 나타납니다.

木은 유교(儒敎) 성분이 강한 것 같고,

火는 기독교(基督敎) 성분이 강한 것 같습니다. 그리고,

土와 金은 불교(佛敎)나 토속 종교 성분이 강한 것 같습니다.

水는 시커먼(?) 성분으로 약간 음침한(?) 도교(道敎) 성분으로도 보입니다.

서양에서 건너왔다고 해서 기독교를 金의 성분으로 보기도 합니다. 많은 종교 중에서 불교와 기독교(개신교, 천주교, 정교)가 사실상 대한민국 종교계를 지배하고 있습니다. 기독교 중에서는 개신교와 천주교입니다.

세계 3대 종교라고 하는 이슬람교는 극단적인 전투성에다가 하는 짓도 거칠다는 이미지 때문인지는 몰라도 우리의 정서와는 맞지 않고 수상한 구석이 많아 청문회 대상에서 제외합니다.

양대 종교인 불교와 기독교를 음양오행 성분으로 보면,

기독교는 양성(陽性)이 강하고 불교는 음성(陰性)이 강합니다. 기독교는 발생지가 양성이 강한 서양이고 불교는 발생지가 음성이 강한 동양이라는 특성도 있겠지만 발전 과정이나 종교성(宗敎性)도 구분이 됩니다.

기독교는 공격적이고 도전적입니다. 거리로 뛰쳐나가 확성기도 없이 목구멍에서 피가 나도록 소리소리 지르며 전도합니다. 설교나 기도하는 모습을 봐도 목청이 터져 나가든 말든 고래고래 소리 지르고 악을 쓰면서, 심지어 엉엉 울고불고 팔을 활짝 펼치며 휘젓는 등 발산형입니다. 선동(煽動)꾼 정치인이 시국연설을 하듯 자기도취에 흠뻑 빠져(?) 열정적인 열변을 토합니다. 접신(接神)해서 신내림이라도 받은 사람 같습니다.

이에 비해 불교는 거의 반대입니다. 산으로, 골짜기로 들어갑니다. 절이나 암자를 지어도 깊은 산속의 골짜기에다 짓습니다. 스님의 법문을 들으면 자장가처럼 느리고 조용조용해서 졸리기에 딱 좋습니다.

성경이나 불경의 내용도 양성과 음성의 특성이 그대로 배어납니다. 대한민국을 지탱하는 양대 종교로서 멋진 음양 조화지요?

지역적으로 봐도 남방으로 火氣의 성분이 강하다고 보는 호남 지방에서는 다른 지방에 비해 불교보다 기독교가 강세를 나타내고 있습니다. 양성이 강한 탓일 수 있습니다. 그에 반해 높고 깊은 산이 많은 강원도나 경상도에는 오래된 사찰이 많고 불교가 득세합니다. 호남 지방에 있는 사찰들을 경상도의 불교 신자들이 먹여 살린다는 말까지 있습니다.

불교에서는 무(無)를 유난히 강조합니다. 허무(虛無)입니다. 사는 것도 사는 것이 아니요, 죽는 것도 죽는 것이 아닌, 이것도 저것이고, 저것도 이것이고, 그야말로 색즉시공공즉시색(色卽是空空卽是色)입니다. 그러면서 전생(前生)을 말하고 후생(後生)을 말합니다. 돌고 도는 윤회(輪廻)랍니다.

기독교는 좀 어떤가요. 죽어도 죽는 것이 아니요, 그들의 의붓(?) 부친격인 하나님 아버지 품으로 가서 영생(永生) 한다고 합니다.

모든 종교 집단은 죽은 후의 내세(來世)를 내세웁니다. 저승을 의미하는 것인데 죽어도 육신만 죽는 것이지 영혼은 살아서 저승의 지옥이나 천당, 극락으로 나뉘어져 간다고 합니다.

황당한 이야기도 많지만 그래도 성경이나 불경에는 교훈적인 좋은 말이 많습니다.

저승 이야기, 천당, 극락, 지옥 이야기만 빼면….

아닙니다. 천당, 지옥 이야기도 사람답게 살라는 경고적 가르침일 수도 있습니다. 사는 것이 힘들지만 해결할 능력도 방법도 없으니 희망적인 꿈이라도 주기 위해서인지 모르겠습니다.

귀신도 그렇고 저승도 그렇고

누구나 입에 달고 살지만 가서 보고 온 놈도 없고 확인할 수도 없습니다. 연락이 온 것도 없습니다. 그러니 무슨 소리를 하든 물리적인 책임을 질 일도 없습니다. 따라서 강력히 주장해도 됩니다. 그래서 종교가 해먹기 쉬운 업종(?)이기도 합니다.

자기가 가서 보고 확인이라도 한 것처럼, 또는 저승에 가서 살다가 온 사람을 만나 인터뷰라도 한 것처럼, 아니면,

누가 가서 살아보고 카톡이나 E-Mail로 그곳 상황을 알려오기라도 한 것처럼 확실하다고 핏대를 세웁니다.

그렇게 떠들면서 예수는 기독교를 일으켰고,

석가모니는 불교를 일으켰는데,

문제는 그 양반들이 죽고 난 이후가 아닌가 싶습니다.

처음 내세웠던 의도에서 서서히 이탈되어 변질된 것이고, 대형화(大型化)되고, 집단화(集團化)되고, 이익화(利益化)된 것입니다. 일부(?) 사이비 종교에서는 이 천당과 지옥을 이용해서 우매한 서민을 농(弄)쳐 먹고 재물을 갈취하는 수단으로 이용하기도 한답니다. 극락 천당의 입장권(?)을 팔아서 번창(?)을 누린다는 것이지요. 내로라하는 예배당이나 사찰의 수입이 년간 수백억이라고 합니다. 세금 한 푼도 안냅니다. 땅 짚고 헤엄치기 식 돈벌이를 합니다. 종교가 돈을 버는 수단이 되고 사업화 된 것입니다.

이러다보니 사랑이나 자비나 평화는 대외 선전용인 미끼로 전락해버리고 내부적으로는 작고 큰 분쟁이 끊이지 않습니다.

패거리 싸움이지요.

어느 인간 사회나 분쟁이 일어나는 가장 큰 요소는 돈과 권력입니다. 돈과 권력이 개입된 이권(利權) 싸움이요, 주도권 싸움입니다. 이렇게 되면 합법적인 종교라는 것도 사이비 무당이 하는 짓과 거기서 거기입니다. 사실은 질적으로 더 악질입니다.

그들이 마귀나 사탄의 두목이요, 할애비 고수격입니다.

양대 종교의 조상인 예수님이나 부처님이 돈 받고 재물을 축적하면서 설교하거나 설법했다는 소리는 들어보지 못했고,

화려하고 거대한 건물을 지으려고 돈을 긁어모으느라 온갖 해괴한 짓들을 다 했다는 소문도 들어보지 못했습니다.

심하게 표현하면,

상식적으로나 이치적으로도 말이 안되는 억지 이론과 혓바닥장난으로 어리석고 답답한 인간을 상대로 고단수의 사기를 치는 것으로 볼수도 있습니다. 유감스럽게도,

대동강 물을 팔아먹은 봉이 김선달님께서도 이들에게서 수법을 배웠는지는 모르겠습니다.

인간답게 살기 위한 수양의 스승으로 삼고 인간의 선한 본심을 자극하는 촉매 역할로 썼으면 좋으련만,

그것 가지고는 돈벌이가 안 되는지 약하고 우매한 인간의 심리 상태를 교묘히 자극해서 사기 행각을 벌이는 꼴입니다.

특히 이단(異端)이라고 이름 붙는 집단들에서 주로 행해지는 것 같지만, 이놈 저놈 하는 짓들을 자세히 들여다보면 어느 놈이 이단이고, 어느 놈이 정단(正端)인지 솔직히 구분도 어렵습니다.

죽음을 겁내는 인간의 가장 원초적인 두려움과 불안감을 이용한 장난질이 여기저기서 독버섯(?)처럼 번져가고 있는 현상은 일부 몰지각한 극소수(?) 사이비 종교 때문이고, 그로 인해 정상적인 종교 활동에까지 영향을 주고 있다고 강변할지도 모르겠습니다. 그럴까요? 글쎄요….

정상 종교라고 우기는 쪽에서도 하는 짓은 대동소이(大同小異)합니다. 모두 자기가 제일이라고 우기는 판이라 구분을 하기도 어렵습니다. 그들에게는 책임이라는 것은 없습니다.

거룩한 모습의 예수님이나 부처님을 앞세우므로 따지기도 그렇고 과학적으로 증명할 수도 없어 사기나 허위로 고발하기도 어렵습니다. 애시 당초 예수님이나 부처님이 그렇게 가르친 것인지 모르겠으나 현실적으로 살아 있는 자의 문제는 해결하지 못하면서 죽은 자의 문제만 걸고 넘어집니다. 저승 문제만큼은 책임을 진다는 자세입니다.

이것은 비록 대한민국만의 사정은 아닌 것 같고 세계적으로 벌어지고 있는 공통 현상인 것 같기는 합니다.

솔직하게 물어봅시다.

천국이나 극락에 가본 사람 있나요? 있으면 손 좀 들어 보시지요. 만약,

눈을 감으나 뜨나 천당, 지옥, 극락을 입에다 걸고 사는 성직자라고 하는 사람들 중에서,

특히 토실토실하게 살찐 귀족 성직자들인 신부님이나 목사님이나 스님네들을 한자리에 모아 놓고,

지금 당장 이 세상 인연을 모두 접고 그렇게 좋다는 극락이나 천당으로 직행하여 바로 갈 사람 앞으로 나오라고 하면,

과연 선뜻 나설 사람이 있을까요? 모르긴 해도,

온갖 핑계들을 다 끌어 모아 들이밀면서 빠져나갈 구멍을 찾느라 한바탕 난리법석이 벌어지지 않을지….

그렇고 그렇습니다.

수입 종교 중에서도,

역사가 깊어 우리에게 뿌리 깊은 종교인 불교에서 빼놓을 수없는 행사(行事)가 있지요. 사십구일재(四十九日齋)라는 의식입니다. 49재라고 합니다. 비용도 많이 들어갑니다. 최소한 몇 백만 원에서 많으면 수 천만 원입니다.

49재에 대해서 좀 알아 봤습니다.

7.7재(七.七齋)라고도 합니다. 석가모니께서 도(道)가 터진 후 49년 동안 설법(說法)을 했다고 하는데 이 49년을 49일로 축소해서 교묘하게 연계시켜 놓은 것 같습니다.

사람이 죽어서 간다는 저승길에는 건너야 하는 큰 강(江)이 있다고 하지요? 기독교에서는 요단강이라고 하고 불교에서는 삼도강(三途江), 또는 삼도천(三途川)이라고 하는 것 같습니다.

이 강을 건너가면 드디어 저승이라고 하는 거대한 세계가 나타난다는 것인데 일단 누구나 들러야 하는 중앙 집결소가 있답니다. 저승에서 주거지를 배당 받아 자리를 잡기 위해 심사를 받는 곳으로 임시대기소 격이고, 군대로 말하면 보충대격이라고 봐야 할 것 같습니다.

이곳을 구천(九泉)이라고도 하고, 황천(黃泉)이라고도 하고, 천양(泉壤), 또는 천향(泉鄕)이라고도 합니다. 중유(中有), 중천(中天), 중공(中空), 중소(中宵), 반천(半天), 반공(半空)이라고 부르는 등 다른 이름이 많고도 많습니다.

하늘의 복판인 한가운데를 의미 한답니다.

가운데이므로 오행상 土입니다. 土는 황색입니다. 따라서 황천(黃泉)입니다. 대기소인 복판을 중심으로 배당 받을 8개의 최종 정착지가 둘러싸고 있어 복판은 9번째의 방이 됩니다. 따라서 구천(九泉)

이기도 합니다.

  8개의 방위에 중앙을 포함해서 9방위로 보는 것인데 천계(天界)인 하늘에도 이승의 방위와 같이 적용해 놓은 듯합니다.

  이 저승 대기소를 구천(九泉)이나 황천(黃泉)으로 표현하면서 하늘 천(天) 글자를 쓰지 않고 샘천(泉)이라는 글자를 씁니다. 하늘로 가는 길도 천로(泉路), 또는 천하(泉下)라고 샘천(泉) 글자를 씁니다. 물을 건너간다는 뜻인가요? 어쨌거나,

  어두운 강을 건너서 임시대기소인 구천(九泉)에 집합을 하면 일주일간은 푹 쉬고 7일째 되는 날부터 매주에 한번씩 7차례에 걸쳐 각각 다른 대왕들로부터 돌아가며 심사와 재판을 받는다고 하니

  7×7=49의 산수 공식에 따라 총 49일 동안을 심사에 매달리는 셈입니다.

  저승에는 염라대왕 어른만 있는 줄 알았는데 알고 보니 그것도 아니랍니다. 무슨 놈의 귀신 대왕님들이 그리도 많은지

  진광대왕(秦廣大王)이라는 귀신 대왕에게 첫 재판을 받고,

  초강대왕(初江大王)이라는 귀신 대왕에게 2차 재판을 받고,

  송제대왕(宋帝大王)이라는 귀신 대왕에게 3차 재판을 받고,

  오관대왕(五官大王)이라는 귀신 대왕에게 4차 재판을 받고,

  염마대왕(閻魔大王)이라는 귀신 대왕에게 5차 재판을 받아야 하는데 이 어른이 바로 그 유명 찬란한 염라대왕(閻羅大王)입니다. 무시무시한 명성을 자랑하는 염라대왕이 알고 보니 여러 귀신 대왕중 별 볼 일 없는 5차 재판관에 불과합니다.

그 다음으로

  변성대왕(變成大王)이라는 귀신 대왕에게 6차 재판을 받고,

  태산대왕(泰山大王)이라는 귀신 대왕에게 최종 7차 재판을 받아

야 한답니다.

　이 양반들의 하는 행태를 가만히 들여다보면,

　확실한 결론도 없이 어정쩡하게 어물거리다가 뒤로 뒤로 미루어 귀신들을 지치게 합니다. 아예 결정을 보류시켜 버리기도 합니다. 무책임한 대왕들입니다.

　대한민국 법원에서 하는 짓과 유사합니다.

　귀신들만 지치는 것이 아닙니다. 이승의 가족들도 있는 돈 없는 돈 끌어 모아 매주 몇 시간씩을 무릎이 닳도록 절하고 빈다고 죽을 지경입니다. 저승의 심사는 칠심제(七審制)라 이승의 삼심제(三審制)보다 더 정밀 심사를 할 수 있을 것 같아 보이지만 그냥 형식적입니다. 이렇게 심사를 받고 재판을 받으면 각각 8개의 주거지로 나뉘어 간다는 것인데,

　여기에는 지옥 나라도 있고 극락 나라도 있나 봅니다.

　잘 마무리 되어 정착지에 배당을 받아 가면 공식적으로 법적으로 호적상 근거지가 완전히 이전되어 이승과의 인연은 끝난다는 말인 것 같습니다. 이 재판 과정에서 잘 좀 봐달라고 심사 때 마다 살아 있는 이승의 자손이나 가족들이 스님을 앞잡이로 내세워 뇌물로 진수성찬을 진설해 놓고 빌고 비는 행사가 49재랍니다.

　이렇게 해도 심사에서 누락되거나 판결에서 보류되어 구천(九泉) 대기소에 계속 머무는 귀신이 있다고 합니다. 정착지 배당을 받지 못한 것이지요. 이승으로 돌아올 수도 없고 저승으로 완전히 이사를 한 것도 아닌 어정쩡한 상태로 황천(黃泉)에 계속 머무는 떠돌이 귀신이 되어 빈둥댄다는 말입니다. 자리를 못 잡고 대기소인 구천(九泉)을 헤매거나 황천(黃泉)을 떠돌다가 심심하고 할 일이 없어 이승에 살아 있는 자손들의 영역으로 왔다갔다 하면서 장난질을 친다고

하는데 이 귀신들을 또 땡초 스님이나 스님 흉내를 내는 무속인들이 교묘하게 이용해 먹습니다.

사실은 땡초 무속인들 뿐만 아니라 문화재로 등록되어 국가의 보호를 받는 천년 고찰에서도 마찬가지이기는 합니다. 이 귀신을 위해 이른바 A/S를 해 주어야 한다는 것이지요.

공식 천도재(薦度齋)인 49재 외에도 시도 때도 없이 별도의 천도재, 백재(百齋), 칠재(七齋) 등등을 끌어 들입니다.

절에서는 매년 음력 7월 보름날을 백중(百衆) 또는 우란분절(盂蘭盆節)이라고 해서 공식적인 천도재 날로 아예 못을 박아 정해 놨습니다. 천도재 지내다가 볼일 다 보는 셈입니다.

전에 지낸 천도재는 다 엉터리였다는 말인지…

이 의식을 땡초나 땡초 사촌격인 무속인들이 맘대로 활용하는 것입니다. 조상귀신 하나를 콕 찍어서 닦달하기도 합니다.

어느 조상귀신이 오도 가도 못하고 황천을 떠돌면서 배가 고파 울부짖고 있으니 늦기 전에 천도 시켜주지 않으면 더 큰 재앙을 만난다고 겁을 줍니다. 그것도 급하다고….

빚이라도 내서 천도해 주거나 굿을 해야 한다고 다그칩니다. 대개 여인네들을 가지고 놉니다. 남정네들은 믿음(?)이 약하거나 의심이 많아 잘 먹혀들지도 않거니와 자칫 잘못 건드렸다가는 엎어 버릴 수도 있기 때문에 인상을 봐가며 조심조심합니다. 지금 이 시간에도, 이런 저런 거룩한 상술이 여기 저기서 거룩하게 진행되고 있습니다.

전장(戰場)

직업을 물었습니다.
"작년 그대로입니다."
작년에 뭘 했느냐고 물었습니다.
"재작년과 같습니다."
재작년에 뭘 했느냐고 물었습니다.
"놀았습니다."
요즘 젊은이들과의 농담 문답입니다.

사는 게 만만치 않은 세상이요, 힘 드는 시절입니다. 인생 자체가 무거운 짐이기도 합니다. 부귀도 권세도 짐이요, 책임도 가난도 짐입니다. 모든 게 짐입니다.

대한민국은 대학 진학율이 50%전후인 선진국을 훌쩍 뛰어 넘어 세계 최고 수준으로 80%를 넘나들고 있답니다.

그런데도 실업자는 넘쳐 나고 기업에서 쓸 만한 사람은 오히려 귀하다고 합니다. 언뜻 이해가 안 되는 아이러니 같지만 현실이 그렇답니다.

소 팔고, 논밭 팔고, 등골이 빠지도록 고생고생하며 자식을 대학

까지 공부시켜 놔도 취직을 못해 비실거리고,

대학을 졸업한 고학력 고급(?) 인재(?)가 바글바글한데도 기업에서는 일손이 모자란다?

말이 안되는 말이지만 그렇다고 합니다.

사방에 널브러지도록 많고 많은 대학에 대충 줄서서 쉽게 들어가 공부는 하지 않고 대학생이라는 헛바람, 똥바람만 잔뜩 채운 간판 하나 달랑 들고 나와서 실력은 없으면서도 명색이 대학 졸업생이라 웬만한 데는 취직하기도 그렇고, 체면상도 그렇고 그런 것이겠지요.

그런데다가 사회는 갈수록 느슨한 구석은 없고 빡빡하게 조여들어 가기만 합니다. 얼치기는 설 자리도 앉을 자리도 없습니다. 약한 놈은 강한 놈에게 잡아먹히고 느린 놈은 빠른 놈에게 잡아먹힙니다. 총알처럼 쉬지 않고 빨리 달려야 하는 세상에 콩알처럼 쉬엄쉬엄 굴러 가다가는 사람대접도 못 받고 입에 풀칠도 하기 어려운 세상입니다.

이런 세상에,

더더욱 열심히 공부하고 세상살이 준비를 해도 어려운 판에 술집에서, 커피집에서, 극장에서 어울려 노닥거리다가 세월 다 보내고 막상 졸업을 하고보니 대책이 없습니다. 준비가 되지 않은 것입니다. 제대로 된 준비도 없이 졸업을 한 것이고, 아무 준비도 없이 덜렁 사회인이 되어 독립군의 무거운 짐을 지게 된 것입니다. 줄도 쳐놓지 않고 벌레 사냥을 하겠다는 거미 꼴이지요.

그렇게 흘러흘러 밀려가고 끌려가면서 자신도 모르는 사이에 어느덧 어른이 되고 부모가 되어야 하고….

노력 한다고 원하는 대로 다 해결되는 건 아니지만 노력은 쉽게 배신을 하지 않습니다. 최소한의 보답은 합니다. 물론,

노력을 해도 기본 조건이 맞아야 합니다. 지식보다 지혜가 필요한 것이고, 지혜는 상황에 따른 응용력이기도 합니다.

쌀로 밥만 짓는 것은 아닙니다. 떡도 해 먹을 수 있고, 과자도 만들어 먹을 수 있습니다. 속이 불편할 때는 부드러운 죽을 쑤어 먹을 수도 있습니다.

한세상 살다보면 지도에 없는 길을 가야하는 경우가 많습니다.

인생은 수학이 아닙니다. 공식도 없고 정해진 답도 없습니다. 그런데도 2×4=8이요, 9×4=36이요, 3×8=24만 달달 외워댑니다. 맞는 구구단 공식이기는 합니다.

그러나 사회생활에서는 공식만 통하는 것이 아닙니다.

때와 장소와 상황에 따라서는 2×4=쎈타요, 9×4=일생이요, 3×8=광땡이라는 엉뚱한 답도 튀어나올 수 있어야 한다는 말입니다. 사주팔자를 감정할 때도 마찬가지입니다.

때에 따라서는 寅이라는 글자를 호랑이나 고양이로 보기도 하고 巳라는 글자를 혀가 두 개 달린 뱀으로 볼 줄도 알아야 합니다. 木헌土라는 이론에 매달려 木이 土를 극한다고만 봐서는 안 된다는 말입니다. 초목의 뿌리가 땅을 파 뒤지고 산소 공급을 원활하게 해서 기름진 땅으로 만든다고 보면 木生土가 될 수도 있고, 초목은 땅에 뿌리를 두고 자양분을 공급받아 자란다고 보면 土生木이 될 수도 있는 것이지요.

동물의 세계에서 주로 물속을 생활 터전으로 삼는 악어는 물에 약한 육상 동물인 얼룩말 등을 물고 물속으로 끌고 들어가 익사(溺死)시켜 잡아먹습니다. 일반적으로 알고 있는 상식이지요. 그러나 이 상식은 불변의 원칙이 아니라 그 반대의 경우도 있습니다. 주로 아메리카의 습지에 서식하는 육상 동물인 재규어는 물속으로 뛰어들어 물 전문가 악어를 물고 물속으로 밀어 넣어 익사시켜 버립니다. 그런 다음 악어를 끌고나와 맛있게 뜯어 먹습니다. 상식을 벗어난 사냥술입니다. 고수(高手)가 되면 정석(定石)을 뛰어 넘는 응용이 필요하다는 말입니다.

　기본적으로 밥을 먹으려면 쌀을 사서 밥을 짓고 밥상을 차려야 합니다. 쥐를 잡으려면 쥐약이나 쥐덫이라도 하나 장만해서 설치해야 합니다. 마찬가지로, 사회에 나가려면 사회에서 쓰일 수 있도록 만반의 준비가 되어야 하는데 아무 준비도 없이, 아니,

　공식 몇 개를 보물단지처럼 외워서는 맨손으로 덜렁 나와 부모를 원망하고 사회를 원망합니다. 모든 것은 대통령 탓으로 돌아갑니다.

　사람대접 받으며 먹고 산다는 것이 결코 쉽지 않다는 현실을 그동안 수도 없이 강조한 부모의 충고나 선배의 조언은 귓등으로 듣고 놀아나기만 하다가 현실에 닥쳐서야 엉뚱한 핑계나 댑니다. 딱합니다. 꼭 죽어봐야 저승 맛을 알 수 있나요?

　만사를 직접 부딪쳐 봐야 알 수 있는 건 아닙니다.

　'퍽!' 소리가 나면 호박 떨어지는 소리라는 것쯤은 바로 간파해야 합니다. 똥인지 된장인지 꼭 찍어서 맛을 봐야 알 정도라면 이 사람은 차라리 현대사회에는 태어나지 말았어야 할 사람입니다.

　사회에 나가려면 사회의 돌아가는 상황을 알고 그에 맞는 준비를 해야 하는 것은 당연한 일인데도 맹탕으로 덜렁 나와서는 부모 탓이나 하고 세상 탓이나 합니다.

　대학이라고 하는 곳도 마찬가지입니다.

　지금 초등학생이 사회에 나갈 때쯤이면 현존하는 직업 중 절반 이상은 사라질 것이라는 예언까지 나오는 세상입니다. 초스피드로 돌

아가고 변하는 세상에 적응하려면 응용력과 세상 적응력이 활발하지 못하면 낙오자가 될 수밖에 없습니다.

대학교수나 학자라고 하는 사람들 중에도 현실과는 동떨어진 구름 잡는 소리나 나불대고 무슨 일이 터진 후에 뒷북이나 치면서 폼 잡고 헛기침이나 해대는 한심한 부류들이 많습니다.

미래를 내다보고 준비시키기는 커녕 아직도 몇 년 씩 묵은 강의 노트 한권으로 헛소리를 지껄이면서 연명하는 구닥다리가 있다는, 차마 믿기 어려운 소문도 들었습니다.

온갖 감언이설로 학생을 많이 끌어 모아 투자비를 건지는 데만 정신이 없고 폼이나 잡으면서 월급 제대로 받아먹기에만 몰두합니다. 그러니 이들을 받아들이는 사회도 당연히 어려움이 있는 것이지요.

요즘처럼 경쟁이 치열하고 감추어야할 기밀이 많은 세상에서 배신하지 않고 회사에 돈을 많이 벌어줄 유능한 사원을 선발한다는 것은 가장 기초적이면서도 가장 중요한 일이고 또한 그만큼 어려운 일이기도 합니다.

기업 경영이라는 것도 사실은 사람 경영입니다.

기업주가 자금을 투자해서 판을 벌여 놓으면 그 판을 움직이고 운영하는 것은 조직을 구성하는 직원들의 몫이기 때문입니다. 따라서 기업 경영을 제대로 하려면 경영학이다 뭐다하는 판에 박은 이론을 연구하기보다 인간의 심리학부터 먼저 연구하는 것이 오히려 더 도움이 될 수도 있습니다.

사람을 제대로 부릴 수 있는 용인술(用人術)은 그 사람의 심리를 파악해야 가능하기 때문이지요. 기업은 봉사단체가 아니라 이윤을 내기 위한 이익 조직입니다. 어떤 사람을 어떻게 제대로 선별해서 알맹이를 골라 고용하느냐가 바로 핵심입니다. 배신하지 않고 받을 복이 많은 사람을 선발해서 써야 하고 해당 업무 분야에 적합한 인물을 선발해야 합니다.

그러자면 사람을 보는 안목이 있어야겠는데 이것이 쉬운 일이 아닙니다. 도금(鍍金)으로 위장한 납덩이와 진짜 금덩이를 구분할 수 있어야 하고 진짜 금덩이 중에서도 18금과 24금을 분별할 수 있어야 합니다. 그러나 이것이 천편일률적인 학교 성적이나 입사시험만으로는 결코 완벽하게 해결되지 않는다는 데에 문제의 어려움이 있습니다. 눈에 보이지 않는 내면(內面)을 제대로 들여다 봐야하기 때문입니다. 이판(理判)과 사판(事判) 중에서 이판을 보는 것입니다.

이판사판이란 원래 불교에서 나온 말이라고 합니다.

세상을 등지고 도(道) 닦는 데에 전념하는 스님을 이판승(理判僧)이라고 하고 사찰의 재정 등을 관리하는 사무직의 일을 주로 보는 스님을 사판승(事判僧)이라고 한다는데 일반적으로는 '이판승, 사판승'의 의미를 '이판사판'에다가 연결시켜 전혀 다른 의미로 많이 사용하기도 합니다.

이판사판이라고 하면 막다른 데에 이르러 더 이상 어찌할 도리가 없게 된 판을 말하는 것이지요. 그러나 글자 그대로 보고 좀 다르게 해석해서 이판(理判)을 겉으로 보이지 않는 내면적 본질인 이면(裏面)을 보고, 사판(事判)을 겉으로 나타나는 현상인 표면(表面)을 보는 것으로 하면 사주명리학 등을 활용해서 눈으로는 보이지 않는 부분을 살펴보고 판단하는 것은 이판이 될 것이고, 현실적으로 드러나 눈에 보이는 현상이나 현실을 보고 판단하는 것은 사판이 될 것입니다.

앞장만 보지 말고 뒷장을 보라고 했습니다.

글을 읽을 때도 의미를 제대로 파악하기 위해서는 행간(行間)의 속뜻을 살펴야 하는 것이지요. 말을 들을 때는 숨겨진 함의(含意)를 살펴야 하는 것이고….

'관상'이라는 영화가 있었습니다.

수양대군의 역적모의를 막지 못한 관상가가 이런 내용의 말을 하는 장면이 나옵니다.

"나는 사람의 얼굴을 봤을 뿐 시대의 모습을 보지 못했다.
 시시각각으로 변하는 파도만 보고 파도를 만드는 바람을 보지 못한 것이다…."

대충 이런 내용이었습니다. 백성들의 민심을 말한 것입니다.

이면의 흐름을 보지 못한 것이지요. 이것이 이판입니다.

화장술(化粧術)이나 성형술(成形術)이 눈부실 정도로 휘황찬란하게 발전한 세상이라 겉만 보고 이면의 본질을 파악한다는 것이 간단치가 않으므로 이 문제를 어느 정도라도 해결할 수 있는 지혜를 개발해야 할 필요성이 있는 것이고 그 중의 하나가 바로 사주명리학 등의 원리를 활용하는 것입니다. 이판(理判)을 하는 것입니다.

사주명리학이란 내면의 본질을 들여다 보는 학문입니다.

사주학은 성격이나 건강을 비롯해서 적성과 직업, 사업 등등 그 범위가 비교적 넓고 구체적입니다. 그리고 현재의 기운과 앞으로의 흘러가는 기운을 종합적으로 알 수 있는 학문입니다.

결정해 주는 것이 아니라 결정할 수 있도록 가능성과 선택의 범위를 제시해 주는 것입니다.

성격대로 산다는 말이 있습니다. 성격이 운명을 좌우한다고도 합니다. 여러 다양한 역학의 부류 중에서 사주명리학 만큼 성격이 적

나라하게 드러나는 이론은 드뭅니다. 적성 또한 마찬가지입니다. 한여름에 태어난 사주에 火氣가 왕해서 더우면 시원한 물가로 가서 살아야 하고 그에 맞는 일을 해야 하는 것은 당연합니다. 이것이 음양의 조화를 이루는 지혜라고 했습니다.

영업 사원으로는 돌아다니기 좋아하는 놈을 써야하는 것이고, 수영장 관리인은 사주가 더워서 물을 좋아하고 물을 필요로 하는 놈을 써야하는 것은 상식 중의 상식입니다. 반대로 가면 고단하고 힘겹습니다. 일도 안 됩니다. 제대로 성과가 나타날 리도 없습니다. 자나 깨나 때려치울 생각만합니다. 사고나 치는 등 그 직에서 오래 버티기도 어렵습니다.

음양오행학적으로 보면 영업직은 木, 火 기운이 튼튼한 사람으로 활동적이고 발산하고 펼치는 본성을 가진 사람이 좋습니다.

경리직이나 내부 살림을 할 사람은 金, 水 기운이 왕성한 사람으로 수렴하고 정리하고 분배하고 관리하는 본성을 가지며 비밀을 잘 지키는 사람이 좋습니다.

사주에서 나타난 튼튼한 희신과 용신을 따라가는 것입니다. 그리고 왕한 오행의 특성을 살리는 것입니다.

사주명리학에 대해서 전문적이고 복잡한 이론을 깊이 몰라도 태어난 계절에 따라 그 사람의 기본적인 특성을 어느 정도 알 수 있습니다. 고용하는 입장이거나 고용 당하는 입장이거나 마찬가지입니다.

자영업을 한다고 해도 같습니다.

특성을 알면 자신 있는 직종을 찾을 수 있고 또한 직종에 맞는 사람에게 안심하고 맡길 수도 있지 않을까요?

계절별로 요약해서 정리해보면,

<u>봄에 태어난 사람</u>은 대체로 木氣가 강합니다.

木은 양(陽)의 기운입니다. 아침 기상의 기운이요, 계절이 깨어나는 봄의 기운입니다. 새로운 일을 벌이는 시작의 기운이요, 창작의 기운입니다. 기획하고 디자인해서 성장을 설계하는 기운입니다. 겨울에 저장해 두었던 씨앗을 끄집어내는 기운으로 기억의 재생력이 강한 편입니다. 새로운 것을 찾는 기운이며 하나하나 풀어 실천하는 기운입니다. 다만 원칙과 의리 면을 중시하지 않는 경향이 있을 수는 있습니다.

<u>여름에 태어난 사람</u>은 대체로 火氣가 강합니다.

火는 양(陽)의 기운이 극성(極盛)합니다. 활발하게 활동하는 대낮의 기운이요, 만물이 성장하고 발전하는 여름의 기운입니다. 교육, 외교, 광고, 유통, 영업, 문화, 예술 등의 표현하고 발산하여 활짝 펼치고 확장하는 기운입니다. 밝은 성품에 화끈하고 다혈질입니다. 다만 순간적인 암기력이나 판단은 빠른데 그만큼 깊이가 얕거나 경솔하기 쉽고 실수도 잦을 수 있어 반복 훈련이 필요하기도 합니다. 한자리에 꾸준히 앉아 있지도 못하며 산만한 기운도 있고, 비밀을 지키기 어려운 면도 좀 있습니다. 서류나 물건을 관리하는 습성도 아무데나 이리 저리 던져 놓는 버릇이 있어 어지러운 성분이 강합니다.

<u>가을에 태어난 사람</u>은 대체로 金氣가 강합니다.

金은 음(陰)의 기운입니다. 활발했던 활동을 마감하고 정리 정돈하는 저녁때의 기운이요, 결실의 열매를 거두는 가을의 기운입니다. 단단하게 영근 곡식을 알뜰하게 추수해서 정확히 분배하는 기운입니다. 공직이나 법무 등의 원칙을 중시하는 기운입니다. 매듭

짓고 마무리하는 기운입니다. 의리를 중시하면서 고집이 강하고 판단력과 결단력이 남다르나 주위와의 융화력이 좀 부족할 수는 있습니다.

<u>겨울에 태어난 사람</u>은 대체로 水氣가 강합니다.

水는 음(陰)의 기운이 극성(極盛)합니다. 모든 활동을 중지하고 내일을 위해 휴식을 취하며 쉬는 밤의 기운이요, 추운 겨울의 기운입니다. 봄에 뿌릴 씨앗을 보관하고 저장하며 그에 대비하여 공부하는 학문, 교육이며 모처럼 여유를 가지는 종교, 철학의 기운이요, 생각하는 기운입니다. 내실을 다지는 기운입니다.

지혜로운 꾀돌이 형이며 기억력이 좋은 편입니다. 동작도 생각도 느린듯하고 변화를 싫어하는 듯해도 가만히 있지 못하고 눈에 보이지 않게 끊임없이 움직이는 기운이기도 합니다.

물은 흘러야 하는 본성을 가지고 있어 흐르지 않고 고여 있으면 썩습니다.

대체로 차분하면서 감추고, 갇히는 기운이라 자신의 속을 잘 표현하지 않는 독자형으로 활동성과 사회성은 좀 약할 수 있습니다. 서류나 물건 등을 보관해도 너무 깊숙이 넣어두는 버릇이 있어 뒤에 찾으려면 어디에 두었는지를 몰라 헤매기도 합니다.

이렇게,

태어난 계절별 특성을 참고하여 적재적소에 적합한 인재를 배치하는 것이 효율적이 될 수 있는데 거꾸로 가면 기업의 발전에 오히려 방해를 주는 요인이 될 수 있습니다. 물론 본인에게도 불리합니다.

봄에 태어난 사람이 영업을 하면 계획 세우다 끝납니다.

가을이나 겨울에 난 사람이 영업을 한다면 실행은 하지도 않고 미리 결과를 분석하고 정리하고 계산 좀 해봐야겠다며 꼼지락거리는 사이에 기회는 달아나 버릴 수 있습니다.

경리나 총무 일을 여름에 태어난 사람에게 맡긴다면 다 퍼주고 어수선하게 관리해서 기업을 아예 거덜 낼 수도 있습니다.

조직 단체나 나라의 중책을 맡기는 경우도 마찬가지입니다.

활발하게 펼치고 발산하는 기운인 木, 火가 왕한 사람을 외무부 장관이나 산업부 장관을 시키고

정보 계통이나 재정 관리 등은 정리하고 내실을 다지면서 입이 무거운 기운인 金, 水가 왕한 사람에게 맡겨야 합니다.

사주상의 육신(六神)도 활용합니다.

사업을 하는 경우 식상이 희신으로 잘 조합되면 후배나 제자 또는 나이가 어린 사람을 쓰는 것이 좋습니다. 후배인 식상이 재성을 生해 돈을 벌어 줍니다. 식상생재(食傷生財)의 작용입니다.

인성이 희신으로 잘 구성되면 선배나 스승 또는 나이 많은 연배를 쓰는 것이 유리합니다. 듣고 배우는 연습을 해야 합니다.

희생적으로 열심히 일하는 사람은 관살이 튼튼한 사람입니다. 역시, 누구에게나 그릇이 있고 적성이 있어 자신과 조화가 되는 길을 가면 편하고 안전하며 성취도 할 수 있지만 반대로 가면 힘겹고 이루어지기도 어렵습니다. 가족을 비롯해서 주위에까지 피해를 줍니다. 스트레스로 자신도 병들고 크게 보면 사회를 어지럽히고 나라를 망쳐 먹을 수도 있습니다.

모 경제연구원에서 낸 어떤 자료에 직장의 (특히)신입사원 십계명이라는 항목이 있었습니다.
① 100% 만족하는 직장은 없다. 지금 최선을 다하라.
② 기다리는 사람이 되지 말고 찾아서 일하라.
③ "모릅니다. 가르쳐 주십시오."라는 말을 입에 달고 다녀라.
④ 애교있는 사람이 되라.
⑤ 승부 근성을 가져라.
⑥ 일 잘하는 선배의 모방자가 되라.
⑦ 자신만의 이미지를 만들어라.
⑧ 수시로 평가받고 있음을 잊지 마라.
⑨ 무작정 불평하는 대신 '건설적인 투덜이'가 되라.
⑩ 승진하는 그날을 준비하라.

또한 특징적인 불량직원의 7대 유형을 선정한 것이 있어 들여다 봤더니 이런 내용이었습니다.
① 항상 불만에 싸여 비판만 하는형
② 더 좋은 곳을 찾는 임시 체류형.
③ 남을 배려하지 않는 유아독존형.
④ 위험 부담을 안으려 하지 않는 마찰 회피형.
⑤ 미친년 널 뛰듯 하는 좌충우돌형.
⑥ 별다른 노력 없이 얹혀 가거나 남의 공을 가로채는 무임승차형.
⑦ 한방에 끝장 보려고 무리수를 두는 홈런타자형.

누구나 다 아는 말이지만
지키기는 그만큼 어려운 말이기도 합니다.

원하는 직업을,

특히 원하는 직장을 만나기가 그야말로 하늘의 별따기 만큼이나 어려운 시대입니다. 평생 편하고 대우 좋고 폼나게 어깨에 힘 좀 줄 수 있는 직장만 찾아서 모두 매달리다 보니 그 경쟁의 치열하기가 가히 살인적입니다.

시험에 시험을 거쳐 힘들게 대학이라는 곳을 나와도 가장 중요한 취업전선에서 실패하면 그동안의 노력이 전부 헛수고가 돼버리고 가정에서도 사회에서도 낙오자(?) 신세가 되고 맙니다. 요즘 많이 회자되고 유행하는 말로 루저(Loser)입니다.

도서관보다 짝지어 술집이나 오락실에서 노닥거리는데 더 열심이고, 컴퓨터를 켜도 강의를 듣기보다 게임이나 영화보기에 더 열심이다가 막상 졸업 시기가 눈앞에 다가오거나 졸업을 하고 나서는 그때서야 취업 준비한다고 호들갑을 떱니다. 그러면서 세월만 까먹고 앉아 세상을 원망합니다. 힘들다고….

세상이 나를 알아주지 않는다고 한탄합니다. 대통령이 정치를 잘못해서 그렇다고 이를 갈아댑니다.

그러나 어떻게 어떻게 요령을 부려 취업을 한다고 해도 버티지도 못합니다. 밑천이 들통 나고 감당이 안 되는 것입니다. 대학을 졸업하고 그 어렵다는 취업을 하고도 일년 안에 그만두는 사람이 30%에 달한다는 통계도 있습니다. 밑천이 달려 감당이 안 되거나 헛바람만 잔뜩 들어 폼도 안 나고 양에도 차지 않는 것이지요.

그러니 늘어나는 것은 술이요, 담배입니다. 일이 무섭고 일을 하기도 싫으니 천수답(天水畓) 농사꾼처럼 하늘만 쳐다봅니다.

일하기 싫은 놈이나 일이 무서운 놈이, 대통령을 바꾸거나 직장을 바꾼다고 해결 될까요?

수영을 할 줄 모르는 놈이 수영장 바꾼다고 해결 될까요?

사랑을 모르는 놈이 상대를 바꾼다고 잘 될까요? 문제는 나 자신에게 있는 것이고 내 인생은 내가 만드는 것입니다.

불평불만의 크기가 클수록 인생은 더욱 힘들어집니다. 포기하고 원망하고 시기하고 미워하는 부정적인 인생은 지옥입니다.

사람이 사는 데는 오직 한 길만 있는 것이 아닙니다. 불평불만 대신 감사의 길을 찾으면 되는 것이고, 부정적인 길 대신 긍정적인 길을 찾으면 되는 것이고, 절망의 길 대신 희망의 길을 찾으면 됩니다.

내일 먹을 양식도 없는 놈이 방구석에 처박혀 대통령 되는 꿈만 꾼다면 그놈은 대통령이고 나발이고 곧 굶어 죽을 놈입니다.

꿈과 먹고사는 생계 문제는 한 집안입니다. 생계를 해결하면서 꿈을 키워가는 것이지요.

다음을 입에 달고 사는 놈은 결코 다음을 만나지 못합니다. 지금이 다음입니다. 학교에서, 책에서, 준비가 되지 않았다고 끝나는 것도 아닙니다. 희망과 용기를 가지고 무엇이든 실천하는 정신이라도 있으면 됩니다. 그것이 젊은이에게 오히려 더 큰 재산이 될 수도 있습니다.

어차피 암기 연습하다 끝나는 학교 교육이라는 것도 엉터리입니다. 대학생 중에서 자기의 이름을 한자로 쓸 줄 모르는 놈이 20%나 되고, 자기 부모 등 가족의 이름을 한자로 쓸 줄 모르는 놈은 무려 80%가 넘는다고 합니다. 중학생이 아니라 대학생이 이렇다는 것입니다. 뭐가 잘 못돼도 한참 잘못된 것이지요?

원인 없는 결과는 없습니다. 준비 없이 되는 것은 없습니다.

세상에는 쉬운 것도 없고 공짜도 없습니다. 맹탕 허송세월만 보내다가 자신의 실체는 생각지도 않고 높은 곳만 쳐다보고 맥이 빠져

침만 질질 흘리고 있는 꼴입니다.

이런 어수선한 상황에서,

모르지는 않는 것 같은데도 무책임한 입으로 글로 시비나 걸고 시간만 낭비하는 화려삐까한 유식(有識)으로 치장한 높고 유명 찬란한 인간들의 거대담론(巨大談論)은 필요 없습니다.

그들의 말을 들으면 오히려 복장만 터지기 십상입니다.

닥치고!

우선 대학을 줄이거나 대학 정원을 줄이거나 당장 실천을 해야 합니다. 전문 기술 교육을 강화해야 합니다.

모든 청년이 엉터리 대학 졸업장을 가지고 나와 고급 일자리만 찾는다면 도대체 소는 어떤 놈이 키우나요?

그렇다고 원망만 하며 분을 삭이는 것으로 세월을 보낼 수는 없으므로 일단 살아날 방도를 찾아야 합니다. 가장 먼저 자신을 제대로 알고 그에 맞는 준비를 하는 것입니다. 담을 목표물이 있다면 그 목표물을 담을 그릇이라도 하나 준비해야 합니다. 그것도 자신이 감당할 수 있는 그릇이어야 하고 감당할 수 있는 목표물이어야 합니다.

그러자면 우선 자신의 정체를 바로 알아야 하는 것이 먼저겠지요. 어느 분야가 적성에 맞고, 어느 정도를 감당할 수 있을지를 알아야 합니다. 물론 거기에 걸맞는 실력을 쌓아야 하는 것은 너무도 당연합니다. 모르고 덤비다가는 이루지도 못하고 코피만 터지기 쉽습니다. 그러나 본인 스스로 그것을 객관적인 관점에서 바로 보고 바로 판단하여 알기란 그렇게 쉽지가 않다는 데에 어려움이 있습니다.

여기에 역학이라는 방편을 활용할 수 있는데 그 중에서도 사주명리학에서 그 답을 어느 정도 얻을 수 있습니다.

이것이 지혜입니다.

우선 사주에서 일간(日干)이 얼마나 튼튼한지를 봅니다. 일간의 강약은 곧 그 사람의 그릇 크기와 같다고 봐도 됩니다.

그릇의 크기에 따라 담을 목표물을 정하면 됩니다. 그리고 특성과 특기를 찾습니다.

주로 월지(月支)를 중심으로 한 강한 오행의 특성을 운명적으로 가지게 됩니다. 자신이 가지고 있는 특성과 특기를 활용하면 훨씬 수월합니다. 월지는 태어난 달입니다. 그리고 또한 일간을 중심으로 해서 사주에서 무엇이 필요한지를 봅니다. 희신(喜神), 용신(用神) 이라고 부르는 가장 필요한 오행을 찾아서 그 오행 육신(六神)을 찾아가면 됩니다. 용신이란 필요한 것입니다.

구더기에게는 한우 등심이 아닌 똥이 보약이요, 용신이 되는 것이고 장님에게는 지팡이가 용신이 되는 것이지요. 필요한 곳으로 가야 제대로 대접을 받을 수 있습니다. 사주가 더우면 추운 곳으로 가야 하는 것이고 사주가 추우면 따뜻한 곳으로 가야 합니다.

갈 곳이 없으면 만들어서라도 가야 합니다. 그러면 균형과 조화를 이루게 되고 안정을 이루게 됩니다.

사주에 水氣가 많은 사람은 사주에 火氣가 많은 사람과 궁합이 맞습니다. 무더운 여름에 태어나는 경우에는 차가운 물(壬癸 水)로 태어나면 인기가 있습니다. 시원한 물 좀 달라고 만인이 매달립니다.

추운 겨울에 태어나는 경우에는 뜨거운 불(丙丁 火)로 태어나면 인기가 있습니다. 따뜻한 불을 찾아 사방에서 모여 듭니다.

사주에 火氣가 많은 사람은 사주에 水氣가 많은 사람과 궁합이 맞습니다.

태어나면서 천성은 이미 절반 이상 정해집니다. 그 나머지 절반을 활용하면서 후천적인 노력으로 보완해야 합니다. 원한다고 다 되는 것은 아니고 노력한다고 다 되는 것도 아닙니다.

민주 사회에서 누구나 대통령이 될 수 있고, 누구나 재벌이 될 수 있지만 아무나 대통령이 되거나 아무나 재벌이 될 수는 없습니다.

기계를 만져야 할 사람이 있고 농사를 지어야 할 사람이 있습니다. 장사를 해야 할 사람이 있고 직장생활을 해야 할 사람이 있습니다. 기계를 만져야 할 사람은 기계를 만져야 하고 농사를 지어야 할 사람은 농사를 지어야 합니다. 사업을 해야 할 사람은 사업을 해야 하고 직장 생활을 해야 할 사람은 직장 생활을 해야 합니다.

이렇게 하늘의 이치에 의해 운명적으로 만들어진 기본 틀이 천명(天命)입니다. 이 천명을 따르는 것은 자연의 이치를 따르는 것이고 이것이 순리입니다. 순리를 따르면 무난하고 수월하지만 반대로 순리를 역(逆)하면 고단하고 고통스럽기만 합니다. 힘겹게 질질 끌려가는 꼴이 됩니다. 만사가 허망합니다.

천성적으로 공부하고는 거리가 먼 놈을 아무리 공부하라고 닦달해봐야 아이만 버리기 딱 좋습니다. 세상사 인연이란 무리하게 억지로 끌어다 붙이면 화(禍)를 끌어들이는 것과 같습니다. 참새보다도 작은 뱁새가 긴 다리로 성큼 성큼 걸어가는 황새걸음을 흉내 내겠다고 다리를 한껏 벌렸다가는 가랑이만 찢어집니다.

주어진 그릇이 있어 그에 맞는 용도가 있고 맞는 용량이 있습니다. 따라서 학업을 마치고 부모 품을 떠나 사회에 첫발부터 무리 없이 내딛자면 먼저 자신의 그릇과 특성과 적성을 파악하는 것이 무엇보다도 중요한 일입니다. 그래야 자신과 가장 잘 맞는 길을 선택해서 진출하고 거기에 적응하며 발전할 수 있습니다. 꼭,

크고 화려한 직장이나 직업을 고집하는 것도 멍청한 짓입니다. 소

꼬리 보다 닭 머리가 훨씬 알차고 보람있는 경우도 많습니다.

이렇게 해서 사회생활을 시작하게 되면 앞에서 열거한 십계명 등의 충고를 참고하는 것 또한 지혜로운 사람이 가져야 하는 태도입니다. 사회생활은 이해관계가 가장 첨예하고 치열하게 얽히고설키어 물고 물리며 밟고 밟히는 현실의 전장(戰場)입니다.

그래서 필요한 것이 처해진 현실을 충분히 이해하는 것이고,

여기에 더하여 적응력과 추진력이 필요해 집니다.

어떻게 보면 현실적인 사회생활에서는 그동안 쌓아온 지식보다도 현명한 지혜가 더 필요할 때가 많습니다. 또한,

몸짱도, 얼짱도, 공부짱도 아닌 배짱이 더 필요할 때도 많습니다. 도전정신입니다. 긍정적이고 진취적인 사고와 부딪치는 실천력입니다. 도착하기 위해서는 먼저 출발을 해야 하는 것 아닌가요? 인생길은 한치 앞을 알 수 없는 오리무중(五里霧中) 깊은 안개길입니다.

걷다가 발을 헛디뎌 넘어지기도 하고 다치기도 합니다. 다시는 일어나지 못하기도 합니다. 길을 잃고 헤매지 않기 위해서는 비상식량도 비상 전등도 필요하지만 무엇보다 나침반이라는 필수품이 준비돼야 합니다. 자신에게 맞는 특수 나침반입니다.

이런 이야기가 있습니다.

산골에 살던 젊은 촌놈 둘이서 보따리를 싸들고 서울로 갔더랍니다. 서울에는 돈도 많다고 하니 돈 많이 벌어 성공해 보겠다는 거창한 꿈을 안고 희망에 부풀어 서울로 간 것입니다. 그런데 서울간지 일주일도 되지 않아 한 놈은 다시 보따리를 싸들고 고향으로 내려와 버렸습니다. 서울이라는 곳이 실제로 가보니 바글바글한 인간 무

리에 밟혀 죽을 정도로 복잡해서 무섭고 두렵기도 하고 그 많은 사람들 속에서는 밥도 한 끼 제대로 얻어 먹을 수 없을 것 같았기 때문입니다. 저 많은 사람들이 도대체 무얼 해서 먹고 사는가 하는 의문을 가지자 갑자기 겁이 덜컥 난 것입니다.

그러나 다른 한 놈은 생각이 달랐습니다. 이 많은 사람들이 다 먹고 살고 돈도 버는데 나 하나 더 있다고 해서 크게 달라질 것도 없을 것 같고 어느 구석에 끼어서라도 한 다리 걸칠 수 있겠다는 생각이 든 것입니다. 이 많은 사람들이 굶어죽지 않고 먹고 사는데 나라고 안 되겠는가 하는 자신감과 배짱이 생긴 것이지요.

우스갯소리 같지만,

긍정적인 사고와 부정적인 사고의 차이입니다. 진취적이고 적극적인 사고와 비관적이고 소극적인 사고의 차이입니다.

이런 이야기도 있습니다.

어느 대기업 종합상사 두 곳에서 시장 개척 담당 직원을 아프리카로 각각 파견 보냈더랍니다. 신발을 팔기 위해서입니다.

시장 조사를 한 다음 본사로 보고를 하는데 그 중의 한 놈은
"사장님, 틀렸습니다. 전부 맨발로 다니고 신발을 신는 놈이 한 놈도 없는 데 어디다 팔겠습니까?! 여기는 도저히 안 되겠으니 당장 보따리 싸서 철수하겠습니다. 더 있어봐야 경비만 나겠습니다."
그러나 다른 한 놈은 달랐습니다.
"사장님, 지금 당장 신발 한 컨테이너를 실어 보내 주십시오. 여기 와보니 신발을 신는 놈이 한 놈도 없습니다. 신발을 가져와서 풀어놓고 신기기만 하면 돈입니다. 무조건 빨리 보내 주십시오."
긍정적인 사고를 가진 사람과 부정적인 사고를 가진 사람의 사이에 이렇게 큰 차이가 납니다. 적어도 북극 지방에서 냉장고를 팔아

먹고 열대 지역에서 보일러를 팔아먹겠다는 다소 정신 나간 생각이 필요한 것이지요.

바둑을 배울 때도 처음은 정석대로 하지만 고수가 되면 정석은 버린다고 했습니다. 무엇을 해도 원칙대로 정석대로 해야 하는 교과서 같은 사람은 학교 성적이나 시험 성적은 우수할지 모르지만 그것은 그야말로 지식일 뿐이고 지혜가 필요한 사회생활에서는 결코 진취적일 수 없습니다.

지혜는 현실적인 응용력이기 때문입니다. 현명한 사람은, 길이 없으면 새로운 길을 만들어서라도 갑니다.

서둘건 없습니다. 너무 서둘면 오히려 다칩니다. 대나무가 곧게 뻗으면서 높이 자랄 수 있는 것은 중간 중간에 마디를 만들면서 쉬어가기 때문이랍니다.

꽃이 같은 시기에 일제히 피는 것은 아닙니다. 봄에 피는 꽃이 있고 가을에 피는 꽃이 있습니다. 자신에게 맞는 계절이 있습니다. 같은 계절에 피는 같은 종류의 꽃이라고 해도 일찍 피는 꽃이 있고 늦게 피는 꽃이 있습니다. 열매가 열리는 것도 그렇습니다.

인생의 꽃을 피우는 것도 마찬가지입니다. 누군가는 일찍 피기도 하고 또 누군가는 늦게 피기도 합니다. 일찍 피는 꽃은 그만큼 일찍 시들 수도 있습니다.

초장 끗발은 파장 몽둥이감이라는 옛날 노름판 속담도 있습니다. 인생사라는 것이 전반전이 너무 좋으면 후반전이 좋지 않기 쉽습니다. 처음부터 끝까지 계속해서 좋은 경우도 드물고, 처음부터 끝까지 계속 좋지 않은 경우도 흔치 않습니다. 이것이 사주학에서 말하는 운의 흐름이요, 굴곡입니다. 특히 너무 젊은 새파란 나이에 사회적인 경험이 일천한 상태에서 큰 벼슬을 하거나 재산을 많이 모아 성공하는 것은 이미 뒷판의 위험을 예고하는 것이라고 볼 수도 있습니다. 이런 경우 대개 사람이 시건방지고 소위 싸가지가 없기 쉽습니다. 자기 밖에 모릅니다. 그리고 남의 견제와 질시(嫉視)도 집중되기 마련입니다.

부모가 이루어 놓은 부귀로 금수저 물고 태어나 많은 재산을 물려받은 자손들에게도 이런 위험이 따르는 경우가 많습니다.

역시 이런 저런 풍상을 겪고 난 다음인 나이 40정도는 넘어 서면서 성공하는 것이 오히려 안전할 수 있습니다. 그리고 끝까지 유지할 가능성도 훨씬 높아집니다.

실패 없이 성공으로만 달리는 사람은 없습니다. 아니, 실패는 없습니다. 시련이요, 굴곡이 있을 뿐입니다. 시련의 굴곡 앞에 흔들리지 않는 사람도 없습니다. 연약한 풀이 모진 풍상에도 쓰러지지 않고 늠름하게 버티는 것은 끊임없이 불어대는 바람의 시련을 견뎠기 때문입니다. 인생도 마찬가지입니다. 산전수전 겪으면 인생 산수(算數)도 잘되고, 산전수전에 공중전까지 겪게 되면 인생 산수공부에는 도사가 됩니다.

시련을 디딤돌로 이용하느냐, 걸림돌로 이용하느냐의 차이가 있을 뿐입니다. 그 선택은 스스로 해야 합니다. 옹이가 없는 큰 나무는 없습니다.

희망하던 직장에 취업하기도 하늘 땅 만큼이나 어렵지만 막상 취직을 해도 산 넘어 산입니다. 업무에 적응하기도 어렵고 밤낮으로 매달려 노력을 해도 언제 '명퇴(名退)'라는 고상한 이름의 날벼락이 자신에게 떨어질지 몰라 전전긍긍합니다.

동료에 비해 승진이 늦거나 뒤쳐지면 이에 대한 스트레스로 간(肝)은 메말라가고 속이 상해 퍼마시는 술과 담배에 찌들려 오장육부는 물론이요, 정신까지도 슬슬 병들어갑니다.

사회적으로 꼭 출세(?)를 해야 잘사는 것인가요? 그런가요?

요즘 세상에 나물먹고 물마시고 어쩌고 주절대면 무능력한 인간의 변명으로 밖에 들리지 않겠지만 처자식이 적당히 속 썩여 가면서 올망졸망 잘 자라고 빚지지 않고 남에게 신세지지 않을 정도로 먹고 살면 그것이 곧 행복일 수 있겠는데 무조건 돈 많이 벌거나 높은 지위로 올라가야 직성이 풀리는 것은 욕심 때문이기도 하겠지만 체면이라는 병에 걸린 경우도 많습니다. 다른 사람 앞에서 폼 잡고 과시하고 싶은 것이지요. 그러나 아닙니다.

당장 돈 많이 벌지 못했다고 기죽을 것도 없고 남보다 승진이 좀 늦다고 실망할 것도 없습니다.

때가 아니면 기다릴 필요도 있는 것이고 숨이 차면 쉬면서 좀 천천히 갈 필요도 있습니다. 천천히 가면 인생길도 그만큼 길어집니다. 너무 빨리 가면 인생길도 빨라져 그만큼 종말도 빨리 만나는 것이지요. 인생이 짧아지는 것입니다.

누구에게나 기회는 옵니다. 다만 그 기회를 스스로 포착해 잡을 수 있거나 감당할 수 있는 능력이 있느냐가 문제일 뿐입니다.

역시 자신의 그릇을 알아야 한다는 말입니다.

조그만 바가지 하나 달랑 들고 한강물을 다 퍼내겠다고 덤빈다면 분명 미친 사람입니다. 그 미련한 욕심으로 인해 골병만 들고 제풀에 나자빠질 수밖에 없습니다. 돌아버릴 수도 있습니다.

구멍가게 하나 운영할 그릇도 안되면서 재벌이 되겠다는 욕망을 불태우거나 대기업 중역이 안돼 불만이라면 그에 따른 스트레스로 건강은 물론 인생을 송두리째 말아 먹을 수도 있습니다.

스트레스는 주로 욕심에 의해서 발생하는 증세입니다.

직장 생활에서 날개를 활짝 펼 수 있고 없는 것은 실력도 중요하지만 운이라는 작용도 도와주어야 합니다.

역학적으로 보면 관살(官殺)이 희신이 되어 관운이 있으면서 행운(行運)에서 뒷받침이 돼 주어야 합니다. 그리고 인성(印星)이 있어 덕(德)을 갖추어야 합니다. 그렇지 않으면 어찌 어찌해서 벼슬을 얻는다고 해도 유지하기는 어렵습니다. 거기에 재성(財星)이 있어 관살을 받쳐 준다면 금상첨화가 되겠지요.

재성은 재물이면서 아내가 됩니다. 생활이 안정되어 먹고 살만 해야 무리수를 두지 않습니다. 그리고 아내의 내조는 필수적입니다. 남자가 사회생활을 하는 데는 활기가 넘쳐야 하는데 그 활기를 주는 사람이 바로 아내이기 때문입니다.

남자는 여자가 다스립니다. 남편의 엉덩이가 올라가고 내려가는 것은 아내의 운전이 거의 절대적입니다.

아침에 출근하면서 아내의 따뜻한 격려와 배웅을 받는 남편의 하루는 발걸음도 가볍고 상쾌합니다. 아내에게 인정받는데 대한 희열로 하루 종일 신나고 일처리도 잘될 수밖에 없습니다. 바쁘고 힘들어 고단해도 그것이 오히려 즐겁기만 합니다. 그러나 아침부터 마누라에게 쥐어뜯기거나 마누라의 잔소리 바가지 폭격에 박살이 나서 열 받거나 맥이 쭉 빠져 출근하는 남자의 출근길은 지옥길입니다.

사는 재미도 없습니다. 만사가 귀찮고 일도 싫어집니다.

이렇게 아내의 역할이 큽니다. 하늘땅만큼이나 차이가 납니다. 현명한 아내는 남편의 기를 살리고 엉덩이를 밀어 올리는데 열심이지만 어리석은 아내는 그 반대입니다.

남편이 돈벌어오면 그 돈은 당연히 아내의 몫이 됩니다. 똑똑한 아내는 남편이 돈을 잘 벌어 오도록 내조하여 그 혜택을 누리는데 반해 멍청한 아내는 남편을 쥐어짜고 긁는 데만 이력이 나서 지친 남편은 사회생활에도 뒤처지고 돈벌이도 시원찮을 수밖에 없으니 그 여파로 아내 자신도 덩달아 쪼달리며 궁상스럽게 살게 된다는 것은 굳이 '알파고'까지 동원하지 않더라도 유치원 다니는 아이도 쉽게 풀 수 있는 계산법입니다.

성공한 남자란 그 아내가 충분히 넘치게 쓰고도 남을 만큼 많은 돈을 벌어오는 사람을 말하고, 성공한 여자란 자기가 충분히 쓰고도 남을 만큼 돈을 많이 벌어오는 남자를 남편으로 만난 여자라고 합니다. 맞는 말이기도 합니다.

또한,

사회생활에서 성공하는 비결중의 하나는 적(敵)을 가까이 하는 것입니다. 자신을 성장시키는 것은 내편이 아니라 나에 대해 비판적인 사람입니다. 앞말은 대개 허위가 많고 아부성인 경우가 많습니다. 뒤에서 비판하거나 앞에서라도 충고해 주는 사람이 진정한 내편이기 쉽습니다. 나의 단점을 지적해 주고 충고하는 사람은 진정 나를 위한 사람입니다.

그러나 인간의 기본 심리가 이를 허용하기 쉽지 않습니다.

특히 소인배(小人輩)일수록 자신의 단점을 감추기에 급급하고 이를 지적하면 적(敵)으로 삼아 등을 돌려버립니다.

 실패하거나 망하는 사람 중에 아군(我軍)과 적군(敵軍)을 구분하지 못해 당하는 경우가 대단히 많습니다. 희한하게도 내리막의 운에 접어들어 실패할 때는 적군이 접근해서 감언이설로 아부하고 판단을 흐리게 만들어 파멸의 구렁텅이로 유도하는 경우가 흔합니다.

 기회는 계속 오게 돼 있습니다. 실패란 성공의 여명이 밝아오기 전의 어둡고 침침한 이른 아침 시간인 경우가 많습니다. 실패는 또한 새로운 지혜를 주기도 합니다.

 다만 그 실패와 좌절의 시간을 어떻게 슬기롭게 넘기느냐가 중요한 것이지요. 아니, 아니,

 실패란 없다고 했지요? 겪어야 할 시련일 뿐입니다.

 빠른 것이 좋은 것만도 아닙니다. 강한 자가 살아남는 것이 아니라 살아 남는 자가 강한 자라는 말이 있습니다.

 직장 생활을 해도,

 승진이 좀 늦은 것이 전체적으로 봐서 오히려 도움이 될 수도 있습니다. 너무 이른 출세는 뒤의 몰락을 예고하는 것과 같다고 볼 수도 있기 때문입니다. 심하면 단명을 초래하는 경우도 있습니다. 만사가 그렇습니다.

 어린 나이에 몇 백년 만에 하나 날까 말까하는 천재라고 해서 온 나라가 떠들썩할 정도로 대단했던 아이가 성인이 되어서는 어느 구석에 처박혀 뭘 해먹고 사는지 조차 모르는 경우가 많습니다.

 좀 늦거나 실패했다고 해서 결코 그것으로 끝나는 것이 아닙니다. 실패 뒤에는 대개 또 다른 기회가 따르게 됩니다.

 사업도 마찬가지입니다.

 어차피 인생에는 굴곡이 따르게 마련입니다.

그리고 한번쯤 실패하고 좌절을 겪거나 큰일을 당하고 나면 인생 도사가 됩니다. 지혜도 살아납니다.

사람이 사는데 정해진 길만 있는 것은 아닙니다.

여유를 가지고 냉철한 자기 분석과 자기반성을 할 필요가 있습니다. 바둑에서도 복기(復棋)가 없으면 발전이 없습니다.

꼭대기에 올라가면 내려올 준비를 해야 하고 바닥으로 내려 앉으면 다시 올라갈 준비를 해야지요.

물론 바닥이 끝이 아닐 수도 있습니다. 바닥 밑에 캄캄한 지하실이 있을 수도 있기는 합니다.

부자가 되는 사람은 술 사먹을 돈은 없어도 집살 돈은 있고

가난을 달고 사는 사람은 집살 돈은 없어도 술 사먹을 돈은 있다고 합니다. 낭비성과 알뜰성의 차이를 빗댄 말입니다.

조물주는 누구에게나 똑같이 두 눈을 주고, 한 입을 주었으며,

두 다리와 두 팔을 주었습니다. 그리고 똑같이 하루에 24시간이라는 시간을 공평하게 나누어 주었습니다.

그런데도 되는 사람은 되고, 안 되는 사람은 안 되는 것이 역학적으로 이해하면 그릇의 차이고 운세의 차이입니다.

그리고 일반적 상식으로 보면 긍정성과 부정성의 차이입니다. 생각과 실천력의 차이기도 합니다. 되는 사람은 되는 이유와 조건을 찾고 만약에 잘 안되면 되는 길을 만들어서라도 갑니다.

그러나 안 되는 사람은 안 되는 이유와 조건만 찾습니다.

그러면서 궁리만 합니다.

이불속에서, 꿈속에서, 재벌이 됐다가 장관이 됐다가….

시작이 절반이라는 속담이 있지요? 실천력을 의미합니다. 출발을

해야 도착을 하든지 말든지 할 것인데, 출발은 하지 않고 개꿈 속에서 헤매기만 합니다. 아니, 출발할 힘이 없는 것이기도 합니다.

이판사판(理判事判)을 해야 합니다.

역학적인 판단을 이판(理判)이라고 한다면 상식적이고 현실적인 판단은 사판(事判)이라고 했습니다. 이판은 눈에 보이지 않는 본질에 대한 판단을 말하는 것이고, 사판은 눈에 보이는 현실 세계에 대한 판단입니다. 따라서 이판과 사판의 조화가 중요합니다. 예를 들어,

점집이나 철학원에 손님이 찾아와서 집이 팔리겠느냐고 묻습니다. 신점(神占)이나 역학 이론에 의한 답을 하겠지요.

이판(理判)입니다. 그러나 그것이 전부가 아닙니다.

전국의 부동산 경기가 완전히 꽁꽁 얼어붙어 숨도 쉬지 못하고 있는 판에 운세가 좋으니 집이 금방 팔리겠다는 등 단순 판단을 하면 오류를 범하기 딱 좋습니다. 세상이 돌아가는 시절을 봐야 하고 팔 물건의 위치와 규모도 봐야 합니다. 환금성(換金性)을 봐야하는 것입니다. 이것이 사판(事判)입니다. 현실을 보는 것입니다.

사주명리학적으로 재물에 대한 운을 보는 것은,

먼저 힘차고 성실한 활동력부터 봐야 합니다. 물론 근검절약(勤儉節約)도 필요 합니다. 재물을 의미하는 재성은 일간인 본인이 극(剋)하는 대상입니다. 극하는 것은 이기는 것입니다. 이겨야 하는 것이라면 우선 본인이 튼튼한 힘을 가져야 이겨 먹든지 말든지 하는 것이고 재물이 새지 않고 모이도록 하자면 근검절약하는 수밖에 없습니다. 상식적으로 봐도 그렇습니다.

그리고 또 하나는 베푸는 것입니다.

베푸는 것은 식상(食傷)의 작용입니다. 주는 것입니다.

그리하여 식상으로 하여금 재성(財星)을 生해서 돈을 물고 오도록 하는 것입니다.

명리학 용어인 식상생재(食傷生財)는 식상인 재능의 뒷받침으로 재성을 만나는 것이라고 해석하지만 현실적으로 보면 남에게 베푸는 기질이 재물을 낳을 수 있다는 말이기도 합니다. 하나를 베풀면 둘이 돌아오기도 하고 셋이 돌아올 수도 있습니다. 주고 베푸는 것이 결코 손해만은 아니라는 말입니다.

그런데 우리 대한민국의 국민성은 식상을 활용하기 보다 주로 재성을 바로 극하고 이겨서 해결하려는 본성이 대체로 강한 것 같습니다. 눈앞의 이익에 매달리는 것입니다. 아닌가요?

식상과 재성이 조화로우면 금상첨화겠지만 둘 중에 하나를 잡으라면 식상이 더 좋을 수도 있습니다. 식상은 재성을 生하고 재성을 만들어 내는 재능이요, 자본이요, 투자금이요, 기술입니다. 돈도 만들어 내고 여자도 만들어 내고….

재성이 깨져 망한다고 해도 식상이 다시 재성을 만들어 내므로 망해도 다시 재기해서 일어서는 형국이 됩니다. 또한 식상생재가 되면 당장 눈앞의 이익보다 한수 앞을 내다보고 멀리 보면서 투자하는 성분입니다. 더 큰 것을 보는 안목(眼目)입니다.

그러나,

목숨처럼 쥐고 아낀다고 내 것이 되는 것도 아니고, 죽을 때 가져가는 것도 아닙니다. 어차피 우리는 잠시 사용하다가 두고 갑니다. 죽어서 저승으로 갈 때 입고 가는 수의(壽衣)에는 주머니가 없습니다. 다 두고 빈손으로 가는 것입니다. 누구나 그렇습니다.

신발 공장 사장은 신발을 두 켤레씩 겹으로 신고 다니던가요?

능력 이상의 욕심이 재앙으로 돌아온다는 것은 상식적인 세상의 이치이기도 하지만 특히 사주명리학에서 강조하는 기초 이론이기도 합니다. 꼭 욕심을 부리려면 그에 합당한 능력이라도 있어야 합니다. 그릇입니다. 그릇이 커야 많이 담을 수 있습니다.

큰 것을 먹거나 많이 먹으려면 우선 입이 커야하고 배가 커야 합니다. 그리고 소화력이 활발해야 합니다. 기본 체력과 능력을 의미합니다. 큰 감투를 쓰거나 큰 재물을 감당하기 위한 필수 조건입니다. 힘이 없으면 너무 큰 감투 탐내다가 목 부러지고 너무 많은 재물 탐내다가 허리 무너집니다.

사주명리학에서는 재물을 여자와 같이 본다고 했지요?

여자 너무 좋아하다가 늘그막에 허리 고장나는 사람 많습니다. 사주상 자신을 의미하는 일주(日柱)가 우선 튼튼해야 합니다. 감당할 수 있는 기초 체력입니다. 그릇이요 능력입니다.

일주의 강약이 명예 감투든, 재물이든, 여자든, 감당할 수 있는 그릇의 크기가 됩니다. 누구에게나 정해진 그릇이 있고 또한 쓰일 용도가 있습니다. 쓰임새가 없는 사람은 없습니다. 심지어 버려지는 똥도, 오줌도, 자연의 소중한 자원입니다.

하물며 인간일진데….

우리가 얼마나 위대한 존재인가는 태어난 과정을 들여다보면 알 수 있습니다. 아버지의 정자가 어머니의 난자를 만날 때 적어도 수억 마리의 정자들이 치열한 단거리 경주를 해서 그 중 제 일착으로 도착해서 당당히 난자를 만나 잉태되고 태어난 존재가 바로 우리들입니다. 이렇게 힘겨운 경쟁과 역경을 이기고 고귀하게 태어난 우리들이 쓸모가 없을 수는 없습니다.

다만 그릇의 크기와 용량이 다르고 용도가 각각 다를 뿐입니다.

거기에 맞게 살면 됩니다.

　기초 체력은 자동차의 엔진에 비유할 수 있습니다.

　승용차 엔진과 대형 화물차 엔진은 그 용량과 용도가 다릅니다. 소형 승용차 엔진에는 소형 승용차를 얹어야 하고 대형 화물차 엔진에는 대형 화물차를 얹어야 하는 것은 당연하겠지요?

　각각의 능력이 정해져 있습니다. 작은 차는 작아서 많은 양을 실을 수 없고 대형차는 커서 많은 양을 실을 수 있습니다. 용량이 정해져 있습니다. 또한 버스나 승용차에는 사람을 실어야 하고 화물차에는 화물을 실어야 합니다. 용도가 정해져 있습니다.

　사람도 그렇게 설계되고 그렇게 제작되어 있습니다.

　승용차에 화물을 실을 수는 없고 화물차에 사람을 실을 수는 없습니다. 그릇의 용도와 용량부터 점검해야 합니다. 작은 차라고 억울해 할 것도 없습니다. 귀하고 비싼 것을 실으면 됩니다.

　오뉴월 찌는 무더위를 식히겠다고 코끼리에게 작은 선풍기 바람을 서비스한다고 해서 해결되는 것은 아닙니다.

　시원하기는 커녕 오히려 감질만 나는 꼴이 됩니다. 그러나,

　작은 날파리에게 선풍기 바람은 거대한 초대형 태풍이 됩니다.

　재물과 여자를 같이 본다고 했으니 재물이 많으면 여자도 많고 돈이 없으면 여자도 없다고 볼 수도 있을 것입니다. 재성(財星)입니다. 그러나 재성이 들어오는 경우,

　돈이 들어올 때 여자도 같이 들어온다는데 문제가 있습니다. 두 가지를 동시에 다 잡기는 어렵기 때문입니다.

　어느 한쪽을 먼저 잡아야 하는 곤란한 입장에 놓이게 되는 것인데 만약에 돈과 여자가 동시에 들어올 때 여자를 먼저 덥석 안아버리면

나중에 돈을 놓치게 되는 불상사가 벌어지기 쉽습니다.

혹시 돈 보다도 여자가 더 급하다는 확고한 철학이 있어 결코 결과에 후회하지 않을 확신이 있으면 몰라도

그렇지 않다면 여자가 들어오더라도 그냥 흘려보내는 것이 좋습니다. 그래야 돈을 잡을 수 있습니다.

돈을 먼저 잡으면 여자는 자동적으로 따라옵니다. 여자는 돈 냄새를 기가 막히게 잘 맡는 동물적인 감각을 가지고 있으므로 두툼한 지갑을 흔들어 보이며 돈 냄새를 은근 살짝 피우기만 하면 저절로 해결 됩니다.

그러나 여자를 먼저 잡으면 돈이 돌아서는 경우가 많습니다.

사업을 하는 사람들이 특히 중소기업을 하는 사람들 중에 여자 때문에 망하는 경우가 많습니다.

사업을 하려면 기(氣)가 충만해서 판단력과 추진력이 남달라야 하는데 이 여자 저 여자와 어울려 밤낮으로 기를 소진 시키면 판단력도 집중력도 추진력도 흐리멍텅해져 결국은 재물까지도 흩어지고 날아가 버립니다. 특히,

재수 없는(?) 여자나 복 없는(?) 여자에게, 그것도 술에 취해서 정혈(精血)을 낭비하면 그 여자의 나쁜 기와 업(業)까지 흡취하게 되어 자신의 인생에 치명적인 해악을 끼칠 수 있습니다. 건강이라도 다칩니다.

어차피 세상을 다 먹을 수는 없습니다. 자신의 그릇 이상을 취하려 들면 그것이 욕심입니다. 욕심이 자신도 망치고, 남도 망치고, 가정도 망치고, 종내는 사회도 망치게 됩니다. 대개 떵떵거리며 밥술이나 먹고 사는 사람일수록 혈압이 높고 혈색에 홍조를 띠는 경우가 많습니다. 그것은 더 벌어서 더 모으고 더 먹으려는 욕심의 표출

이기도 합니다. 따라서 대단한 도인(道人)이나 고고한 종교인이라고 어깨에 힘을 주는 사람의 혈색이 불콰하거나 혈압이 높으면 대부분 엉터리 가짜입니다. 심하면 사기꾼입니다.

재물이라는 것은 활동의 보너스로 얻는 것입니다.

살아있다는 증거로 열심히 활동하면 그에 부수해서 재물이 따르는 것이지 재물만을 위해 활동한다면 재물은 자꾸 도망가는 특성이 있습니다.

설사 재물을 얻는다고 해도 그 재물에 치어 죽을 수도 있습니다. 재물은 또한 드러나면 새어나가는 특성이 있습니다. 남의 눈에 뜨이면 이미 언제라도 달아날 준비태세에 있다고 봐야 합니다. 그래서 사주에서 지지에 뿌리가 없는 재성이 천간에 있으면 위험한 재물이 됩니다. 실속도 없이 돈 자랑만 하는 꼴입니다.

재물이란 자랑하면 뺏어 먹으려는 도둑놈이 따라 붙게 마련입니다. 지지에 있는 것은 숨어 있는 것이고 천간에 있는 것은 누구나 볼 수 있고 만질 수 있도록 노출되고 공개되어 자랑하는 꼴입니다. 도둑(?)맞지 않으려면 금고에 숨겨두고 자물통을 채워 놔야지요.

지지에 특히 일지(日支)에 재성의 고지(庫地;창고, 금고)를 깔고 앉으면 안심이 됩니다. 재성은 재물과 여자(아내)로 본다는 의미에서, 옛 속담에 마누라와 쟁기는 빌려 주지도 말고 밖으로 내돌리지 말라고 했습니다. 고장 나거나 깨지고 도둑이라도 맞는다는 말입니다. 마누라도 밖으로 나돌아 다니면 위험하다는 말입니다. 어떤 놈이 업고 도망갈지 모릅니다. 아니면?

어디엔가(?) 흠집(?)이라도 생깁니다. 내 마누라도 아니고 임시로 사용하는 여자라고 해서 함부로 다루기 때문입니다. 그래서 재성은 꼭꼭 숨기는 것이 안전상 상책입니다.

일지에 재성의 고지가 놓이면 재물과 마누라를 숨겨놓고 묻어두는 형상이라 일단 기본적인 안전성은 확보되는 셈이 되는 것이고, 갇혀있는 마누라는 말도 잘 듣고 고분고분합니다. 다만,
갇혀있어 좀 갑갑할 수는 있습니다. 병이 생길 수 있습니다. 체질에 맞지 않으면 견디기 어렵습니다. 우울증이라도 걸립니다.
어쨌든,
금고는 감추어 두는 것이 일단 좋습니다. 나무도 밑뿌리가 드러나면 햇볕에 노출되어 말라 죽어 버립니다. 덧붙이자면,
감추어 둔 것이 있으면 반드시 기록이라도 남겨두는 것이 좋습니다. 험하고 변화무쌍한 세상에 언제, 어디서, 어떤 일이 벌어질지 모릅니다. 특히 한 가정의 가장이 어느 날 느닷없이 유언 한마디 남기지 못하고 이 세상을 떠나는 경우, 죽은 사람에게 빚진 놈은 아예 코빼기도 내밀지 않고 돈 받을 놈들만 어디서 나타났는지 줄을 서는 경우가 많습니다.

부자가 되려면 돈을 사랑할 줄 알아야 합니다.
돈을 원수처럼 대하면 돈을 싫어하는 줄 알고 도망갑니다.
사랑하면서 아껴야 합니다. 함부로 쓰지 않아야 한다는 의미입니다. 귀하게 아끼는 것을 아무렇지 않게 써 버리지는 않을 것이기 때문입니다.
돈을 주고 물건을 산다는 것은 물건을 귀하게 여기고 좋아하는 것이지 돈을 귀하게 여기고 좋아하는 것은 결코 아닙니다.
그리고 돈 되는 쪽으로 가야 합니다. 똥밭에 앉으면 똥파리만 모여 들게 마련이고, 꽃밭에 앉으면 꿀벌들이 모이고 나비들이 모여 들게 마련입니다. 또한 긍정적인 사람과 어울리고, 복이 있어 돈 되

는 사람과 어울려야 합니다. 부정적인 사람과 어울리면 자신도 부정적으로 흐르게 되고 망하는 사람과 어울리면 자신도 망하기 쉽습니다. 잘나가는 사람과 어울려 그들의 습성과 사고를 배울 필요가 있습니다. 복 있고 잘되는 사람 옆에 서야 합니다.

어려울 것 없습니다.

잘 나가는 사람이 땅을 사면 바로 그 옆에 땅을 사면 됩니다. 실제로 재벌 총수가 어느 지역에 집을 사거나 건물을 사면 그 주변의 부동산 가격이 뛰어 오른다고 합니다. '끼리끼리 법칙'의 작용입니다. 줄여서 '끼끼 법칙'입니다. 또 하나는,

자식을 잘 낳고 잘 키우는 것입니다. 왕대밭에 왕대 나고 쑥대(쫄대?)밭에 쑥대(쫄대?) 난다고도 하지만 특히 현대는 똘똘한 자식이나 예쁜 딸 하나만 두어도 금방 집안이 일어나는 세상입니다. 열심히만 한다고 되는 것도 아닙니다.

너무도 바쁜 나머지 밥 먹고 트림 한번 할 시간도 없고 밥 먹고 방귀 한방 시원하게 날릴 시간이 없을 정도로 열심히 산다고 해도 운이라는 것이 뒷받침 되지 않으면 골병만 들기 쉽습니다.

심지어 복권 한 장을 사서 당첨되는 것도 자신의 사주팔자에 있어야 하고 운에서 도와주어야 합니다. 느닷없는 횡재수를 만나려면 무엇보다도 일간이 왕성해서 힘이 있고 튼튼한 편재가 있거나 행운(行運)에서 튼튼한 편재가 들어오면 기대가 됩니다. 편재는 횡재를 의미합니다. 팔자에 없는 횡재수를 만나 오히려 인생 망치는 경우도 많습니다. 관리하고 감당할 수 없는 짐을 진 것입니다.

한 끼 더 먹고 하루 더 산다고 특별히 달라지는 것도 아니고, 한 끼 덜 먹고 하루 덜 산다고 특별히 달라지는 것도 아니지만, 그래도 어쨌거나 돈은 필요합니다. 돈이 있어야 가정에서도 가장(家長) 대

접을 제대로 받을 수 있고 사회에서도 사람답게 어디를 가나 어깨에 힘주고 살 수 있습니다. 특히,

 남편은 마누라에게 인정받을 수 있는 절대적인 조건이 돈입니다. 돈이 없으면 가장 가까운(?) 사이라고 하늘같이 믿었던 마누라로부터 우선 통친 막대기 취급당하기 딱 좋습니다.

 기억나나요? 성공한 남자란 자기 부인이 쓰는 돈 이상으로 많은 돈을 벌어오는 남자를 말하고, 성공한 여자란 자기가 쓰는 돈 이상으로 많은 돈을 벌어오는 남자를 남편으로 만난 여자라고….

 현명한 사람은 돈을 노예로 삼아 부리지만 어리석은 사람은 돈의 노예가 되어 질질 끌려 다니다 죽습니다.

 젊은이는 희망에 살고 늙은이는 추억에 산답니다.
 그러나 젊은이건 늙은이건 희망을 잃으면 죽은 삶이지요.

궁합(宮合)

 멸치 집안의 딸에게 오징어 집안의 아들로부터 혼담이 들어 왔더랍니다. 그러나 멸치 집안에서 일언지하에 거절했더랍니다.
 이유는 단 하나, 총각 집안이 뼈대없는 가문이라고 …

 영감쥐, 할멈쥐가 살고 있었습니다.
 아들놈 장가를 보낼 때가 되어, 속말에 '혼사는 쳐다보고 하라' 했으니 문벌 좋은 집안을 고르다가 가만히 생각해보니 이 세상에서 가장 높다면 하늘 밖에 없는지라 하늘과 사돈을 맺을까 하고 하늘에게 찾아가서 의향을 물었습니다.
 그러나 하늘은,
 "비록 내가 높기는 하고 모든 땅을 내려다 보며 만물을 기르고는 있으나 구름이란 놈이 가끔 빛을 가려 나의 체면을 구겨놓고 있으니 알고 보면 내가 구름만은 못한 셈이지."
하는 것입니다. 듣고 보니 그럴듯하여 이번에는 구름을 찾아가서 사돈 맺을 의향이 없는지 물었습니다.
 그러자 구름이 말하기를,

"글쎄, 물론 내가 이 세상의 어디에든 못가는 데가 없고 하늘의 빛이건 뭐건 다 가릴 수도 있고 모든 그림자를 지워 버릴 수도 있기는 한데 바람이라는 놈을 만나면 나도 도무지 맥을 추지 못한다네. 그러니 바람이 나보다는 세다고 할 수 있지."

하는 것입니다. 그래서 옳거니, 하고 이번에는 바람을 찾아가서 의향을 물어 봤습니다.

그런데 바람의 말을 들어보니,

"사실은 사실이야. 나는 구름을 걷어내기도 하고, 아무리 큰 나무도 뽑아 버리고, 지붕도 날려 버릴 수가 있지. 그런데 과천의 돌미륵불만은 나도 어찌할 수가 없다네. 아무리 날려 버리려고 해도 꿈쩍도 않아."

하였습니다. 그래서 부랴부랴 또 과천으로 달려가 돌부처인 미륵불을 붙잡고는 사돈 맺을 의향이 없는지 물었습니다.

그러자 돌부처가 하는 말이,

"그래. 보다시피 천년 이상 비바람에도 끄떡없이 버티고 서있기는 하지. 그런데 말이야. 쥐라는 놈이 내 발바닥 밑의 흙을 자꾸 파헤치고 있어 내가 이렇게 기우뚱하게 기울어지고 있으니 나보다는 쥐라는 놈이 한수 위가 아니겠는가."

하고 투덜거렸습니다. 결국 늙은 쥐 내외는 돌고 돌아 다시 집으로 돌아오면서 서로 쳐다보고 웃었습니다.

"세상이란 알고 보면 별거 아니야. 그렇지?"

그리고 같은 종족인 쥐의 집안과 혼사를 하기로 결정했더랍니다.

어느 통계에 의하면,

매일 1,000쌍 가까운 부부가 탄생하고 500쌍 가까이가 이혼을 한답니다. 이혼 건수는 갈수록 더 많아 지겠지요.

이 결과로 인해 아비 없이 엄마 혼자 자식을 키우고 있는 가정이 100만 가구를 훌쩍 넘었고, 어미 없이 홀아비가 자식을 키우는 가정이 50만 가구에 육박한다고도 합니다. 요즘 젊은이들이 유식하게 잘 쓰는 용어로 싱글 맘(single mom) 가정과 싱글 대디(single daddy) 가정입니다.

남편과 자식도 팽개치고 아예 가정을 버리는 가정주부가 매년 만 명을 훨씬 넘는다고도 합니다. 매일 30여명의 가정주부가 가출한다는 말입니다.

이들도 분명 만인 앞에서 맹세를 했을 것입니다.

한 남자와 한 여자가 만나서 그대는 오직 영원한 나만의 사람이요, 나 또한 영원히 그대만의 사람이 되어 한눈 팔지 않고 서로 사랑하고 아끼면서 검은 머리가 하얗게 변하도록 알콩달콩 살겠노라고 굳게 약속하고,

터질듯 벌렁거리는 가슴을 진정시키며 혼인서약이라는 이름으로 '상호 완전 독점사용 계약'을 체결하고 증빙을 위해 동사무소에 확인 등기까지 확실히 했을 것입니다.

그러나 계약서의 잉크가 마를 만하면 서로의 감추어져 있던 부분이 노출되고 위선의 화장이 벗겨지면서 사랑은 슬슬 식어가기 시작하고 이기적이고 본능적 탐욕이 머리를 쳐들게 되면서 갈등의 골이 생기게 됩니다. 드디어 긴긴 인고(忍苦)의 수행(修行)길이 시작되는 것이고 불안한 외줄타기를 합니다.

기대와 설레임으로 흥분되어 벌렁거리던 심장은 어느새 후회와

회한으로 서서히 식어 갑니다. 차갑게 차갑게….

그렇게 얼음장처럼 식어버린 심장을 다시 녹이기는 쉽지가 않습니다. 세월이 흐를수록 갈등의 골은 점점 깊어져 가고 건널 수 없는 심심계곡이 되어 끝내는 돌이킬 수 없는 파경을 맞기도 합니다. 도대체 원수 같은 저 인간은 나의 배우자가 되어 나를 괴롭혀야 하는 무슨 역사적인 사명이라도 짊어지고 태어난 것처럼 생각됩니다.

세상이 하도 수상하게 돌아가므로,

결혼 5년차 이상의 부부가 사는 유형을 조사 연구해 정리해 봤습니다. 단, 공식적으로 검증되지 않은, 어디까지나 허당(虛堂)의 일방적인 연구 결과임을 밝혀 둡니다.

① 사랑 부부입니다. 멸종 위기에 처한 희귀종들입니다.
② 의무 부부입니다. 가족이라는 이름으로 그런대로 돌아갑니다.
③ 남남 부부입니다. 십리 밖이 지뢰밭입니다. 위태위태합니다.
④ 원수 부부입니다. 이미 지뢰를 밟은 상태입니다.

이렇게 네 가지 유형으로 분류가 되는데 그 중에서 가장 많은 비율을 차지하는 부류가 의무 부부였습니다.

결혼은 판단력 부족으로 하고,

이혼은 인내력 부족으로 하며,

재혼은 기억력 부족으로 한다고 하던가요?

맞는 것 같습니다. 결혼이란 철들기 전에 하는 것이라고도 하지요? 아무래도 철이 들면 계산이 앞서고 계산이 복잡해지면 결정이 어렵습니다. 인생사에,

계산이 많아지면 피곤하고 고단해지게 마련입니다.

부부로 만났다가 헤어지는 경우, 대부분 준비된 이별로 처음부터

서로 어울리지도 않고 또한 만나서는 안 되는 한 쌍이 만난 경우가 많습니다. 만나지 않아야 할 사람끼리 만난 것이고, 만나는 것까지는 좋으나 결코 부부가 되어서는 안 되는 사람끼리 만나 부부가 된 것입니다.

아무리 서로 좋아서 뒤집힌 눈에 핏발이 서도 결혼을 해서는 안 되는 팔자가 있고 어울려서는 안 되는 궁합이 있습니다.

궁합이란 서로 잘 어울리고 조화가 되는지를 보는 것입니다.

처음에는 누구나 조화가 잘 되는 것처럼 보입니다. 위장을 하기 때문입니다. 화장으로 위장을 하는데 얼굴만 화장을 하는 것이 아니라 언행(言行)까지도 화장을 합니다. 여기에 눈에는 콩깍지까지 끼게 되므로 화장으로 위장한 모습과 행동만 보이게 됩니다.

연애할 때는 스테이크와 와인을 즐기며 비싼 커피로 분위기를 잡다가도 막상 결혼을 하고 나면 자장면으로 때우게 되는 것이 현실입니다. 너무나 사랑해서 몸살까지 앓다가 막상 결혼이라고 했는데 삼년이 못가서 이별의 쓴잔을 마시는 부부도 많습니다.

이것을 음양오행상 궁합의 부조화로만 넘기기에는 어딘가 미심쩍은 구석이 많아 자세히 살펴보았습니다.

남자와 여자가 만났다면 우선 기본적인 음양관계는 이루어진 셈입니다. 남자는 양이고 여자는 음이니까요. 오행 이론상 음양 합은 양의 천간(天干)과 음의 천간(天干)이 합하는 것입니다. 이것이 남녀의 합이고 부부의 합입니다.

甲이라는 남자와 己라는 여자가 만나 합을 해서 土라는 자식을 낳고 土라는 공동의 목표를 향해 걸어가는 모양입니다.

그런데 이 천간을 오행으로 보면 甲은 木이고 己는 土입니다. 木과 土는 서로 극하는 사이지요? 목극토(木剋土) 합니다.

양인 甲이 음인 己를 극합니다. 남자가 여자를 극하는 형태입니다. 서로 상극(相剋)되는 반대의 다른 성향끼리 자신도 모르게 운명적으로 끌려 각각의 특성은 잃어가고 둘이 섞이고 얽히고 얽매여 보듬고 끌어안는 모양입니다.

甲과 己가 만나 합도 하고 극도 하면서 산다는 말입니다.

사랑도 하고 싸움도 하면서…

실제로 수 백 쌍을 중매했다는 대한민국 최고의 어느 중매사 토로에 의하면 성격이나 생김새 등 서로 상반된 쌍이 잘 맺어지고 잘살더라고 했습니다.

부부 사이에 잘 다투기도 하고 때에 따라서는 치사하고 사소한 일로 목숨을 걸다시피 싸우기도 하는 것은 평생을 같이 살아야 하는 부담 때문이기도 합니다. 여기서 답을 찾아야 합니다.

서로 똑같으면 어렵습니다. 같으면 쉽게 물리고 쉽게 질리기도 합니다. 부부관계는 서로 합도 하고 극도 하면서 얽매이는 관계라는 사실부터 알고 인정해야 합니다. 오죽하면 부부사이를 적과의 동침이라고 했을까요.

아무리 다정한 부부 사이라도 합하는 자세로만 살수는 없습니다. 합하는 자세와 극하는 자세가 동시에 돌아가는 것이 부부 사이입니다. 이것이 천륜이기도 하고 자연의 이치이기도 합니다. 이 원리를 무시한다면 애당초 결혼이라는 굴레를 쓰지 말아야 합니다.

부부생활은 공동생활입니다.

처녀, 총각 시절의 혼자 자유롭게 살던 사고에서 벗어나야 유지될 수 있는 것이 부부생활입니다.

역학적으로 부부 궁합을 본다는 것은 이 기본적인 원칙을 두고 보완적으로 더 좋은 짝을 만나기 위한 하나의 보조 수단일 뿐입니다.

아무리 궁합적으로 좋다고 해도,

　부부사이란 세월의 흐름에 따라서 합할 때도 있고 극할 때도 있다는 것을 인정하기 어려우면 그 부부 관계는 유지되기 힘듭니다. 평생 밥맛이 좋을 수만은 없다는 사실부터 인정해야 합니다. 감기 몸살이라도 나면 당장 밥맛부터 떨어집니다.

　그렇다고 밥을 굶으면 어떻게 될까요? 건강이 더 악화되고 합병증까지 유발되어 치명적인 결과를 부를 수 있습니다.

　결혼 생활도 이와 같습니다. 평생 한 순간도 변함없이 서로 쳐다만 봐도 두 눈이 충혈되어 여보야, 저보야 알콩달콩 찌릿 찌릿한 상태로만 살 수는 없습니다. 불가능합니다. 지나칠 정도로 심하면 목숨까지도 단축시킬 우려가 있습니다. 너무 가까우면 타죽는 법입니다. 반대로 너무 멀면 얼어 죽겠지요.

　부부사이는 물맛이나 밥맛처럼 좀 밍밍하고 덤덤한 것 같아도 서로 물리지 않고 질리지 않는 것이 가장 좋습니다.

　대개 성격이 달라서 못살겠다고 합니다. 거짓말입니다.

　성격이 똑같은 놈하고 살아보라고 하면 더 지겨워 못삽니다.

　음양 조화라고 하는 것은 어차피 반대의, 서로 상대적이고 대칭적으로 맞지 않는 것을 맞추는 현상입니다. 상호 보완입니다.

　궁합을 보는 것은 이미 기본 바탕이 결정된 내 팔자를 개선해 보려는 의도이기도 합니다.

　모모 대학의 심리학자인 모모 교수의 조사 분석에 의하면 이혼한 배우자를 지긋지긋하게 생각하면서도 또 다시 그와 비슷한 사람과 재혼하는 경향이 두드러지더라고 합니다. 그것을 길들여진 습관 때문이라고 해석했습니다. 미안하지만 틀렸습니다. 그것은 역학적인 원리를 모르는 탁상 학자의 헛소리입니다.

자신의 팔자에는 이미 기본적으로 배우자의 형태가 자리 잡고 있습니다. 내 팔자에 어떤 놈을 만날 것인지가 정해져 있다는 말입니다. 원칙적으로 그대로 갑니다. 팔자대로 인연 따라 가는 것입니다. 이때 궁합이라는 도구를 활용하여 지혜롭게 대처하면 보완이 된다는 논리입니다. 결혼을 한다는 것은 자기 자신 외에 또 다른 운명을 하나 더 만나서 혼합 공동체를 이루는 것입니다. 그렇게 부부가 되고, 가족이 되고, 가정이 됩니다.

이혼이라는 말이 흔하게 입에 오르내리는 사회지만 이혼 이야기에 세 번 놀란답니다.
소문난 알콩달콩 부부라 절대로 이혼하지 않을 것 같던 부부가 어느 날 갑자기 이혼 하는 광경을 보고 놀라고, 금방 깨질 것처럼 밤낮으로 치고받는 싸움질로 일상을 삼던 부부가 이혼을 하지 않고 계속 붙어사는 걸 보면서 놀라고, 이혼이라는 것이 남의 이야기인 줄만 알고 남의 이야기만 하며 살다가 어느 날 자신이 이혼을 하게 됐을 때 놀라고….
그렇고 그렇답니다.
역학적인 궁합을 볼 때는 우선 월주(月柱)의 조화부터 찾아야 합니다. 부부로 만나는 것은 남녀라는 음양이 만나는 것입니다. 그렇다면 태어난 계절의 기운이 먼저 조화로워야 합니다. 즉,
겨울에 태어나 사주가 찬 사람이면 상대 배우자는 여름에 태어나 더운 사주가 되어야 좋습니다. 따뜻한 봄에 태어난 사람이면 상대 배우자는 서늘한 가을에 태어난 사람이 좋습니다.
본성인 체질 조건입니다.
자신에게 필요한 오행이 상대의 사주에 많으면 좋다는 의미와 같

습니다. 그리고 중요한 것은 상대의 사주에서 내가 어떻게 자리 잡고 앉아 있는지를 보아야 합니다. 상대의 사주에 내가(상대의 배우자) 힘을 쓰지 못하거나 파괴되면 일단 안정성을 확보하지 못합니다. 아무리 궁합이 좋아도,

상대의 사주에서 부부궁이 파괴되거나 해로하기 어려운 기운이 강하게 보이면 위험해 집니다.

또한 서로의 대운 흐름도 참고하는 것이 좋겠습니다.

그러면서 사주가, 특히 일주(日柱)가 서로 상합(相合)되거나 상생(相生)되면 더욱 좋겠지요.

부부사이가 돈독하다고 해로하는 것도 아닙니다.

이런 사항들을 자세히 보지 않고,

그대들은 사주가 서로 합이 많거나 상생이 되어 궁합이 좋다거나 또는 이상한 귀신 신살(神殺)들을 잔뜩 늘어 놓으면서 부부궁이 흉하므로 부적을 써야한다는 등등 염소 염불하는 헛소리를 지껄인다면 위험천만이 될 수 있습니다.

그러나 현실적으로 보면 만사는 생각하기에 달려있습니다.

아무리 궁합이 나쁘다고 해도 서로 배려하고 이해하면서 노력하면 사정은 달라집니다. 이른바 역지사지(易地思之)입니다.

어렵기는 하지만….

부부관계건 친구관계건 모든 인간관계는 대개 상호작용입니다. 내가 남을 평가하듯 남도 나를 평가하고 있다는 말입니다. 내가 남을 욕하듯 남도 나를 욕하거나 비난할 수 있다는 말입니다.

내가 나의 배우자에게 불만을 가지고 있다면 나의 배우자도 나에게 불만을 가지고 있다는 것을 인정해야 합니다.

왜 나의 불만은 그렇게 중요하고 상대인 배우자가 가지는 불만은

중요하지 않은가요? 배우자가 내편이 아닌 철천지 원수로 무조건 쳐 없애야 할 적군이 아니라면 내가 먼저 다가가서 배우자 편이 될 수도 있습니다.

나에 대한 배우자의 불만은 만약 내가 현재의 배우자와 이혼하고 다른 배우자를 만나서 산다고 해도 또 그 배우자가 나에게 가지게 될 불만입니다. 대부분 그런 인연으로 엮일 팔자로 정해져 있기 때문입니다. 그런데도 상대방 탓만 합니다. 자신은 가만 놔두고 상대방에게만 변하라고 강요합니다.

자기가 그리니치 천문대라도 되는지 오직 자신만이 표준이요, 기준입니다. 눈이 멀어 하필이면 저런 인간을 만나 내 인생 박살났다고 억울해 합니다. 물론 그럴 수도 있습니다.

그러나 대개는 그것이 자신의 팔자라는 사실을 모르고 하는 소리입니다. 마음에 안 들어 지겨워 죽겠다면 저쪽에서도 마찬가지입니다. 믿기지 않으면 이사람 저사람 바꿔가며 살아보면 압니다. 꼭 망하는 놈이 경기 탓만 하고, 남 탓만 하는 것과 같습니다.

환경 탓만 합니다. 환경을 바꾸거나 만들 생각은 하지 않습니다. 심지어 대통령을 비롯해서 나라의 지도자라며 머리 쳐드는 인간들까지도 무슨 일만 터지면 남 탓만 하는 꼴을 많이 보지요?

생산적인 일은 커녕 어깨에 힘이나 주고 폼 잡는 것이 임무인 양 거들먹거리며 주둥이만 살아서 나라 걱정은 혼자 다 하는 척하고 치질 걸린 왜놈이 술까지 취해 아무렇게나 지껄이는 듯한 그런 인간들 말입니다.

경기가 좋지 않을 때도 잘하고 있는 놈을 연구할 생각은 하지 않습니다. 태평천하에 경기가 좋으면 누구나 잘할 수 있습니다.

그러나 잘하는 사람은 아무 때나 잘 합니다.

지혜가 있는 사람은 환경이라는 것도 스스로 만들어 갑니다.

명리학적으로 보면 희신(喜神)을 따라가는 것입니다.

맞지도 않는 환경에 지배받아 일방적으로 따라가는 것은 억지로 질질 끌려가는 꼴입니다. 당연히 고단하고 힘겨울 수밖에 없겠지요. 물어 봅시다.

술에 취해 고주망태가 되어 귀가하는데 택시를 타거나 대리운전이라도 시키지 않고 직접 운전을 하다가 사고를 냈다면 그것을 재수가 없거나 피할 수 없는 운명이라고 해야 할까요?

음주 운전이 위험하다는 건 상식입니다. 그렇다면 대중교통을 이용하든지 대리운전이라도 시켜야 하는것 아닌가요?

운명은 이판(理判)이고 대책을 강구하지 않는 것은 사판(事判)입니다.

좀 모자라거나 무식해도 좋습니다. 그러나 어리석지는 말아야 합니다. 현명한 사람은 스스로 무식하고 모자람을 압니다.

다시 말해,

스스로 무식하거나 모자람을 아는 사람은 무식한 사람도,

모자라는 사람도 아닙니다. 스스로 무식하고 모자람을 모르는 사람이야 말로 정말 무식하고 모자라는 사람입니다.

이야기가 좀 빗나가는지는 모르겠지만,

안 되는 집구석이나 기업체를 자세히 들여다보면 반드시 아래 위 사이나, 좌우로 서로 탓하고 비난하고 원망하고 불만이 많습니다. 서로 가슴을 맞대지 않고 등을 맞대는 것입니다.

가슴을 맞대는 것은 보듬는 것이지만 등을 맞댄다는 것은 남남이라는 말입니다. 가정이나 사회나 똑 같습니다.

서로 아끼고 칭찬하고 격려하면서 사랑이 담긴 대화라도 나누면 혓바닥이라도 썩는지 모르겠으나 부부관계에도 일반 사회생활에서

도 너무 거칠고 삭막합니다. 표현이 좀 서툴러도 좋습니다. 따뜻한 마음가짐이라도 필요합니다.

그것을 도리(道理)라고 합니다.

특히 부부 사이는 부드러워야 합니다. 말도 행위도 부드러워야 합니다. 상대가 상처를 입거나 충격을 받을 말도, 행동도 조심해야 합니다. 부드러운 것이 오히려 강한 법입니다.

단단한 것은 부러지지만 부드러운 것은 휘기는 할망정 웬만해서 부러지지는 않습니다. 단단한 이빨은 부러지고 깨지고 썩어도 부드럽고 유연한 혓바닥은 부러지지 않습니다. 깨지지도 않고 죽기 전에는 썩지도 않습니다. 유연성의 강한 생명력입니다.

병도 없고 평소에 건강하다고 큰소리 탕탕 치던 사람이 사전 통고도 없이 하루아침에 저 세상으로 가는가 하면 평소에 비실비실하며 잔병을 달고 사는 사람이 의외로 장수하는 경우도 많습니다.

강하다고 체력을 지나치게 과신하는 것은 어느 날 갑자기 부러질 수 있는 위험을 항상 달고 산다고 봐도 됩니다.

부부간에 사소한 말다툼이 확대 재생산 되어 돌이킬 수 없는 결과를 낳는 경우가 많습니다. 유연성이 부족한 탓입니다.

말다툼은 경마장이나 장기판에서 하는 것이고 부부간에는 혹시 다투더라도 상대방의 자존심을 건드리는 것은 절대 삼가야 합니다. 그것도 도리(道理)라고 합니다.

여자가 어떻게 하느냐에 따라 왕비가 될 수도 있고 하찮은 하녀가 될 수도 있듯이 마찬가지로 남자가 어떻게 하느냐에 따라 군왕이 될 수도 있고 머슴이나 종놈이 될 수도 있습니다.

어렵긴 하지만, 해탈한 도인(道人)처럼 산다면….

인간 관계란,

눈에서 멀어지면 마음에서도 멀어진다고 하지만,

가까이에서 자주 보고 만나야 정도 드는 법이라고 하지만,

그래서 이웃사촌이라는 말도 생겨난 것인지는 모르지만,

서로 안 맞으면 떨어져 사는 것이 가장 현실적인 방책이 될 수도 있습니다. 주말 부부도 좋고 월말 부부도 좋습니다.

부부간에도 부모 형제간에도 마찬가지입니다.

그래야 최소한의 기본 관계라도 유지될 수 있습니다. 좀 냉철하게 보는 인연법입니다.

부부갈등으로 위험한 고비를 만나는 사람들에게 한마디 더 권합니다. 한 번 더 생각하라고.

어떤 문제든 한 번 더 생각하면 더 나은 답이 나올 수 있습니다. 나에게 꼭 맞는 상대는 원천적으로 없습니다. 있을 수도 없습니다. 물 맑고 정자 좋은 데가 그리 흔한 것은 아닙니다.

부부란 둘이서만 사는 것이 아닙니다. 부모도 있고 형제도 있습니다. 세월이 흐르면서 자식도 생깁니다. 결혼이란 단순히 둘만의 결합이 아니라 가족의 합으로 엮이는 공동체가 되고 그렇게 가정이 형성되고 사회가 만들어지는 것인데….

그 복잡한 상관관계에서 서로 부딪칠 수도 있고 소홀할 수도 있습니다. 남편은 사회생활에 매달리고 아내는 자식에 매달려 살다보면 세월이 갈수록 아무래도 부부관계가 소원해질 수 있습니다. 그러나 조금 더 시간이 흐르면 남편은 사회에서 은퇴하고 돌아갈 곳은 아내 밖에 없습니다. 아내는 자식이 성장하여 품에서 떠나버리고 나면 배신(?) 당하는 허탈한 가슴으로 돌아 갈 곳은 남편 밖에 없습니다. 먼 길을 돌고 돌아 비로소 서로 제자리로 돌아오는 것입니다. 그동

안 모두 가족과 가정을 위해 헌신하느라 부부사이를 돌볼 여유가 없었던 것입니다.

불쌍하지도 않은가요? 억울하지도 않은가요?

내 아내가,

내 남편이,

그리고 우리 부부가 …

여기서

사회의 안정을 위해 정부에 건의합니다.

한평생 이별 없이 해로하는 부부에게 나라에서 상을 줬으면 합니다.

특수부대 훈련 수준의 극한 상황을 이겨낸 인내(忍耐)상도 좋고,

그러려니 하고 세상을 달관하며 산 달인(達人)상도 좋고,

서로 징글징글하게 살면서도 도(道) 닦는 정신으로 버티며 해로한 도인(道人)상도 좋고….

부부가 이혼 하면서 늘어놓는 변명이 대개 성격차이라고 합니다. 거짓말입니다. 그것이 진실로 성격(性格) 차이 때문인지 성적(性的) 차이 때문인지는 알 수 없으나 성격이 똑 같으면 정말로 못삽니다. 부부의 조화에는, 성격이나 생김새 뿐만 아니고 나이와도 관계가 있습니다. 시대가 변해가면서 연상의 여자와 연하의 남자가 결혼하는 경우가 점점 많아지고 있습니다.

모성애에 가까운 사랑의 발전이 결혼까지 연결되는 것 같기도 한데 이것은 자연적인 음양의 부조화를 의미합니다.

생리적인 생식기능도 여성이 남성보다 먼저 떨어지기 때문에 특히 나이가 들어가면서 문제가 될 수 있습니다. 대단히 위험합니다. 남녀 불문하고 연하만 찾는 풍조 때문에 균형을 맞추기가 어려워진 조물주님께서 골치가 아파 아예 머리를 싸매고 드러 누웠다는 미확인 정보까지 시중에 나돌고 있습니다.

남팔(男八) 여칠(女七)이라고 했습니다.

남자는 8이라는 숫자로 살고 여자는 7이라는 숫자로 산답니다.

8에 2를 곱하면 16입니다. 16세면 남자로서의 생식구실을 할 수 있는 나이랍니다. 8에 8을 곱하면 64입니다. 64세면 남자로서의 생식기능이 서서히 마무리 된답니다.

7에 2를 곱하면 14입니다. 14세면 생리가 시작되고 여자로서의 구실을 할 수 있는 나이랍니다. 7에 7을 곱하면 49입니다. 49세면 이제 대부분 생리가 사라지고 여자의 기능이 마무리 된답니다.

기능이 마무리되는 나이가,

남자는 64세요, 여자는 49세이므로 그 차이가 15세입니다.

부부간의 나이 차이는 15세가 가장 바람직하다는 결론입니다.

좀 심한가요? 어쨌든 부부는 서로 달라야 합니다. 그것이 조화를 이루는 길입니다.

　풍수학 용어에 전미무(全美無)라는 말이 있습니다.

　완전한 명당자리는 없다는 말입니다. 이것은 풍수지리 뿐만 아니고 세상만사 구석구석에 다 해당되는 말이기도 합니다. 세상에 완전한 것은 없고 있을 수도 없습니다.

　한마디 더 사족을 답니다.

　원한은 물에 새기고 은혜는 돌에 새기라는 명언이 있습니다. 세상을 살면서 비록 어이없는 일이 많고 화나는 일이 많다고 해도 정말 어리석지는 말아야 합니다. 대부분 사소한 것으로부터 시작이 되는 경우가 태반입니다.

　아참,

　부부사이의 돈독한 정분을 위해 권하고 싶은 것이 있습니다. 부부가 사이좋게 '부부탕'이라는 요리를 만들어 보면 어떨까 합니다.

　'음양탕'이라고 해도 좋고 '사랑탕'이라고 해도 좋겠습니다.

　송이버섯과 전복을 한 솥에 넣고 삶는 것입니다.

　송이버섯은 남자요, 전복은 여자가 되니 부부사이가 한결 좋아진다고 하네요. 허당(虛堂)이 아는 한 과학적인 근거는 없습니다. 그러나 정서적인 효과는 있을 것 같기도 합니다.

　부부사이를 칼로 물 베기라고도 하고 돌아누우면 남이라고도 합니다. 부부사이가 뒤틀어져 나의 배우자가 한눈을 팔고 바람이라도 피운다고 하면 그 원인이 나에게 있을 수도 있습니다. 어느 정도 살다보면 지치고 시들해져 부부 사이를 밀어내는 것입니다. 내 생각만 하기 때문입니다. 그래도 생리적인 작동은 하므로 엉뚱한 쪽으로 바람이 불고….

바람이란 한번 일어나면 잡기가 어렵습니다. 바람은 집안에 묶어 두거나 가두어 둘 수도 없습니다. 그만큼 관리가 어려운 것이 바람입니다.

전통 혼례식에 닭이 암수 한 쌍 등장 하지요? 이유가 있습니다. 닭은 수놈이 암놈을 쪼는 일이 거의 없습니다. 암놈이 수놈에게 대드는 일 또한 거의 없습니다. 이것이 닭의 금실(琴瑟)입니다.

모든 인간관계에서는 서로 역지사지(易地思之)하면 좋아지는 것이고 반대로 나가면 만사 어긋나고 삐걱거리게 돼있습니다.

남녀가 결혼을 한다는 것은,

그동안 마음껏 누리던 자유를 박탈당하고 극한(極限)의 인내력이 요구되는 인고(忍苦)의 수행(修行)길로 들어서는 것입니다. 부부 사이를 일심동체(一心同體)라고 하던가요? 이따위 말도 안 되는 유식한 헛소리를 누가 했는지 모르지만, 아닙니다.

이심이체(二心二體)를 유지하면서 협심협체(協心協體)하는 사이입니다.

동행(同幸)을 향한 동행(同行)입니다.

결혼해서 한 삼년 정도 지나면 대개 푸념이 나오기 시작합니다. 배우자에게 불만이 생기기 시작하면서 그가 변했다고 생각합니다. 결혼하기 전에는 그렇게도 상냥하고 따뜻하게 나를 배려해 주던 사람이 결혼하고 나니 돌변하기 시작해서 이제 꼴도 보기 싫을 정도라고 합니다.

자신이 변한 것은 전혀 돌아보지 않고 오로지 서로 상대편만 죄인(?) 삼습니다. 눈에 붙어있던 콩깍지가 한 겹 두 겹 벗겨지기 시작하는 것이지요. 그 동안은 감추고 숨겨져 보지 못했던 본래의 모습이 보이기 시작하는 것입니다.

연애할 때는 서로를 생각만 해도 오금에 경련이 일어나고 살이 떨릴 만큼 좋아서 잠도 제대로 이룰 수 없었던 생각을 하면 한숨이 나옵니다.

"미쳤지, 미쳤지, 내가 미쳤지."

깨가 쏟아지던 시절만 생각합니다. 영원히 그렇게 깨가 쏟아질 줄만 알고 깻단을 다 털고 나면 더 쏟아질 깨가 없다는 단순한 이치는 전혀 생각지 않습니다. 아니,

깨가 서 말이면 땀이 서 말이라는 속담의 의미는 생각지 않습니다. 땀은,

서로 배려하고, 이해하고, 양보하고, 참는 노력입니다.

결혼을 가슴으로 하지 않고 머리로 하기 때문이기도 합니다.

상대의 가슴속을 헤집고 들어갈 생각은 않고 머리만 굴리기 때문입니다. 세상만사에 저절로는 없지요. 쉬운 것도 없고, 공짜라는 것도 없습니다.

단물만 주던 '그대'가 쓴물도 주기 시작하면서 당했다고 생각합니다. 상식적으로 생각해봐도 알 수 있습니다.

잡아놓은 물고기에 밑밥 주는 멍청한 낚시꾼을 본적이 있던가요? 나는 상대편에게 단물만 주고 있었던가요? 나는 속이 불편해도 방귀조차 뀌지 않는 사람이던가요?

남편이나 아내가 부드러운 산소와 미소만 먹고 사는 배용준이나 이영애인줄 알았던가요? 그들의 방귀 냄새가 더 지독할 수도 있습니다. 변했다고 합니다. 자신이 변한 것은 애써 외면합니다.

상대 탓만 합니다. 한번 마음이 기울어지면 좋지 않은 쪽으로만 생각하고, 또 그쪽으로 합리화하려고 하는 고약한 인간의 고약한 본성이 있습니다.

어느 분야에서나 어느 사회에서나 부정적인 곳에는 발전이 없습니다. 개인도, 가정도, 사회도, 나라도 마찬가지입니다.

연애는 감정입니다. 그러나 결혼은 현실이며 생활입니다.

연애는 재미도 있고 새콤달콤한 맛이 있어야 되지만 결혼 생활을 그렇게 계속 할 수는 없습니다. 맨날 여보야 저보야 끌어안고 얼레리 꼴레리 하다가는 삼년 안에 거덜나거나 코피 쏟고 죽을 수도 있습니다. 부부생활이란 오랫동안 이어지는 은근하고 달착지근한 맛이어야 합니다.

앞말은 듣지 말고 뒷말을 많이 들으라고 했습니다.

앞말은 허위가 많기 때문입니다.

앞모습을 보지 말고 뒷모습을 잘 보라고 했습니다.

앞모습은 화장이 진하기 때문입니다. 대개,

내용물이 시원찮을수록 본체를 알아보기 힘들 정도로 화장이 진하고 꾸민 구석이 많습니다. 그만큼 감추어야 하는 것이 많다는 증거이기도 합니다.

순금(純金)에는 도금(鍍金)이 필요 없습니다. 결혼을 하기 전에 필수적으로 염두에 두어야하는 조건입니다. 연애는 감정으로 해도 되지만 결혼을 전제로 할 때는 감정이 지배하면 실패하기 쉽습니다. 감정이란 객관성이 거의 없습니다. 책임성도 없고 윤리성도 없습니다. 감정이란 변덕이 죽 끓듯 합니다.

그대 없이는 하루도 못산다고 소리 내어 펑펑 울다가도 돌아서서 석 달만 지나면 어느 사이에 또 다른 사람을 만나 히히덕거리며 또 하나의 사랑을 만들어 갑니다.

그때 매달리며 흘리던 하염없는 눈물은 알고 보니 빗물이었습니다. 아니면 담배연기 때문이었나 봅니다.

그것이 벌거벗은 감정의 모습입니다.

연애를 하면서도 결혼을 염두에 둔다면 이성적인 관찰과 판단이 필요해지는 것이지요. 눈이 뒤집히면 정상적이지 않은 것이 정상으로 보이고 정상적인 것이 정상적이지 않은 것으로 보입니다.

이 현상이 바로 비정상인데도 그것을 모릅니다. 감정의 지배력이 그만큼 크기 때문입니다. 따라서 연애 상대와 결혼 상대는 다를 수밖에 없습니다.

대개 남자는 백설공주를 꿈꾸고, 여자는 백마 탄 왕자를 상상합니다. 그러나 백설공주는 백마 탄 왕자의 짝으로 어울리고, 백마 탄 왕자는 백설공주의 짝으로 어울릴 뿐입니다. 결코 나의 짝이 될 수는 없습니다. 꿈을 꾸고 있는 것이지요. 현실은 아닙니다.

자신에게 맞는 상대가 궁합적으로 맞는 상대입니다.

남녀 간이건, 친구 간이건, 모든 인연관계가 마찬가지입니다.

뜨거운 여름이면 시원한 냉면이나 아이스크림이 맞는 궁합이 되는 것이고, 차가운 겨울이면 뜨끈뜨끈한 탕 종류가 맞는 궁합입니다. 배우자란,

생긴 모양은 자유민주주의가 완전 토착화되어 좀 불편하게 생겨도 성격이 좋고 편하며 무엇보다도 나와 어울려야 합니다.

그리고 따뜻한 가슴이 있고, 그 가슴속에 꿈이 있으면 됩니다. 모습도 성품도 구수해야 합니다.

사람은 좋지만 나와는 맞지 않을 수 있고, 사람은 별로지만 나와는 맞을 수가 있습니다. 나와 맞고 어울려야 합니다.

인물이야 국제 표준이나 법정 기준에 좀 미달하거나 약간 억울하게 생겨도 저녁에 불 끄고 자면 아무 이상 없습니다.

요즘같은 세상에 서로 바쁜 사회생활을 하다보면 밝은 대낮에는

서로 마주 쳐다볼 시간도 별로 없습니다.

　자신은 아무것도 갖추지 않고 미래에 대한 준비도 없이 바닥을 더듬으면서도 훌륭한 배우자를 찾는 어리석고 한심한 사람이 많습니다. 능력도 없으면서 넘치는 배우자를 찾으려니 너무 피곤하고 힘이 듭니다.

　준비가 돼 있으면 내가 찾아 나서지 않아도 잘나고 잘나가는 배우자감이 줄을 서서 밀려듭니다. 고르기만 하면 됩니다.

　서양의 우스개 이야기가 있습니다.

　평소에 허풍끼가 좀 있는, 갓 결혼한 청년이 친구에게 마누라 자랑을 잔뜩 늘어놓고 있었습니다.

　"글쎄 말이야, 우리 마누라는 말이야, 뭐든지 최고가 아니면 아예 상대를 안해. 옷도 최고급 백화점에서 사고, 외식을 해도 최고급 레스토랑이라야 하고 말이야."

　그러자 가만히 듣고 있던 친구가

　"그래? 그런데 한 가지 이상한 게 있구만."

하고 고개를 갸우뚱했습니다.

　"이상해? 그게 뭔데?"

　"자네 와이프는 뭐든지 최고만 상대한다고 했는데, 그렇다면 말이야, 결혼은 어떻게 자네하고 했지? 그게 아무리 생각해도 이해가 안 되는걸."

　분(分)을 말하는 농담입니다. 분수(分數)입니다.

　농담 한 자락 더 볼까요?

　고등학교 동창인 중년 사나이 둘이 종로 복판에서 우연히 만났습니다. 학창시절 친하게 지냈던 사이인지라 너무도 반가워 서로 손을 맞잡고 흔들어대며 그 동안의 안부를 물었습니다.

"살아 있으니 이렇게 만나는구만 그래."
"그러게 말일세. 도대체 이게 얼마만인가? 이 사람아."
"세월이 벌써 많이 흘렀지. 그래, 마누라님은 잘 살아 계시고?"
"내 복에 벌써 마누라가 죽겠는가? 아직 쌩쌩하다네."

그러나 착각하면 위험합니다. 남자는 아내가 있어야 오래살고 여자는 남편이 없어야 오래 산다는 사실을 기억해야 합니다. 비통한(?) 일이지만 현실이 그렇습니다.

온갖 인연으로 얽혀 살다가 하나하나 정리하면서 마무리 하고 떠나지만 혈연을 벗어난 인연 중에 가장 가깝고 진하게 얽히는 인연이 부부입니다.

갓난아기처럼 순수하고 맑은 미소로 백세 가까이 살다가 떠난 피천득 선생이 남기신 말씀입니다.

어리석은 사람은 인연을 만나도 몰라보고
보통은 인연인줄 알면서도 놓치는데
현명한 사람은 옷깃만 스쳐도 인연을 살려내더라.

어찌어찌해서 결혼을 해도 산 넘어 산입니다. 특히 개방이라는 시대의 조류에 따른 이성문제입니다. 한번 맺어진 부부가 좋으나 싫으나 한쪽만 바라보고 평생을 사는 시대는 지난 것 같습니다.

형식상은 부부로 같이 살면서도 다른 이성에게 또 한 발을 슬그머니 담가 놓고 딴 짓을 태연히 벌입니다.

들통 나면 이혼하면 되고···.

인터넷이라는 괴물이 바람을 넣고 세상을 어지럽히는 주범이기도 합니다. 성(性) 문화만 어지러운 게 아닙니다.

허당(虛堂)의 예언에 의하면, 디지털(digital) 문화의 발전 확산이 인류를 말아먹을 것이 틀림없습니다.

인터넷, 로보트, 인공지능, 유전자 변형 조작 등등···.

하여간,

남녀를 막론하고 누구나 바람을 피울 수 있는 개연성을 본능적으로 가지고 있기는 합니다. 아니지요. 필연인지도 모릅니다. 아무리 부처님 가운데 토막 같은 남자라도 요염한 여자가 눈앞에서 은근히 엉덩이를 흔들어대면 눈이 뒤집어지게 돼 있고 아무리 차돌 같은 석녀(石女)라도 핑크빛 불빛아래 조명발 받는 근육질의 잘생긴 남자가 나타나면 음기(淫氣)가 꿈틀거리게 마련입니다. 여기에 부부 사이가 틀어진 경우라면 사단이 날 가능성은 더 커집니다. 이것은 지극히 정상적인 현상이므로 그들의 잘못이 아닐 수도 있습니다. 실수인지 배려인지 처음부터 조물주께서 그렇게 만들어 놓았습니다.

다른 대부분의 동물들은 일정한 주기에 의한 발정기(發情期)에만 짝짓기가 가능하도록 만들면서, 인간이라는 동물에게는 사시사철, 일년내내, 밤이고, 낮이고, 시도 때도 없이, 아무데서나 장소 불문하고, 자의에 의해서든 타의에 의해서든 짝짓기가 가능하도록 만들어 놓았기 때문입니다.

인간이건, 짐승이건, 곤충이건,

수컷은 암컷의 냄새에 홀려 발정을 하고 정신이 혼미해져 체면마저 잊은 채 암컷을 졸졸 따라 다니기에 바쁩니다.

그러나 동물은 암컷이 배란기를 만나야 냄새를 풍겨 수컷을 유혹합니다. 수컷은 언제 어디서나 발동을 걸 수 있지만 암컷이 평소에는 냄새도 풍기지 않고 자물통을 채워 놓아 접근을 해 봐야 소용이 없으므로 아예 포기하고 때를 기다리면서 지내다가 짝짓기 계절을 만나 암컷이 냄새를 풍기면 드디어 기회가 왔으므로 눈에 불을 켜고 덤비게 됩니다.

그것도 수컷끼리의 목숨을 건 전투를 거쳐서….

이때 암컷은 요상한 향내를 풍기며 수컷들의 본능적인 욕구를 자극해 전투를 부추기고 여유롭게 구경이나 하다가 이긴 놈의 요구를 못이기는 척 받아주면 됩니다.

그러나 인간 암컷은 다릅니다.

일년 365일, 하루 24시간, 안에서건 밖에서건, 장소 불문, 쉬지 않고 엉덩이를 흔들어 대며 냄새를 뿌려 수컷을 유혹합니다. 순수 자연산 냄새만 발산하는 다른 암컷 동물과 달리 인간 암컷은 자동 생성되는 자연산 냄새에다 온갖 화학적 조합으로 만들어진 화장품에 향수까지 동원할 수 있는 건 모조리 동원해서 뿜어댑니다. 이러니 테스토스테론이 충만한 수컷들일수록 시도 때도 없이 미쳐 날뛸 수밖에 없는 것이지요.

여자가 얼굴 부위에서 가장 신경을 많이 쓰고 짙은 화장으로 강열한 포인트를 주어 꾸미는 곳이 눈과 입술입니다.

왜 그럴까요?

소인상법에 의하면 얼굴은 인체의 축소판입니다.

입술은 생식기에 연결되고 두 눈은 유방에 연결됩니다. 감추어 둔 유방과 생식기를 드러내서 보여 주고, 자랑하고 싶은 생각이 굴뚝같고, 원숭이처럼 엉덩이를 빨갛게 물들여 흔들고 다니기라도 하고 싶으나 차마 그럴 수는 없는지라 연상이 되는 입술과 눈에다 특별한 화장으로 은근히 암시하고 과시하는 것입니다.

거기와 거기가 요렇게 아름답고 요염하고 화려하니 그런줄 알고나 있으라고….

이왕 잡아 먹으려면 바로 잡아먹기라도 하면 좋겠는데 그것도 아닙니다. 고양이가 쥐를 잡아 놓고 실컷 가지고 놀다 잡아먹듯 앞으로 뒤로 호박씨 까는 온갖 짓을 다해 시도 때도 없이 유혹을 하면서도 얌전한 척 내숭을 떨며 입을 싹 닦습니다.

수컷의 남성 호르몬이 미쳐서 발광을 하도록 들쑤셔 놓고는 요리조리 저울질하고 튕기며 약이나 올리고….

그러면서 남자를 짐승이라고 비난 비난하지요?

아무 때나 덤빈다고….

어쩌라고…. 도대체 어떻게 하라고….

이거, 간접 살인 아닌가요? 치사 잔인한….

어쨌거나,

다른 동물들은 오직 종족 보존을 위해서만 암수가 교접을 해서 자손을 퍼트리라는 것이고,

인간에게는 자손을 퍼뜨려 종족을 보존 유지하는 데에는 물론이거니와 그 외에도 필요할 때는 언제 어디서든 적당히 알아서 즐기라는 크나큰 은혜(?)를 베풀어 주신 것이기는 합니다.

참으로 고맙고 반가운 일이기는 하나 남자에게 일방적으로 불리하도록 만들어 놓은데 대해서는 솔직히 좀 아쉽고 섭섭합니다.

조물주의 숨은 의도를 전혀 모르는 것은 아닙니다.

암컷의 견제로 무리가 없도록 활용하라고 하는 것이겠지요.

위대한 우주의 창조자요, 영도자요, 수령이신 영명하신 조물주께서 엄중한 규칙을 정해 놓고 당부하기는 했습니다.

어느 정도 장성해서 충분히 발정을 할 수 있는 나이에 이르면 남녀가 만나 부부의 연을 맺고 부부의 합의하에 자연스럽게 해결하라고 한 것입니다.

그러나 살아가면서 부부사이의 소통이 원활하지 못하고 삐걱거리게 되면 아무데서나 발동을 걸어 조물주가 당부한 충고를 무시합니다. 심하게 나가면 파탄으로까지 가기도 해서 문제가 되는 것입니다. 꾹꾹 눌러 두었던 본성이 튀어나와 춤을 춥니다.

배우자가 나만 바라보지 않고 한눈을 파는 것이,

그래서 부부사이에 갈등이 생기고 서로 등을 지는 것이,

반드시 그 배우자의 잘못 때문인지 하는 문제에 걸리면 판단이 애매모호해집니다. 재판이 어려워지는 것입니다. 손바닥도 둘이 합쳐져야 소리가 납니다. 부부생활도 그와 같습니다.

기계를 조립해도 암나사와 숫나사가 맞아야 하듯…

혹시,

내가 잘못하니 배우자가 딴 상대를 찾는 건 아닌가요?

아무리 배우자가 타고난 바람꾼이라도 내가 잘한다면 설령 바람을 피운다고 해도 가정을 등한시하거나 버리는 등 엉망으로 만들지는 않습니다. 이것은 바람피우는 배우자의 행위를 정당화하거나 두둔하는 것이 아니라 본인에게도 일정 부분의 책임이 있다는 말입니다. 살림과 자식에 시달려 피곤하다는 핑계로 돈벌이에 힘들다는 핑계로 배우자에게 얼마나 신경을 썼던가도 한번쯤은 되돌아 볼 필요가 있다는 뜻입니다.

극히 예외적인 경우이기는 하지만 깔끔(?) 병이 너무 심해서 남자를 받아들이기를 꺼리는 별종적인 여자도 있기는 합니다. 일종의 결벽증 비슷한 증세인데 남편과의 정상적인 부부관계까지도 불결하고 지저분한 짓으로 받아들이는 증상입니다. 이런 여자일수록 고상한 척 내숭을 떨고 이기적인 경우가 많습니다. 정신질환이요, 감정(感情)건조증입니다.

사람은 사람이 사는 것처럼 사람답게 살아야 합니다.

아주 오래전에 어느 소설에서 읽었던 글이 생각납니다.

그 중에 이런 내용이 있었습니다. 사람은,

좀 깨끗하지 못한 듯해도 흐리터분한 천연수(天然水)를 먹어야 산다. 그 속에는 철분을 포함해서 각종 미네랄 성분의 물질이 섞여있고 심지어 세균도 들어 있을 수 있다. 깨끗한 물만 먹겠다고, 순수 물만 먹겠다고 해서 증류수(蒸溜水)를 먹고는 사람이 살수는 없다는 내용이었습니다.

아무리 깔끔증이나 결벽증이 심해도 때와 장소와 경우가 있어야 합니다. 그 구분을 하지 못하면 심각한 질병이 됩니다.

사주를 벗겨보면,

끼가 너무 많아 가는 데마다, 앉는 자리마다, 비밀을 만들고 사연을 뿌리면서 거의 남발 수준으로 사랑을 휘날리고 다닐 위험(?)성이 대단히 큰 경우가 있기는 합니다.

타고난 팔자 탓인데 이것은 남녀가 다르지도 않습니다.

여성의 경우에는 사주에 한 지붕 아래 같이 사는 공식 남편인 정관(正官)과 집 밖의 또 다른 남자인 편관(偏官)이 혼잡하게 뒤얽혀 어느 놈이 진정한 내 남자인지 구분이 가지 않아 헷갈리는 경우도 있고, 아래 위는 물론 안으로 밖으로 합이 너무 많아 마음이 여리고 정이 많은 탓에 남자의 유혹을 차마 거절하거나 뿌리치지 못해 틈만 나면 닥치고! 합하려는 기운을 가진 경우도 있습니다. 소위 '끼'라고 하는 것인데 이것은 선천적으로 타고난 기운입니다.

남성의 경우에도 마찬가지입니다.

사주에 한 집에서 같이 사는 공식 마누라인 정재(正財)와 마누라 외에 대문 밖의 또 다른 여자인 편재(偏財)가 바글바글해서 도대체 어느 여자가 진정한 내 마누라인지 어지러운 경우도 있고, 합이 많아 쉽게 부정을 저지를 수 있는 기운이 강한 경우도 있습니다. 대기자가 줄을 선 격으로 배우자감이 너무 많은 것이고 따라서 한 사람에게 집중을 하기 어려운 탓입니다.

어느 놈을 골라야 할지 정하기가 어렵고 정한다고 해도 다음 사람이 또 기다리고 있으니 바꿔야 합니다.

껌을 씹어보면 압니다.

껌이 하나 뿐이면 단물이 다 빠지고 흐물흐물해져 마르고 닳도록 오래오래 씹습니다. 그러나 주머니에 여분의 껌이 여러 개 있는 경우에는 사정이 달라집니다. 씹던 껌에서 단물이 빠지면 바로 버리고 새 껌으로 바꿉니다.

 남녀 불문하고 운에서까지 겹쳐 들어오면 더더욱 피하기 어렵습니다. 이런 팔자에 여자 사주에서 식상이 혼잡하거나 남자 사주에서 관살이 복잡하게 얽히면 자식까지도 내 새끼, 네 새끼, 우리 새끼로 뒤섞일 수 있습니다.

 여기에 도화살이나 망신살 등이 만발해서 춤을 추면 사실상 대책 없습니다. 그러나 바람이라는 것도 일부 특별한 경우 외에는 대부분 일시적입니다. 세월이 지나면 대개의 부부는 제자리로 돌아오게 되어 있습니다. 이 사람 저 사람에게 한눈을 팔아 봐도 다 같은 사람인지라 별거 아니더라는 판단이 들게 되고 제 정신이 들게 되면서 오히려 부부사이의 정분이 더욱 두터워지는 경우도 많습니다.

 그렇게 보면,

 결혼 전 연애경험이 많은 사람이 오히려 좋을 수도 있습니다.

 남녀 교제 경험이 전혀 없이 그야말로 조순하고 얌전한 처녀 총각이 막상 결혼을 하게 되고 결혼 생활 중에 어쩌다 잠시 한눈을 팔아 바람이라도 나게 되면 정신이 혼미해져 물불을 가리지 못하고 파탄을 향해 치닫는 경우가 많습니다.

 스님이 늦게 고기 맛을 보면 뭣도 남기지 않는다지요?

 실제로 미혼 시절에 복잡한 남녀 관계 등으로 생활 태도에 문제가 있었던 처녀 총각이 결혼해서 오히려 잘 사는 경우도 많은데 총각보다 날라리 바람둥이나 못된 짓 많이 하던 처녀에게 해당되는 경우가 많습니다. 혼전의 풍부한 경험을 토대로 남자를 다루는 기술(?)이 탁월해서 그런지는 모르겠으나 어쨌든 남자를 잘 운전한다는 것은 틀림없어 보입니다.

 지극히 상식적인 판단으로는,

배우자가 다른 짝을 만나 문제를 일으킨다면 내가 밤낮을 가리지 않고 그 보다 오히려 더 잘하면 됩니다. 어렵긴 하지만….

나이가 들고 늙어서 할 일도 없고 자식도 떠나 심심하면 배우자에게 돌아가야 합니다.

고난이라는 것도 지나고 보면 늘그막에는 재산이 될 수도 있습니다. 한때의 실수나 잘못으로 부부사이에 금이 간다면 너무 억울한 일입니다. 부부란 서로 보듬어주고 덮어주는 사이입니다. 이불만 덮어줄 것이 아니라 아픔도 상처도 덮어주며 살아야 합니다.

평생을 항상 마주보고 자기는 어렵더라도 등을 돌리지는 말아야 합니다. 너무 가까우면 타서 죽고 너무 멀면 얼어서 죽는다고 했지요? 손을 마주 잡을 수 있는 적당한 거리면 됩니다.

적당하면 좋겠는데 적당하기가 좀 어렵습니다.

한쪽으로 치우치면 기우뚱거립니다.

좌로 기우러지면 집착이요 우로 기울어지면 무관심입니다.

집착도 병이요, 무관심도 병이지만 특히 집착의 병이 무서운 결과를 낳는 경우도 많기는 합니다.

이것이 인연(人緣. 因緣)의 실체입니다.

세상이 하도 많이 변하고 급속도로 변해서,

허당(虛堂)처럼 머리가 둔해 좀 어리버리하거나 속도가 느린 사람은 정신이 없어 따라 가지도 못할 지경입니다.

특히 그 중에서도 남녀 간의 애정 문제는 옛날 조상들이 살아 돌아온다면 그 자리에서 바로 기절초풍으로 졸도해버릴 정도로 변해 버렸습니다. 남녀칠세부동석(男女七歲不同席)은 역사의 뒤안길로 흔적도 없이 사라지고, 남녀칠세부동석이면 오히려 바보, 병신 취급 받는 세상이 됐습니다.

유치원에 다니는 코흘리개 아이들까지도 또래의 이성(異性) 짝이 있어야 어깨에 힘이 들어가고, 그 부모의 얼굴에 흐뭇한 미소가 흐르며, 자랑삼아 사방팔방에 나발 불고 다닙니다. 그렇지 않으면 자존심이 상하고 기가 푹 죽어 버린답니다.

이렇게 되다보니 처녀 총각이 혼기를 훌쩍 지나서도 제 짝을 제 스스로 골라서 데리고 오지 못하고 중매를 통해야 하는 지경에까지 이르면 그 부모는 잠을 제대로 이루지 못하고 한숨으로 밤을 지샙니다. 친지나 이웃 보기도 창피합니다. 내 자식이 어디가 부실하거나 모자라서 그런 양 자식 혼사 이야기만 나오면 맥이 빠져 깊은 한숨을 내 쉬고는 입을 닫아버립니다.

불과 몇 십 년 전까지만 해도 다 자란 자식이 연애를 해서 동네방네 소문이라도 나면, 부지깽이로 맞아죽든지 집안에서 쫓겨날 정도로 난리가 터지고 집안이 금방 망하고 무너지기라도 하는 것처럼 초상집을 방불케 했었는데….

이렇게 남녀관계의 제대로 된 교육도 없이 막 나가다 보니 항간에 떠도는 우스갯소리 중에 숫처녀는 '희귀동물'이요, 숫총각은 '멸종동물'이라는 말까지 생겨난 것은 아닌지 모르겠습니다.

세상이 이렇게 변했습니다. 발전(?)은 여기서 그치지 않았습니다. 남녀 간의 만남이 아무렇지도 않은 극히 자연스러운 일상사가 되고 일반화가 되다보니 그 경계마저 흐지부지되어 이미 결혼해서 제 짝을 만나 자식 낳고 사는 유부남, 유부녀에까지도 이 혼탁한 바람이 불어 이 구석 저 구석에서 가정이 흔들리고 뒤집어지고 깨지는 소리가 요란 벅적입니다.

남편 외에 별도로 애인 하나 없는 유부녀가 귀하고, 심한 경우 능력 있는 여인은 외간 남자를 둘씩이나 거느린다고도 합니다.

한 놈은 옷 사주고 밥 사주고 용돈 주며 돈이나 쓰는 물주 스폰서 애인이고, 또 한 놈은 알콩달콩 재미보고 정분을 나누는 애인이랍니다. 이렇게 각각에게 책임과 의무를 나누어 주고 분업화 시켜 거느린다는 것입니다.

집구석에 처박혀 눈치나 보는 배우자는 그냥 단골손님일 뿐입니다. 자나 깨나 불조심은 옛날 표어에나 나오던 케케묵은 구닥다리 말이고, 지금은 자나 깨나 마누라 조심으로 바뀌어야 할 판입니다. 아무리 조심하고 감시해도 그 효력이 신통치도 않다고 합니다.

얼마나 그 정도가 심하면 애인 하나 없는 유부녀는 팔불출을 넘어 6급 장애인에 해당한다고 하더니, 얼마 전에 들은 말로는 그 사이에 또 한 급수 올라서 이제 애인 하나 없으면 5급 장애인에 해당된답니다.

이렇게 혼탁해진 세상이라는 것을 도대체 예수님이나 부처님은 알고나 있는지 그것도 궁금합니다.

모른다면 소문과는 달리 무능한 것이고 만약 알고 있으면서 이 지경이 되도록 계속 방치하는 것이라면 업무태만이나 직무유기로 밖에 생각할 수 없습니다. 혹시 연세가 2000세가 훨씬 넘었으니 이제 너무 늙어서 정신도 혼미하고 총기도 흐릿하여 그냥 대책 없이 구경만 하고 있는지….

어쨌든 그렇다고 해도

숨겨둔 애인이 꼭 있어야 한다면 서로 궁합이라도 맞아야 합니다. 궁합이 맞지 않으면 원천적으로 잘못 만나는 꼴이라 위안을 얻기는커녕 오히려 더 피곤하게 시달릴 수 있고 심하면 망조날 수도 있습니다. 애인이 있어서는 안 되는 사람에게 애인이 생긴다면 그로 인하여 패가망신하고 신세 망칠 수도 있습니다. 팔자에 없는 바람피운다고 족보도 모르는 낯선 놈 만나서 얼레리꼴레리하다가 밤낮으로 눈탱이가 밤탱이가 되도록 얻어맞기도 하고, 돈이나 뜯기면서 골병드는 한심한 얼간이도 많습니다.

사주에서 관살이 기신인 경우는 대개 만나는 놈 마다 사기꾼이거나 건달 아니면 내 팔자 말아먹을 인간입니다. 사주가 이상하게 꼬여서 난잡하게 구성되면 피할 도리가 없습니다.

여자 사주에 관살이 바글바글하면 주위에 남자가 바글바글한 꼴입니다. 아무래도 남자와의 인연이 많게 되고 그렇게 되면 사단나기가 쉽지요.

또 여자 사주에 관살이 지장 간에 암장되고(특히 일지에), 천간에도 나타나는 모양이면 한 지붕 밑에 같이 사는 남편 있고, 뒤로 몰래 만나 재미 보는 놈 따로 있는 꼴이 되는 형상입니다. 아무리 단속하고 조심하고 또 조심한다고 해도 팔자에 끼가 다분하면 어쩔 수 없습니다. 어차피 바람 날 사람은 도서관에 가도 바람나고 기도하러 간답시고 예배당에 가거나 절간에 가도 바람납니다.

애인을 만나도 안전하게 만나려면 때가 있습니다.

낮에 만나야 할 사람이 있고, 밤에 만나야 할 사람이 있는가 하면, 새벽에 만나야 할 사람이 있고, 저녁때 만나야 할 사람이 있습니다. 이 타이밍을 잘못 선택하면 들통 나거나 망신수가 생기며 심하면 관재구설에 집구석 파탄나는 수가 있습니다.

장난치다가 애 밴다고 하지요? 재수 없으면 낭패 보는 것입니다. 큰일 납니다. 옛 속담에,

하필 마누라 때린 날 장모님 오신다는 말이 있습니다.

노처녀 시집가는 날 등창난다고도 하고,

재수 없는 포수는 곰을 잡아도 웅담이 없더라고도 했습니다.

재미를 보더라도 사주 상 희신이 되는 날이나 요일을 잡는 것이 좋고 시간도 이에 맞추어 선택하는 것이 안전하다고 할 수 있습니다.

예를 들어,

사주가 너무 차서 꽁꽁 얼었다면 火氣가 필요하겠지요? 이런 경우는 火요일이 좋겠고 오행 상 천간 지지로 火氣가 들어오는 날이 좋을 수 있습니다. 또한 하루 중에서도 대낮이 좋겠습니다.

이러다가 잘못하면 바람피우는 요령 강의가 될 것 같아 부담스럽지만 이왕이면 안전하고 가정의 평화가 유지되기를 바라는 안타까운 심정에서 거론하는 것입니다. 오해 없으시기 바랍니다. 어찌 됐건 가정이 깨지는 일은 바람직하지 않기 때문입니다.

어느 연구에 의하면,

여성은 외도를 눈치 챌 수 있는 증거를 없애는 능력이 남성에 비해 훨씬 능숙하다고 합니다. 증거물에 의해서 외도가 발각되는 비율이 남성은 40%에 달하는데 비해 여성은 5% 미만이라고 합니다. 남성이 얼마나 멍청하고 미련한지 여성이 얼마나 약아 빠지고 영악한지 알 수 있는 대목이지요?

어쨌거나 남녀 관계에서, 또는 암수 관계에서 주도권은 사실상 암컷이 가지는 것이고 여자가 가집니다. 여기에는 조물주의 오묘한 의

도가 숨어 있습니다. 수컷은 암컷의 선택을 받아야 합니다.

여자가 아무리 내숭을 떨어도 甲이요, 남자가 아무리 어깨에 힘을 주고 거드름을 피우면서 큰 소리 쳐도 乙입니다.

서화담이 황진이를 택한 것이 결코 아닙니다. 황진이가 서화담을 꼬드겨 끌어 들인 것입니다.

암컷은 건강한 종자를 얻기 위해 건강한 수컷의 생식력을 시험하고 감별해서 선택합니다. 인간이나 짐승이나 마찬가지입니다. 늙거나 빌빌대는 수컷은 사절입니다.

예외가 있기는 합니다. 인간의 특수한 경우입니다.

나이가 많은 여자는 이미 건강한 씨앗을 받을 필요가 없습니다. 따라서 감별의 대상은 돈입니다. 남자가 돈만 있으면 받아들입니다. 흠집이 심하거나 말거나 새것, 헌것 가리지도 않습니다. 썩어 못 쓰는 물건이라도 눈 한번 딱 감으면 됩니다. 오직 돈입니다.

남자는 나이 들어 혼자가 돼도 돈이 없으면 여자를 만나기 어렵지만 여자는 나이가 들고 돈이 없어도 수리하고 분장, 위장을 해서 어느 정도 기본만 갖추면 남자를 만날 수 있습니다.

물론 돈있는 남자입니다. 나이가 들어 귀신같은 여자는 특히 돈 냄새 맡는 데는 귀신입니다. 여성을 무시하거나 여성의 존귀함을 폄훼하려는 건 결코 아닙니다.

여성은 위대합니다. 여성은 태생적으로 아이를 잉태하고 출산하는 엄청난 부담과 고통을 안고 살면서 물론 그에 따른 보람도 가집니다. 아부질 하는 게 아닙니다. 어떤 간이 배밖에 튀어 나오거나 치명적으로 몰상식한 사람은, 여성은 원초적인 죄인(?)이라 임신과 출산의 고통을 짊어지게 된 것이라는 말도 안 되는 헛소리를 하기도 하지만 이 무거운 짐을 짊어진 여성의 모습은 생명을 잉태하 생산하는 천륜(天倫)을 지키는 위대한 어머니입니다.

진심입니다.

까마득한 옛날 하고도 아주 아주 먼 옛날이었습니다.

지구의 한 모퉁이에서 똘똘한 여성들이 모여 한숨을 토해내는 신세타령을 하며 회의를 하고 있었습니다.

의제는 하나였습니다.

남자는 여자에게 씨만 뿌려놓고 느긋하고 편하게 구경만 하는데, 여자는 그 씨를 받아 열달 동안이나 뱃속에 아이를 안고 키워서 하늘이 노랗도록 무서운 엄청난 고통으로 생명이 왔다 갔다 하는 위험을 무릅쓰고 출산을 해야 하는 문제 때문이었습니다. 남자들을 부러워하다가 원망을 하다가 끝내는 이들의 불만이 걷잡을 수 없이 폭발해 집단행동으로 이어지고 있었습니다. 한마디로 내린 결론은 불공평하다는 것이었지요.

공정거래법에도 위배되고 헌법의 기본 정신에도 어긋나는 이런 불합리하고 말도 안되는 현실을 도저히 받아 들일 수 없다는데 의견을 모은 이 들은 만장일치로 상소문을 채택하여 조물주에게 올리게 되었습니다.

"존경하옵고 존경하옵는 조물주님께 아뢰옵니다. 죄 없는 저희 여성들이 아기를 출산할 때 너무도 감당하기 어려운 고통을 겪고 있습니다. 바라옵건대, 이 고통을 없애주시든지 그것이 안되면 원인 제공자인 남편이 대신 출산의 고통을 겪도록 하여 주시옵소서. 다만, 남자의 신체 구조상 직접 임신하고 출산할 수는 없으므로 임신하고 출산하는 것까지는 저희 여자가 감당하겠사

오니 그 출산의 고통만은 남편이 대신 감당하도록 하여 주시옵소서. 이것이야말로 형평성에도 맞고 사리에도 맞다고 사료되옵나이다. 만약,
이 간절하고 합당한 소원을 들어주시지 않는다면 저희들은 부득이 임신과 출산을 거부하고 파업을 하는 등 집단행동을 할 수 밖에 없다는 것을 명백히 밝혀 두는 바입니다."

조물주께서 상소문을 받아 읽어보고 깜작 놀랐습니다.

일견 일리가 있기도 하지만 만약 여성들이 임신과 출산의 파업이라도 벌이는 날에는 인류사회의 멸망을 초래할 수도 있는 엄청난 사태에 직면하게 될 것이 불을 보듯 뻔한지라 이들의 소원을 들어 주기로 하였습니다.

여성들은 일제히 거리로 뛰쳐나와 여성독립 만세를 외쳤지요. 조물주님 은혜에 감복하면서 여권(女權)의 승리를 마음껏 축하했습니다. 그렇게 잠시 행복한 세월이 흘러가는 듯 했습니다.

그런데 어라?! 이게 웬일입니까. 여기저기서 부작용이 일어나기 시작했습니다. 그것도 심각한….

아내가 출산을 하는데 그에 따른 고통으로 사방을 뒹굴며 이를 악물고 소리 질러야 할 남편이라는 인간은 말짱하고 문간방의 머슴 놈이 사람 죽는다고 배를 움켜쥐고 나뒹구는 어이없는 사태가 벌어진 것입니다.

아뿔사! 아뿔사!

아내의 부정 행각이 여지없이 들통나고 만 것입니다.

깜짝 놀란 여성들이 긴급 비상총회를 열어 대책을 논의하며 난상토론을 벌였습니다. 그리고 머리를 조아리며 조물주에게 다시 상소문을 올렸습니다.

"조물주님의 하해와 같은 은혜는 뼈 속 깊이 감사하고 또 감사하오나 여러 사정을 감안하여 차라리 저희가 모든 고통을 감수하겠사오니 원래대로 해 주시옵소서."
상소문을 보신 조물주께서 빙긋이 웃으시며 중얼거렸습니다.
"그래, 내 그럴 줄 알았다."

어느 시골에서
이웃집 유부남과 바람을 피우다 걸린 과부가 간통죄로 재판을 받고 있었습니다. 판사가 물었습니다.
"바람을 피우면 나라 법에 걸리는 줄 몰랐어요?"
"몰랐심더. 진짜 몰랐심더. 내 몸에 달린걸 내 맘대로 못하고 국가에서 관리하는 줄은 꿈에도 몰랐심더. 흑흑…"

부부의 도리(道理)

아내에게 충고합니다.
① 자주 남편을 칭찬해야 합니다. 남편의 엉덩이와 어깨를 들어 올리는 힘은 바가지에 있는 것이 아닙니다. 바가지는 밥할 때나 쓰고….

특히 남편의 출퇴근을 기분 좋게 해야 합니다. 이때 남편은 자신이 존경받고 있다고 생각합니다. 없던 힘도 불끈불끈 살아납니다.

② 신혼 시절의 매력을 유지하면서 끊임없이 다른 매력을 개발해야 하며 외모에 신경 쓰고 촉촉하게 향기나는 머리를 늘어뜨리거나 화장을 곱게 하고 좀 야한(?) 속옷 등으로 사랑의 신호를 보내는 것도 좋습니다.

또한 침실을 아늑하고 조용하게 분위기 있는 공간으로 꾸미는 것이 좋습니다. 말을 한마디 해도 거칠거나 지저분한 말은 피해야 합니다.

③ 수시로 말이나 스킨쉽 등으로 애정을 표시해야 하며 남편에게 당신은 언제나 멋지고 좋은 최고의 남자라는 표현을 아끼지

말아야 합니다.
④ 부부관계에서도 지나치게 낭만적이거나 비판적인 태도를 삼가고 남편이 당황할 정도의 지나친 적극적인 행동은 피하는 것이 좋습니다. 남편이 좀 요상한 짓을 해도 용기를 주고 남편이 어떻게 해줄 때 좋은지 솔직히 알려 주는 것도 좋습니다. 그것도 사랑스럽게.

남자 구실을 제대로 못하더라도 노골적인 불만을 나타내면 절대 안 됩니다. 그렇게 되면 정말 남자 구실을 아주 영원히 못할 수 있습니다. 그리고 남편이 기쁘게 해주면 바로 보상해 주어야 합니다.

⑤ 남편을 옆집 남자나 친구 남편과 비교하지 말아야 합니다.
특히 침실에서는 이유 불문하고 다른 남자 이야기는 입도 뻥긋하면 안됩니다.

⑥ 남편이 혹시 설거지를 미루거나 게으럼을 피우더라도 꾹 참고 기다리는 것이 좋습니다.

⑦ 남편에게 청소하라고 시키는 것 보다 '청소할까?'라고 남편 스스로 생각하도록 하는 것이 효과적입니다. 현명한 아내의 현명한 지혜입니다.

⑧ 남편이 다른 여자를 만나는 것에 과민할 필요 없습니다.
많이 만날수록 마누라 귀한 줄 압니다. 여기 저기 찔리고 할퀴고 당해보면.

⑨ 남편을 세뇌(洗腦)시켜야 합니다. '남편'이 아니라 '내편'이라고. 아예 호칭을 '내편'으로 고쳐 부르는 건 어떨까요?

⑩ 평소에 분노와 불평의 목소리를 낮추고 말을 할 때는 협박이나 모욕으로 들리지 않도록 주의를 기울여야 합니다.

⑪ 남편에게 불만이 좀 있더라도 좋았던 기억을 떠 올려보기도 하고 불평을 하더라도 상대에 대한 애정의 표현이라는 관점에서 해야 합니다.

남편이 큰 마음먹고 아내에게 비싼 반지를 사 주었는데,
그 아내의 반응이 남편의 사랑은 뒷전이고 반지에만 홀딱 반해서 얼마짜리인가에만 관심을 둔다면 그 아내는 남편의 사랑을 받을 자격이 전혀 없는 한심한 인간입니다. 빵점짜리의 형편없는 여편네일 뿐입니다.
사랑에 백 원짜리가 있고 천 원짜리가 있는 것은 아닙니다.
특히 천하의 아내들에게 강력히 충고합니다.
아내의 팬티와 브라자를 비롯한 속옷은 좀 화려하고 화사해야 합니다. 물론 때와 장소를 구분하는 센스가 필요합니다.
침실에서는 좀 야시시하고 섹시한 옷이 좋습니다. 누리팅팅한 구닥다리 팬티를 입고 남편을 맞이한다는 것은 예의가 아닙니다. 남편에 대한 반역이요, 자신마저 포기하는 일입니다.
십여 년 전,
부산 근교에서 중국 항공기가 추락한 현장에서 어느 승객 여인이 헬리콥터에 매달려 바람에 치마가 뒤집어지고 누리팅팅한 팬티가 완전 노출된 상태로 구조되는 장면이 방송에 가감 없이 여러 번 나온 경우가 있었습니다. 다행히 얼굴은 자세히 드러나지 않았지만 전 국민 앞에서 반 나체쇼를 펼친 꼴입니다.
혹시 그때 그 장면을 자세히 봤다면 느끼는 것이 있어야 합니다. 평소에 속옷에 신경을 써야겠다는 것을….
이것은 나이가 들어갈수록 더 중요시해야 하는 문제이기도 합니

다. 언제 어디서 무슨 일이 벌어질지 모르는 세상입니다.

특히 아내는,

낮에는 남편에게 져 주는 것이 좋습니다. 그리고 밤에 남편을 잡아 먹어버리고(?) 이기면 됩니다. 낮은 양이라 남자의 세상이고, 밤은 음이라 여자의 세상입니다.

남편에게도 충고 합니다.
① 부부생활은 함께 만들어가는 것이라는 인식을 아내에게 주어야 합니다. 일방통행을 하거나 단독 결정을 해서 통보하는 등의 행위는 아내를 외롭게 하고 병들게 합니다.
성적으로까지 불구자로 만들 수 있습니다.
② 외모에 신경을 써야 합니다. 씻지도 않고 지저분한 상태로 침실에 드는 것은 금물입니다. 결코 아내에게 환영받지 못하며 이것이 습관화 되면 아내로부터 영원히 경멸당할 수 있습니다.
③ 아내에게 칭찬을 아끼지 말아야 합니다. 말로만 하지 말고 가벼운 스킨쉽을 같이 해 주는 것이 훨씬 효과적입니다.
④ 눈이 마주칠 때마다 미소를 지으며 나는 언제나 당신이 사랑스럽다는 신호를 보내 주는 것이 좋습니다.
⑤ 가끔 느닷없는 멋진 계획을 세워 보는 것도 좋습니다.
아내가 생각지도 못했던 허를 찌르는 이벤트를 펼치면 아내는 감동하게 마련입니다.
⑥ 외부의 모임에는 가능하면 부부가 함께 참여하는 것이 좋습니다. 그것도 마지못해서 또는 남이 하니까 등의 냄새를 풍기면 안 됩니다. 당신이 자랑스럽고 당신과 같이 있지 않으면 재미도 없고 하품만 나온다고 은근히 알려 주는 것이 좋습니다.

⑦ 침실에서는 아내가 무엇을 어떻게 해주기를 원하는지 주의를 기울여야 합니다. 가능하면 아내의 입장에서 아내를 만족시켜 주는 방법을 연구하고 실천해야 합니다.
⑧ 아내에 대해서 연구할 필요가 있습니다. 평소에 내가 어떤 행동과 말을 해주면 가장 좋아하는지, 특히 침실에서 어떻게 해주면 가장 좋아 하는지 등등.
⑨ 남의 아내나 다른 여자와 비교하면 안 됩니다. 특히 침실에서는 다른 여자 이야기는 입도 뻥긋해서는 안 됩니다.
⑩ 자기 볼일 다 봤다고(?) 바로 돌아눕거나 곯아떨어지는 것은 위험천만입니다. 피곤해도 아내를 따뜻하게 안아주거나 몇 마디라도 부드러운 이야기를 나누는 것이 좋습니다.
여자의 특성 때문입니다.
⑪ 아내의 불평이 있더라도 자신에 대한 공격으로 받아들이지 말고 아내의 감정에 보다 더 관심을 기울여야 합니다.
⑫ 어떤 경우라도 즉각적으로 반응하지 말고 아내의 이야기를 적극적으로 충분히 들어 주는 습관이 필요합니다.
여자는 조잘조잘 말하기 위해 태어난 동물입니다. 여자가 그 입을 닫아버리면 관계는 끝났다는 신호입니다.
여자는 음기가 강한 냉혈동물이라 한번 토라지거나 가슴이 식어버리면 회복이 좀 드디고 어렵습니다.

마누라에게는 웬만하면 져 주는 것이 좋습니다.
지는 것이 이기는 경우가 많습니다. 지는 법을 알아야 이기는 법을 알 수 있기도 합니다. 마누라에게는 더더욱 그렇습니다.
남자다운 권위를 앞세워 힘에 의지한 완력으로 여자를 이기려 한다면 가정은 무너집니다. 참용기가 필요합니다.

참용기란 참고 용서하고 기다리는 것이라고 했습니다. 삼국지의 유비 처세술입니다.

남편에게 특히 주의를 환기시킬 일이 있습니다.

여성은 남성과 생리적으로 다릅니다. 부엌의 아궁이에 나무를 태워 불이 잘 타게 하려면 아궁이가 어느 정도 달구어져 있어야 합니다. 차가운 아궁이에 갑자기 통나무를 밀어 넣으면 불이 붙기는커녕 오히려 그나마 피어오르던 불마저 꺼져 버립니다.

여성은 차가운 음성이라 양성인 남성처럼 쉽게 달구어지지 않으므로 아내에게 사랑의 불을 붙이려면 남편의 정성어린 노력이 있어야 합니다. 충분한 예열(豫熱)이 필요한 것이지요.

팝콘을 튀기는 원리와 같습니다. 팝콘을 튀길 때는, 기름을 적당히 발라서 알맞은 온도에 서서히 열을 올려 달구어야 합니다. 천천히 부드럽게 흔들어 주면서….

무작스럽게 갑자기 뜨거운 불에 넣어 볶아버리면 튀겨져 터지기는커녕 타버리거나 단단하게 구워져 먹지도 못하는 돌멩이가 돼버립니다. 부부관계에서도 이 원리를 무시하면 자칫 아내를 불감증(不感症) 환자로 만들 수 있습니다.

암컷의 오르가즘(orgasm)은 조물주께서 인간에게만 특별히 하사하신 특별 선물인데….

대한민국 여성의 60%가 이 귀한 선물을 못 받고 남편에게 일방적인 자원봉사만 한다는 통계가 있습니다.

여기에는 상대에 대한 배려가 없는 남성들의 책임이 큰 것 같아 특히 당부합니다.

아내와 남편 사이의 대화에서는
① 자신을 가라앉히고 안정시키는 방법을 익혀야 합니다.
② 부부사이에 논쟁이라도 벌어지면 중간 중간에 잠시 여유를 가지고 쉬면서 대화의 본질을 파악하는 것이 중요합니다.
③ 상대를 낙관적으로 바라보고 이해해야 하며 자신의 잘못부터 먼저 인정해야 합니다. 그리고,
상대에 대해서 즉각적인 반박을 하는 것은 반발성 감정의 폭발을 유도하게 되므로 대단히 위험합니다.
④ 설사 바로 내키지 않더라도 상대에게 애정의 냄새가 나는 감사를 표현하면 대화가 건설적이고 화합 쪽으로 결말날 수 있습니다.
⑤ 무조건 부드러워야 합니다. 부드러우면 휘기는 할망정 부러지지는 않습니다. 단단하고 강한 이빨은 빨리 썩고 무너지지만 부드러운 혀는 인체 중에서 가장 건강하고 생명력 또한 길어 썩어도 마지막에 썩는다는 사실을 세 번째 강조 합니다.

옳은 말들 같은가요?
옳은 줄 알면서도 실천하지 못한다면 전지전능하지 못한 허당(虛堂)으로서도 어떻게 할 방법이 없습니다.
음식은 간이 맞아야 제 맛이 나는 법입니다.
간을 맞추는 것은 음식을 만드는 솜씨가 빚어내는 지혜입니다. 음식 맛이 너무 달거나 매우면 위장을 다치게 합니다.
마찬가지로 사랑도 간이 맞아야 합니다. 연애하는 사랑은 매콤달콤하고 자극적인 맛이 필요할지 몰라도 결혼은 다릅니다.
너무 달거나 매워 자극적인 사랑은 상대를 할퀼 수 있습니다. 오래 가지도 못합니다.

너무 가까우면 타서 죽고 너무 멀면 얼어 죽는다고 했지요?

우선은 맛있는 것 같아도 빨리 물리기 마련입니다.

새콤한 맛은 좀 부족해도 은은한 간이 잘 맞아야 합니다.

그리고 물맛이나 밥맛처럼 질리거나 물리지 않아야 합니다.

이것이 부부 사이의 정을 다지는 지혜입니다.

부부간의 사랑은 바로 인생 자체입니다. 인생에 간이 제대로 맞아야 한다는 것은 조화를 의미합니다. 기본은 음양의 조화입니다. 그리고 지혜의 조화입니다.

여기에 서로 지켜야 할 최소한의 규칙이 있습니다.

이웃 간이나 친구 사이에도 지켜야 할 도리가 있는데 하물며 부부 사이는 더더욱 지켜야 할 수칙이 있습니다.

표현이 좀 험한 것 같지만 지켜야 하는 '싸가지'이기도 합니다. '싸가지'라는 말은 다시 말하면 '싹수'가 되고 좀 유식스럽게 말하면 '교양'이요 '인격(人格)'입니다.

주로 문제가 되는 것은 '말'입니다.

어느 연구에 의하면 여자가 남자보다 평균 3배 정도 말을 많이 한답니다. 여자는 조잘조잘 말하기 위해 태어난 동물입니다.

조물주의 실수인지 장난인지는 몰라도 하여간 여자에게 잔소리 폭탄이라는 무시무시한 무기를 설치해 준 것입니다.

말이란,

튀어나오기 전에 가슴이나 뇌를 거치는 조정 작용이 필요합니다. 생각이 담긴 말이라야 하는 것인데….

사실은 조물주께서 누구에게나 이 장치를 설치해 두기는 했으나 한 가지 실수를 하고 말았습니다. 여자에게는 이 작용이 전반기에는 어느 정도 작동을 하지만 '마누라'라고 하는 이름을 달고 나면 이 정제(精製) 장치가 망가져 마비가 돼 버립니다.

여기에다 많이 들으라고 뚫어준 두 귓구멍까지 변질이 되어 듣는 마이크 작용은 못하고 요란한 쌍나발 스피커 작용을 합니다. 두 귀까지 입이 되어 마구 튀어나오는 것이지요.

불행하게도 이제 와서 수리를 하거나 개조를 할 수도 없도록 고정돼 있습니다. 어떻게 할 방법이 없습니다.

피할 수 없으면 즐기라는 군대 용어가 있었지요? 달리 방책이 없으니 고통스러워도 숙명이라 생각하고 감수해야 합니다.

말을 한다는 것은 표현의 도구입니다. 명리학적으로 보면 식상(食傷)이라는 육신에 해당합니다.

남자 사주에서 식상은 관살(官殺)을 극합니다.

관살은 자식에 해당합니다. 남자가 말을 너무 많이 하거나 함부로 하면 자식을 극하게 되어 자식 운을 망치는 결과를 가져온다고 볼 수 있습니다.

여자 사주에서 식상은 관살을 극합니다.

관살은 남편에 해당합니다. 여자가 말을 많이 하거나 함부로 하면 남편을 극하게 되어 남편 운을 짓밟거나 남편 운을 망치는 도구가 되고 남편과 이별하는 결과를 초래할 수도 있습니다. 여자의 식상은 남자를 잡는 잔소리 폭탄입니다. 정리를 하자면,

여자에게 식상은 남편을 향한 고성능 기관총이요, 남자에게 식상은 자식을 조준하고 있는 고성능 기관총이 되는 셈입니다.

천냥빚도 말 한 마디로 해결 된답니다.

말의 표현이 그렇게 중요합니다. 말의 중요성이란 대화의 중요성입니다. 대화란 내가 이야기를 하는 것이 아니라 상대방의 이야기를 정성껏 들어주는 것이기도 합니다.

내가 싫은 것은 상대방도 싫을 수 있습니다. 내가 좋은 것은 상대방도 좋을 수 있습니다. 내가 집안일을 하기 싫으면 상대방도 하기 싫은 것이고 처가에 잘하는 남편이 아내에게 좋듯 시가(媤家)에 잘하는 아내가 남편에게는 그렇게 고맙고 예쁠 수가 없습니다.

상대방이 바람을 피우면 피가 거꾸로 치솟듯이 내가 바람을 피우면 상대방도 그럴 수 있다는 말입니다.

부부싸움은 칼로 물 베기라구요?

천만의 말씀, 거짓말입니다. 물처럼 다시 합쳐지는 것이 부부의 인연이라고 하지만 칼을 들이대는 순간 그 부부 사이는 점점 멀어집니다.

음기가 강하거나 과묵하다고 하는 사람일수록 그 상처는 더욱 큽니다. 특히 음기로 뭉친 여성의 경우, 말없는 여성은 자신의 감정을 솔직히 드러내는 여성에 비해 사망 확률이 4배나 더 높다는 연구 결과도 있습니다. 정신 건강에서 우선 문제가 생기고 가장 위험한 쪽은 심장이라고 합니다. 화병(火病)입니다.

여자는 말을 많이 해야 살 수 있다는 말입니다.

말이 은혜를 만들기도 하고 원수를 만들기도 합니다. 말을 아무렇게나 함부로 뇌까리는 것은 표현이 아니라 배설(排泄)입니다.

잘사는 부부는 대개 서로 말을 예쁘고 고맙게 하는 경우가 많습니다. 또한 잘사는 부부는 서로의 실수를 미소로 보듬어주고 참기 어려운 상황을 만나도 인내하는 노력을 합니다.

한 부모의, 같은 재료에, 같은 공장에서 태어난 형제간에도 성격이나 특성이 다 다릅니다. 하물며 전혀 원료도 다르고 제조 공장도 다른 곳에서 각각 태어난 사람끼리 만나 살아야 하는 것이 부부입니다. 서로 이해하고 덮어주는 인내와 노력이 있어야 부부생활이 유지

될 수 있는 것은 당연합니다. 잔인하게도,

인간은 백번 잘 해줘도 한 번의 실수를 확실히 기억합니다.

간사한 것이 인간의 마음이라고 하지요?

말 한마디가 치명적인 결과를 부르기도 하고 수많은 좋은 기억보다 단 한 번의 서운함에 오해하고 실망하며 틀어지는 경우가 많습니다. 서운함 보다 좋은 기억들을 떠올리며 서운함을 덮을 수 있으면 좋으련만 그것이 잘 안됩니다. 부부간에도 마찬가지입니다.

생각해보면 사람 관계에서는 이기고 지는 것이 없습니다.

다 소중한 인연이기 때문입니다.

사회생활도 마찬가지입니다.

공부를 하거나 직장생활 또는 사업을 해도 인내와 노력 없이는 불가능합니다. 서로 단점은 덮고 장점만 보고 기억하는 노력과 훈련이 필요합니다. 사랑하면 단점이 잘 보이지 않고 미워하면 장점이 잘 보이지 않습니다. 만약에,

그것이 안 되면 서로 불쌍하게라도 생각하는 연습이 필요합니다. 더 좋은 사람을 만나지 못하고 나를 만나서 고생하고 손해 본 아내와 남편을 불쌍하게 생각하면 됩니다. 이것은 배우자에 대한 최소한의 예의요 양심입니다.

결혼 생활은 꿈이나 상상이 아니라 바로 현실입니다. 만사는 세월 따라 변하는 것이 진리임을 알고 서로 맞추어 가는 것이 부부생활입니다. 상대에게 설득이라는 그럴듯한 명분으로 강요만 할 것이 아니라 자기 자신부터 설득하고 이해시키는 노력이 필요한 것이지요. 물론 그것이 쉽지는 않습니다.

해우소(解憂所)란 해인사 절 뒷간만 의미하는 것이 아닙니다.

나이가 들어 검버섯이 덕지덕지 달라붙은 얼굴을 마주보며 지난

날의 한숨과 고난의 눈물을 비우고 조용히 미소 짓는 해우소가 되어야 합니다. 그것이 부부가 늙어가는 도리입니다.

비익조(比翼鳥)라고 들어 보셨는지요? 유행가 노래도 있습니다. 글자 그대로 보면 날개를 나란히 한다는 새입니다. 눈과 날개가 하나씩 밖에 없어 암수가 짝을 짓지 않으면 날지를 못한다는 새입니다. 날개를 가지런히 맞대고 날아다닌다는 새입니다.

전설 속에 나오는 상상의 새이기는 하지만 암수 관계의 중요성을 암시하는 아름답고 건설적인 전설이기도 합니다.

인간이건, 동물이건, 곤충이건 간에 암수가 짝을 이루어 살아야 한다는 교훈이 되면서 부부 사이의 숙명적인 사랑을 의미하는 것이지요.

허당(虛堂)이 직접 보기도 한 연리지(連理枝)도 있습니다.

뿌리가 다른 한 나무와 다른 나무가 자라면서 가지가 서로 붙거나 뒤엉켜 한 나무처럼 살아가는 나무를 말합니다. 하나가 죽어도 다른 쪽 나무에서 영양분을 공급받아 살아난다고 합니다. 세월이 가면 뿌리까지도 서로 엉키는 경우도 많습니다.

다르면서 같은 부부사이를 연상 시킵니다. 출신은 다르지만 서로 얽혀 한 몸처럼사는 협심협체(協心協體)의 부부 사랑입니다.

남편에게는 특별한 당부를 더합니다.

여자와 한평생을 살아야 하는 과정을 좀 심하게 표현하면,

극한(極限)의 환경을 이겨내야 하는 극한의 인내력이 요구되는 길입니다. 인고(忍苦)의 세월이요, 토굴 속에 갇혀 도(道) 닦는 세월입니다. 무한의 희생성이 요구되는 팔자를 타고난 남자인 셈입니다.

남자는 무한정 주기 위해 태어난 동물이요, 여자는 무한정 받아먹기 위해 태어난 동물이라고 했던가요? 혹시,

사마귀의 짝짓기 장면을 보신 적 있나요? 숫놈 사마귀는 암놈 사마귀와 교미를 하며 자신의 몸을 암컷의 보양식으로 기꺼이 제공합니다. 암컷에게 머리를 통째로 뜯어 먹히는 마지막 순간까지 한 방울의 정액이라도 더 주입하기 위해 필사적인 몸부림을 칩니다. 자손을 번식시켜야 하는 자연이 내린 엄중한 사명을 지키고자 함입니다. 저절로 옷깃이 여며지는 한편의 장중한 대하드라마입니다.

맥 빠지는 이야기 더 해볼까요?

오래 전에 병아리 부화장에 가 본적이 있습니다. 병아리가 부화하면 숙련된 전문가가 암수 감별을 합니다.

감별을 해서 암컷만 가려내고 수컷은 쓸모가 없다고 버리는 기막힌 장면을 보고 충격을 받았습니다. 아주 아주 운이 좋은 놈은 싸구려로 팔려 동네 문방구를 통해 어린 아이의 장난감으로 짧은 연명을 하기도 합니다.

인간이나 동물이나 마찬가지입니다. 수컷의 슬픈 숙명입니다.

남자가 여자를 이길 생각을 한다면 그것은 크나큰 착각입니다. 요즘 같은 세상에 특히 나이가 들어 마누라와 맞붙어 맞짱이라도 뜨겠다고 덤비는 남자가 있다면 간이 부어도 전두환 만큼 부은 놈이요, 활활 타는 불속으로 뛰어드는 불나방입니다. 목숨을 초개같이 버리고 장열하게 전사하겠다는 독립투사의 기개를 가진 놈이거나 하여간 저승길을 재촉하는 멍텅구리입니다.

작고하신 소설가 이모 선생이 이미 오래 전에 설파했습니다.

"마누라 나이 40이 넘거든 갚지를 마라. 무법자이니라."

어떤 남자라도 40이 넘으면서 여자에게 설설 기기 시작합니다. 절대로 이길 수 없습니다.

이것은 원천적인 남녀의 생리적 현상이기도 합니다.

40이 넘으면 남자는 테스토스테론(testosterone)이라고 하는 남성 호르몬이 급격히 줄어들어 힘이 슬슬 달리기 시작하고,

반대로 여자는 엉뚱하게도 남성 호르몬의 증가로 인해 독이 시퍼렇게 오르는 시기입니다. 눈과 얼굴을 보면 압니다.

이 시기의 여자는 대개 얼굴이 파르스름하고 눈에서는 이상한 빛이 납니다. 무서운 독기(毒氣)가 표출되 나타나는 현상입니다.

좀 남자스럽고 기가 센 여자일수록 나이가 들면서 수염이 보송보송하게 나는 것도 남성 호르몬의 증가가 원인이랍니다.

몸의 부위별 상(체상;體相)을 볼 때,

목 부위까지는 초년 운을 보고 목 아래에서부터 배꼽까지를 중년 운으로 보며 배꼽 아랫 부위로 말년 운을 보기도 합니다.

위(上)는 火요, 심장이요, 가슴이요, 어깨요, 양기(陽氣)입니다.

아래(下)는 水요, 신장이요, 엉덩이요, 음기(陰氣)입니다.

양기인 남자에게 강한 기가 모이는 부위는 목과 어깨, 가슴 쪽입니다. 젊고 강한 기운을 가진 남자일수록 목과 넓은 어깨에 힘이 들어가 탄탄한 가슴을 내밀고 뻣뻣한 모습을 볼 수 있습니다.

젊어서는 남자가 큰소리 좀 칠 수 있다는 말입니다.

그러나 중년이라는 세월을 지나면서 어깨는 힘이 빠지고 좁아집니다. 거기다가 중년과 말년 사이의 운세를 볼 수 있는 엉덩이마저 어쩐지 날이 갈수록 얇고 물 빠진 솜덩이처럼 흐물흐물하고 왜소해집니다. 줄어드는 남성 호르몬 대신 여성 호르몬이 증가되어 눈물도 많아집니다.

그러나 여자는 다릅니다.

음기인 여자에게 강한 기가 모여 작용하는 부위는 엉덩이입니다. 엉덩이는 중요한 생식 기관을 담아 보호하는 귀중품 상자이기도 합니다. 따라서 남자가 여자 엉덩이를 접촉하면 나쁜 놈이 되고 범죄가 됩니다. 좀 도도한(?) 여성일수록 유난히 엉덩이에 힘이 들어가 삐쭉거리며 걷는 모습을 볼 수 있습니다.

일종의 유혹 신호입니다. 삐쭉거리며 걷는 것이 남자와 달리 몸의 균형을 잡아주는 중앙의 중심 추(錘)(?)가 없어 제멋대로 흔들리는 이유도 있는지 없는지는 모르지만 하여간 그렇습니다.

젊어서는 연약한 듯 내숭을 떨면서 움츠린 듯하다가도 나이가 들어갈수록 어깨부터 넓어지고 유방도 퍼지는데 최종적으로 엉덩이가 퍼지고 넓어지면서 그 기운이 극에 달해 기세가 등등해집니다.

남성화 되는 것입니다.

그 어마어마한 위력으로 넓고 크게 퍼져 팽창한 유방과 엉덩이에 깔리면 숨도 쉬지 못하고 질식해 죽을 수도 있습니다.

세월이 갈수록 남녀의 힘의 위치가 역전되는 것인데 애당초 조물주가 이렇게 만들어 놓았으니 원망하거나 어디 고발할 데도 없습니다.

이렇게 여자의 가슴과 엉덩이의 변화가 증명해 주듯 중년 이후에는 여자의 기운이 남자를 단연 압도해 갑니다.

승패의 결과는 뻔하겠지요? 세상에는 지고 이기는 경우도 있고, 이기고 지는 경우도 있습니다. 지고 이기는 것이 뱃속 편합니다. 특히 마누라에게는 그렇습니다.

음양의 도리에 의하면,

양기인 대륙은 남자에 음기인 바다는 여자에 비유됩니다.

대륙은 땅이요 흙이라 土요, 바다는 물이라 水가 되므로 土剋水한 다? 그래서 土가 水를 이기고 남자가 여자를 이긴다?

그것은 어디까지나 기초 이론일 뿐 천만의 말씀입니다.

흙(양;土)은 물(음;水)을 만나는 순간 유실되 흔적도 없이 사라집니다. 바다와 육지의 면적 비율이 70대 30이라는 사실을 기억해야 합니다. 지구의 2/3가 음이요, 여자인 바다라는 말입니다. 이 어마어마한 바다의 넓이는 여자의 치마폭 넓이요, 엉덩이 넓이입니다. 거기에 빠지면 살아서 나오지 못합니다.

水剋土가 되버리는 것이지요. 육지인 남자가 바다인 여자를 이기지 못한다는 말입니다.

생리적으로도 남자는 절대로 여자를 이길 수 없습니다.

가장 무서운 것이 사주에서 말하는 여자의 식상입니다.

식상은 입이요, 말이요, 표현입니다. 생식기관으로 자궁이요, 유방입니다. 멍청한 남자를 유혹해서 잡아먹는 가장 강력한 특수 무기가 됩니다.

위로 지상에는 쉴 새 없이 연속 발사되는 고성능 기관총이 남자를 정조준해 설치되어 있고, 아래로 지하에는 언제 어디서든 버튼만 누르면 터지는 고성능 수류탄을 깊숙이 묻어 놓고 남자를 유혹해 폭파시켜 버립니다. 잘못 건드리면 골로 갑니다.

더 큰 문제는 식상인 기관총과 수류탄 성능이 문명 과학의 발달에 비례해서 갈수록 최신화, 첨단화되고 업그레이드되어 강해진다는 사실입니다. 당연히 남자는 갈수록 위축되어 찌그러지고 짜부라지고….

여자 속에 들어갔다가 멀쩡하게 살아서 나오는 놈을 본 적 있나요? 애초부터 조물주께서 여자의 두 다리 사이를 남자보다 훨씬 강하게 만들어 놓았습니다. 따라서 모든 남자는,

초특급 토네이도 위력을 가진 여자의 두 다리 사이로 휘감겨 들어가면 살아 나오지 못합니다.

남자를 유혹해서 바짝 약을 올린 다음 불빛 하나 없고 사방이 젖어있어 잘못하다가는 미끄러져 낙상하기 딱 좋은 음습(淫濕)하고 깊숙한 동굴 속으로 유인해서는 더더욱 약을 올려 미쳐 날뛰게 만들어 놓고 결정적인 순간이 오면 바로 폭파시켜 버립니다.

인정사정없이….

첨단화된 고성능 특수 수류탄을 매설해 놓아 연속으로 터지는 다발성 멀티 폭발을 일으키기도 합니다.

어리석고 미련한 남자는 무모하게도 몽둥이 하나 달랑 들고 넘치는 기개와 용솟음치는 혈기 하나만 믿고 용감무쌍하게 쳐들어가지만 끝내는 비명을 내지르며 초주검이 되어 목을 늘어뜨린 채 엉금엉금 기어서 나오다시피 합니다. 그리고 사지를 부들부들 떨며 늘어져 가쁜 숨을 몰아쉽니다. 가끔 시원찮은 놈은 얼마나 혼이 났는지 쌍코피까지 줄줄 흘립니다. 아주 심한 경우 되살아나지도 못하고 완전히 저승길로 가기도 합니다.

이른바 복상사(腹上死)라는 것인데 살아남기 위한 처절한 발버둥으로 최고조로 팽창한 혈압이 터져버리는 심장마비입니다.

별의별 불로장생초(不老長生草)를 다 구해다 먹었다는,

천하의 진시황제마저도 단 한 번도 거기서 살아서 나오지 못했습니다. 인삼 녹용이 아니라 용(龍)을 산채로 잡아다가 달여 먹는다고 해도 거기서 살아나오지는 못합니다.

모르기는 해도,

큰소리 탕탕치는 예수님이나 부처님이 팔을 걷어붙이고 나선다고 해도 이 문제만은 어찌할 방도가 없을 것입니다.

그만큼 여자는 남자를 눈도 하나 깜짝하지 않고 간단히 잡아먹어(?) 버리는 무서운 동물(?)입니다.

여자가 남자를 잡아먹을 때는 그 복수(?)의 희열과 쾌감에 정신을 잃을 정도로 만족한 나머지 귀신처럼 눈을 허옇게 치켜뜨고 발광하듯 뒤집어지기도 합니다. 잊어서는 안 됩니다.

한번 죽은 다음 다시 부활의 은혜를 입고 살아난다고 해도 정신을 가다듬고 기운을 차리기까지 한동안 어리버리 한 상태를 벗어나기 어렵습니다. 몸보신도 해야 하므로 그에 따른 비용 또한 만만치 않습니다.

팜므파탈(femme fatale)!

여자는 남자에게 치명적인 동물입니다. 아니,

여자는 남자 잡아먹는 식인종(食人種)입니다. Man Eater!

인간세계 뿐 아닙니다. 동물의 세계나 곤충의 세계도 마찬가지입니다. 암컷이 문제입니다. 동물이건 곤충이건 무조건 암놈은 잔인하고 무섭습니다. 설질도 암놈이 더 거칠고 더럽습니다.

여름 잠자리의 천적인 모기도 피를 빨아먹는 흡혈 모기는 암놈입니다. 동물의 세계에서 풀을 주로 먹는 초식 동물은 온순하지만 육(肉)고기가 주식인 육식 동물은 포악하고 잔인합니다.

인간도 동물입니다. 인간도 평소에 채소를 좋아하는 사람은 비교적 온순한 편이지만 육고기를 좋아하는 육식성 인간은 포악성과 잔인성이 강한 편입니다.

자세한 설명이 없어도 이해가 될는지 모르겠지만,

여자는 육식 동물입니다. 남자를 맛있게 맛있게 잡아먹는 특이한 식성을 가진 특이한 체질의 특이한 식인종입니다.

옛부터,
여성이 지켜야 할 덕목으로 정절(貞節)을 으뜸으로 강조해 왔습니다. 그런데 허당(虛堂)이 연구해 보니 여기에는 숨겨진 이유가 있었습니다.
남성은 몸(性器)으로 사랑을 하지만 여성은 뇌(腦)로 사랑을 합니다. 여성은 질(質)을 중시하지만 남성은 양(量;회수)을 중시한다는 말입니다. 남성은 생리적인 요인에 거의 전적으로 지배받지만 여성은 주변의 환경과 정신적 정서적인 분위기 등 여러 요인에 의해서 사랑의 만족도가 달라지는 성향이라 단순히 여성의 성감대를 자극한다고 해서 달구어 지지도 않는다는 것입니다. 여성은 복잡합니다. 사랑할 때의 그 표정까지도 다양하고 복잡 미묘합니다.
남성은 시도 때도 없이 성적인 충동을 느끼지만 여성은 하루에 한 번 정도 성적인 충동을 느낀다는 보고도 있습니다.
문제는 그 강도(强度)입니다. 양과 질의 차이입니다.
성적으로 느끼는 쾌감은 여성이 남성에 비해 9배나 강하다고 합니다. 불과 10초 남짓 터지는 오르가즘(orgasm)의 강도입니다. 이러니 남성의 잠재의식 속에는 아내가 바람을 피우는데 대한 두려움이 심각하지 않을 수 없습니다.
여성이 성적으로 엄청난 쾌감을 느낀다는 사실을 잘 알기 때문입니다. 약자의 두려움입니다.
또한 인간을 포함한 모든 동물은 같은 상대와 계속 사랑을 하게 되면 아무래도 흥미가 떨어지게 되고 상대가 바뀜으로 해서 새로운 자극으로 인한 성적인 욕구가 증대된다는 사실 역시 이유가 될 수도 있을 것입니다. 그 때문에 고대 일부 지역에서는,

여성의 음핵(陰核)과 소음순(小陰脣)을 잘라내는 할례(割禮) 의식을 강요해 왔는데, 믿기 어렵겠지만 문명시대라는 지금도 지구상에서는 매년 수백 만 명의 여성이 할례 의식을 치르는 고통을 겪고 있답니다. 아예 문제를 일으킬 수 있는 싹을 잘라버리자는 것입니다. 주로 중동 지방의 이슬람 종족들의 짓인 것 같은데 일부다처제로 여러 마누라를 거느리며 이따위 짓을 한다니 웃기는 사람들이지요.

신(神)으로 받들어지는 이슬람교의 창시자 마호메트부터 여러 명의 마누라와 수많은 첩을 거느렸다고 하니 알만 합니다. 이 대단한 양반은 죽을 때도 여자 품에서 죽었다고 하는데 겨우 환갑을 넘긴 60대 초반이었답니다.

인간의 능력에는 한계가 있습니다.

그 한계 중의 하나는 한 남자와 한 여자가 부부로 사는 것입니다. 그 이상은 무리입니다. 멀리 갈 것도 없이 가까운 우리 조상님들 중에서도 첩을 많이 거느리고 흥청망청 음탕질탕하게 살던 조상님들이 장수한 경우가 드뭅니다.

정신없이 나가다 보니,

이야기가 옆 골짜기로 너무 깊이 빠지는 것 같아 눈을 똑바로 뜨고 정신을 수습해서 바로 갑니다.

예부터 밖에 나가서 마누라 자랑하는 놈을 팔불출이라고 했지요? 그러나 허당(虛堂)의 생각은 좀 다릅니다.

오히려 밖에서 마누라 자랑하지 않는 남자가 팔불출입니다.

마누라의 장점을 얼마나 모르면 그럴까 하는 의문이 들기도 합니다. 아무리 못나고 마음에 들지 않는 마누라라고 해도 어느 구석엔가 작은 장점이라도 있게 마련입니다. 아니라면 아예 마누라를 무시하고 산다는 말 밖에는 되지 않습니다.

이것은 요즘 같은 여성상위 시대에 특히 늘그막의 안위(安慰)를 생각한다면 대단히 위험한 처세입니다.

정말로 마누라에게 아무런 자랑거리도 없다면,

아무리 엎어 놓고 보고 뒤집어 놓고 봐도 마누라에게 눈곱 만큼의 장점이 없다면 애당초 결혼을 하지 말았어야 했고,

천려일실(千慮一失)의 실수로 결혼을 했다면 지금이라도 당장 바꿔버리는 것이 상책입니다. 정말 그런 여자라면,

정말로 아무 남자에게도 전혀 쓸모없는 그렇고 그런 덜 떨어진 여자라면, 곰팡이가 꽃을 피우더라도 차라리 말뚝이나 끌어안고 독신으로 사는 것이 남에게 해를 끼치지 않고 자신도 편할 수 있습니다. 그러나,

아무리 마누라가 피곤이 범벅인 푼수때기라고 해도 단 하나의 장점도 없는 사람은 세상에 없습니다. 아니면,

마누라의 장점을 내가 개발해 줄 수도 있습니다.

호박꽃과 장미꽃을 비유해 보면 답이 보일 수도 있습니다.

보기에는 장미꽃이 화려하고 예쁘지만 장미꽃에는 꿀도 없고 날카로운 가시가 있습니다. 그러나,

제대로 꽃 대접을 받지도 못하는 호박꽃 속에는 부드럽고 달콤한 꽃 꿀이 듬뿍 들어 있습니다.

인간보다 108배나 현명한 꿀벌은 호박꽃에 몰려들지 장미꽃 같은

건 쳐다보지도 않습니다. 멍청한 인간일수록 장미꽃만 찾다가 가시에 찔리고 할퀴고 그러지요?

미인을 무조건 무시하거나 폄훼하는 것이 아닙니다.

호박꽃을 우습게보지 말라는 말입니다. 이것이 부부관계에서 필요한 안목입니다.

부부사이는 서로 사랑의 이불을 덮어주고 보듬어주는 사이라고 했습니다. 사랑의 이불만 덮어주는 것이 아닙니다. 단점도 덮어주고 실수도 덮어주고 과거의 아픈 상처까지도 따뜻하게 덮어주는 사이가 부부입니다. 그 속에서 달착지근한 꿀이 생성 됩니다.

기러기가 4만 몇 천 km를 쉬지 않고 날아 히말라야 산맥을 넘을 수 있는 것은 혼자가 아니라 함께 가기 때문이랍니다.

계속 서로 소리를 지르고 격려하면서….

사실 부부사이에,

특히 나이가 들면서 점점 밀착도가 약해지는 것은 어떻게 보면 당연한 자연 현상이기는 합니다. 세월이 가면서 서로 살이 닿아도 네 살이 내 살인지 내 살이 네 살인지 옛날의 감각도 감흥도 슬슬 저물어가는 현상입니다. 만약에,

나이가 들어서까지 서로 마주 보기만 해도 혈압이 오르고 전신이 찌릿찌릿 근질근질해서 가슴이 쿵쾅거린다면 이것이 부자연이요, 그 증상이 심하면 오히려 질병으로 봐야 합니다.

시간이 가면 배터리의 발전력도 소진되어 간다는 자연의 섭리를 그대로 받아들여야 하는데 그렇지 못하면 먼저 정신적으로 병이 듭니다. 나이가 들면서 푹 삭아 잘 익은 된장 맛이 우러나듯 은은한 정으로 서로 의지하고 다독거리며 사는 것이 부부입니다.

그렇게 살아야 합니다.

그런데 말이지요. 희한한 일이 있습니다.

부부간에는 서로 덤덤하고 무감각하다가도 밖에서 다른 남자를 만나거나 다른 여자를 만나게 되면 이상한(?) 현상이 일어나는 것입니다.

이미 배터리 성능도 다 되고 전깃줄까지 끊겨 버린 줄만 알고 살았는데 자신도 모르는 사이에 어디선가 새로운 정욕(情慾)의 기운이 새록새록 솟아나거나 갑자기 불쑥불쑥 솟구치기도 합니다. 그리고 가슴은 황홀한 늪 속에서 쿵쿵 뛰어놀고 심지어 눈에는 핏발이 서기도 합니다. 이렇게 되면,

한집에 같이 사는 옆지기 남편이나 아내는 딴방지기, 뒷방지기, 골방지기로 처박혀 더더욱 그 값이 폭락하는 것이지요.

어쩐지 내 남편은 밤낮으로 시원찮은 것 같고 어쩐지 내 아내는 그야말로 특급 푼수때기 같습니다.

이 증상이 반복되고 그 기간이 길어지면 길어질수록 이름만 부부일 뿐 점점 남이 돼 가면서 밖으로 밖으로 마음이 돌아가고, 눈이 돌아가고, 발걸음이 돌아갑니다. 희한합니다.

밤낮으로 시원찮게 보여 한방에 들어가기도 싫은 그 남편도 밖에 나가서 다른 여자를 만나면 그 여자에게는 남자다운 모습으로 보이고 또 다른 감흥을 주는 현상이 사단을 벌입니다.

매력이라고는 눈곱만큼도 찾아볼 수 없어 한숨만 나오던 그 푼수데기 마누라도 밖에 나가서 다른 남자를 만나면 그 남자에게는 가슴 떨리는 요염한 여인으로 둔갑해 보인다는 사실입니다. 남의 밭에 매달린 호박이 커 보이는 법이라더니….

이 착각(錯覺)과 착시(錯視)가 심하면 자신도 가정도 사회도 망칩니다. 착각이요, 착시오, 환상(幻想)이라, 심하면 파멸의 구렁텅이

로 끌고 들어가는 마귀(魔鬼)의 장난인데도 그것을 알지 못합니다. 한마디로 눈이 뒤집히는 것이지요. 이래서 사주를 감정할 때 합을 중시합니다.

천간의 합은 정신적으로 먼저 꽂히는 현상이요 음양의 합이라, 남녀의 만남이요, 남녀의 합입니다.

지지의 합은 육체적인 합으로 연결되고…

합이 되면 눈이 뒤집어져 자신의 본분을 망각하는 꼴이 됩니다. 집착이라 균형잡힌 종합 판단력이 무디어지고 허물어지는 것이지요. 이렇게 합이 가지는 작용에 대해서 이해가 어렵다면 미친 듯 바람질에 연애질에 정신을 빼앗겨 보면 알 수 있습니다. 처자식이 눈에 들어오지 않습니다. 남편이나 자식이 집에서 밥을 먹는지, 죽을 먹는지 관심 밖입니다. 멍청하고 어리석은 인간일수록 더합니다. 당연히 가정이 깨지고 가족이 깨지고 사회가 깨집니다.

여자가 집을 나갈 때는 옷고름을 자르고 나간다지요?

남자는 바람을 피우다가도 언젠가는 제 자리로 돌아오지만 여자가 한번 가정을 등지면 돌아오기 어렵다는 말입니다.

아예 인연을 끊어버리는 것입니다.

남자는 엉덩이가 가볍고 좁아서 한 자리에 앉았다가도 다시 일어나 옮겨 앉기가 쉽습니다. 그러나 여자는 아닙니다.

펑퍼짐하게 퍼진 엉덩이가 크고 넓어 바닥에 닿는 면적이 넓습니다. 거기다 접착력 또한 대단히 강합니다.

일단 한군데 퍼질러 앉으면 잘 떨어지지 않으므로 자리를 옮겨 앉기도 어렵지만 만약 자리를 옮겨 앉았다 하면 거기서도 잘 떨어지지 않으므로 제 자리로 돌아오기 어렵다는 말입니다.

오랜 옛날부터,

침실에서는 요부가 되고, 거실에서는 요조숙녀요 현모양처가 되라고 충고한 말이 있습니다. 사실은 모든 남편이 아내에게 바라는 희망이기도 합니다. 허당(虛堂) 생각으로는,

무슨 대단한 의미가 있는 것이 아니라 안과 밖을 구분하라는 말인 것 같습니다. 안과 밖을 구분하지 못하면 그것은 짐승과 다름이 없지요. 안에서는 홀딱 벗고 물구나무를 서거나 트위스트 춤을 추어도 좋고 씨름판을 벌여도 관계없지만 밖에서 그따위 짓을 했다가는 정신병자 취급 받고 경찰서에 잡혀 갑니다.

보석도 관리하기에 따라 하찮은 돌멩이 취급을 받을 수도 있고, 돌멩이도 잘 깎고 다듬어 빛을 내면 보석 대접을 받을 수 있습니다. 보석이나 장식물도 내게 어울리는 것이 있고 아무리 비싼 것이라도 내게는 어울리지 않는 것이 있습니다.

부부 관계에서도 똑 같습니다.

유부남들 사이에 이런 말이 떠돌아 다니고 있습니다.

총각이란,

유부남 보다 여자를 더 많이 더 잘 아는 사람이랍니다.

여자를 잘 모른다면 멋모르고 벌써 결혼을 했을 것이라는 말입니다. 따라서 총각에게 세금을 더 많이 물려야 한다는 주장도 합니다. 역설적이기는 하지만,

유부남 보다 속 편하고 행복하게 살고 있는데 대한 과징금이요, 추징금 형식이라는 것이지요.

말하자면 행복세라는 것인데….

독자님은 동의 하시나요?

옛날 옛날하고도 아주 먼 옛날,

한 사나이가 부인과 함께 먼 길을 걸어서 여행을 하고 있었습니다. 평소에 몸이 허약한 편인 부인의 걸음이 더디어 자꾸 뒤로 쳐지곤 하는데 몇 번은 기다려 주기도 하며 가다가 드디어 짜증이 나기 시작한 남편이 '에라 모르겠다' 하고 부인이야 따라 오거나 말거나 혼자 앞서 걸으며 똥 밟은 중처럼 중얼거렸습니다.

"빌어먹을! 우짜다가 저런걸 여편네라고 만나서…."

그렇게 한참을 가다가 보니 저쪽 길가의 뽕나무 밭에서 아리따운 여인네 하나가 뽕을 따고 있는 모습이 눈에 들어왔습니다.

가뜩이나 빌빌대는 마누라 때문에 열 받아 있던 터에 어여쁜 여인의 자태를 보니 마누라고 나발이고 잊은 채 마음 한구석에서 엉뚱한 음심(淫心)이 슬그머니 솟는지라 가던 길을 벗어나 뽕나무 밭을 향해서 어슬렁어슬렁 들어가 헛기침을 하고는 수작을 부리기 시작했습니다.

"그대처럼 아름다운 사람을 아직 보지를 못한 것 같소. 오늘 그대와 내가 이렇게 만나게 된 것은 아마도 하늘이 맺어준 인연이 아니고 무엇이겠소. 어쩌구 저쩌구…."

그러나 그 여인은 자기는 이미 임자가 있는 몸이라며 쳐다보지도 않았습니다. 그렇다고 대장부가 쉽게 물러설 수는 없는 고로 계속 주절대며 추근거리고 있는데 어디선가 또 다른 남녀가 속삭이는 듯한 이상한 소리가 들렸습니다.

'옳거니, 어떤 연놈이 요상한 짓거리를 나누고 있구나.'

하는 생각에 가만히 귀를 세워 들어보니 과연 오고가는 거래가 가관이었습니다.

"나는 그대처럼 품위 있고 아름다운 여인을 세상에 태어나서 처음 보오. 이것이 바로 천생 연분이 아닌가 하오."

궁금증이 더해 뽕나무 사이로 살금살금 들어가 머리를 내밀어 자세히 살펴보았습니다. 그런데,

어라? 어떤 놈이 꼬드기고 있는 그 여인이 바로 내 마누라였습니다. 허허, 세상에 이럴 수가….

남의 손에 들려있 는 떡이 커 보인다고 했지요?

대개의 사람들은 집안의 백합을 돌보고 가꿀 생각은 하지 않고 집밖에서 장미를 찾다가 가시에 찔리고 할퀴어 여기 저기 상처나 입고 그런답니다. 고무신도 제 짝이 있으니 짝이 바뀌면 불편하고 넘어져 다치기 쉽습니다.

발동 걸린김에 한 토막 더 보고 갈까요?

천지가 열리어 세상에 처음으로 만물이 생겨났을 때,

모든 동물이 생명을 얻기는 했으나 한 가지 염려되고 아쉬운 것은 암수가 구별되지 않았다는 것이었습니다.

이를 염려하시던 조물주 옥황상제께서 많은 고민과 연구를 거듭하신 끝에 어느 날 세상 만방에 방을 내 붙였습니다.

"크고 작은 모든 동물들 중에서 수컷이 되기를 원하는 자에게는 자손을 번식시킬 수 있는 도구 하나씩을 선착순으로 각각 몸에다 부착하여 줄 것인 즉 희망자는 궁궐 뒷마당으로 모이도록 하라."

이 소식을 들은 전국의 동물들이 행여 늦을세라 앞을 다투어 궁궐을 향해 내달렸으니 그 중에서도 말이란 놈의 걸음이 단연 가장 빠른지라 제 일착으로 당도하여 궁궐 마당에 늘어놓은 물건들 중에서 가장 크고 튼실해서 쓸 만한 것으로 골라 배꼽 밑에다 척 붙이고는 의기양양하게 돌아갔습니다.

그 다음은 먼저 도착한 순서대로 물건을 하나씩 골라 매달고는 기분 좋게 돌아갔는데 동물 중에서도 돼지와 오리란 놈은 워낙 걸음이 느린 탓으로 맨 꼴찌로 당도하게 되었습니다.

그런데 막상 도착해보니 이미 다른 동물들이 도구들을 다 달고 가버리고 남은 것이라고는 아무것도 없었습니다.

어이가 없고 억울하기도 해서 옥황상제께 엎드려 탄식하며 하소연을 했습니다.

"아무리 걸음이 더디어 좀 늦었기로 어찌 이리 처사를 불공평하게 하실 수가 있나이까? 너무도 분하고 원통하옵니다."

옥황상제께서 입장도 난처하고 딱하기도 하여 가로되

"미안하게 되었구나. 선착순으로 나누어 주다보니 본의 아니게 이렇게 되었느니라."

하시며 주위를 둘러보시는데 역시 물건은 하나도 남은 것이 없고 물건들을 묶었던 새끼 동가리 몇 개가 나뒹굴고 있었습니다.

궁여지책으로 그 새끼 동가리를 쳐다보시며

"나도 어찌할 도리가 없구나. 꼭 필요하거든 저거라도 하나씩 달고 가도록 해라. 그 이상은 방법이 없노라."

하시는 것입니다. 돼지와 오리가 가만히 생각해 보니 기가 막히긴 했지만 천리 길을 힘겹게 달려와 헛걸음을 하는 것 보다는 꼬불꼬불한 모양이 어쩐 좀 이상하기는 했으나 그래도 없는 것 보다는 나을 듯도 한지라 새끼 동가리를 하나씩 주워 배꼽 밑에다 매달게 되었습니다. 이런 연유로 해서 돼지와 오리의 생식기가 가늘고 꼬불꼬불하게 된 것이라고 하네요. 유감스럽게도,

이에 대한 역사적, 과학적 증거는 아직 찾지를 못했습니다.

양해 바랍니다.

고백합니다.

겉으로는,

누구보다도 여성을 존경하고 사랑하고 이해한다고 만방에 떠들고 다니면서도 삐딱한 여성들의 삐딱한 甲질만 물고 늘어지는 것 같아 신경이 좀 쓰입니다. 이유가 있습니다.

여자에 대해서는 누구보다도 잘 알기 때문입니다.

한평생 여자하고만 살아서 여자에 대해서는 거의 도인(道人)의 경지에 이르렀고, 그 결과 여자에 대한 심한 공포증 또한 좀 가지고 있다는 점도 솔직히 고백합니다.

태어나면서 어머니라는 인자한 여자와 살다가,

어느 날인가 마누라라고 불리는 무시무시한 여자에게 소유권이 완전히 넘어가는 바람에 오늘 이 시간까지 숨을 할딱이며 힘겹게 살고 있는 관계로 여자가 얼마나 무섭고 잔인한 공포의 동물인지를 누구보다도 잘 안다고 감히 자부합니다. 혹시,

남자에게 구박 당하는 여자의 서러운 한을 들고 나올지도 모르겠습니다. 그러나,

그런 박물관스러운 이야기는 그야말로 유물이 되어 역사 속으로 사라진지 벌써 한참 됐습니다.

가까이는 자유당 때 사연이요, 멀게는 이조시대 이야기입니다. 음인 여자가 불쌍한 척, 순종하는 척, 숨을 죽이고 엎드려 복수의 칼을 갈면서 때를 기다리고 있는 줄은 꿈에도 모르고,

양인 남자는 용감하게 전사하려는 최후의 불나방이라도 되는 양 멋모르고 활개를 치며 어깨에 힘깨나 주던 그때 그 시절 말입니다. 지금은,

용케도 살아남은 일부 극소수의 남자스러운(?) 잔챙이 남자들

을 대대적으로 소탕하고 정리하는 기간입니다.

천신만고 끝에 살아남은 허당(虛堂)은,

일찌감치 시대의 변천을 예감했으므로 남자의 권위나 체통 따위의 개도 안 물어갈 허세는 바로 포기하고 납작 엎드려

묵언수행(黙言修行)과 아부질 사이를 왔다 갔다 하며 좀 위태롭기는 하지만 그나마 목숨은 부지하고 있는 중이지요.

재혼

옛 속담에,

홀아비는 이가 서말이요, 과부는 은(銀)이 서말이라는 말이 있었습니다. 여자는 과부생활이 그런대로 할 만하고 그 재미도 제법 쏠쏠할 수 있지만 남자가 홀아비 생활을 한다는 것은 그리 만만치 않다는 말인 것 같은데 옛날 속담이지만 지금 생각해봐도 저절로 고개가 끄덕여집니다.

이혼을 한 후 재혼을 하는 경우가 많습니다.

하도 이혼이 남발되는 세상이라 요즘의 부모들은 아들이 장가 가면 집이라도 하나 사줄 계획을 가졌다가도 망설이게 된답니다.

언제 이혼해 버릴지 모르고 이혼하면 거의 절반은 마누라에게 바쳐야 하므로 결혼을 했더라도 좀 더 관찰을 한 후 시기를 봐 가며 자식을 한두 명이라도 낳고 난 후에야 비로소 집이라도 사준답니다. 자식 두고도 이혼하는 부부도 많은데….

이혼하고 재혼한다는 것이 얼마나 위험한 도박인지는 선배들에게 자문을 구해보면 알 수 있습니다. 비단 버리고 삼베로 바꾼 꼴이 되어 후회하는 사람들도 많습니다.

어디서 들은 말은 있는지라,

이별이 주는 아픔은 한 냥이요, 자유는 열섬이라는 옛날 속담을 외워가며 깨끗이(?) 이혼하고 혼자 살면 되지 않느냐고 억지를 부릴 수도 있습니다. 그러나 둘이 힘을 합쳐 살아도 어려운 세상에 혼자 산다는 것이 얼마나 힘겨운 일인지는 세상 돌아가는 모양을 보면 알 수 있습니다.

우리가 사는 현대 사회는 전투장(戰鬪場)입니다. 구석구석에서 피를 줄줄 흘리고 쓰러지는 사람들이 널브러져 있습니다.

초등학생도 하는 단순 산술로 계산해 봐도 혼자 사는 노력의 절반이면 둘이 살 수 있습니다.

그렇다고 재혼을 한다는 것도 어렵습니다. 곰곰이 생각해 보면 재혼이란 아무리 생각해봐도 계산이 맞지 않는 장사를 하는 꼴입니다. 한사람이랑 몇 년 또는 몇십 년 살면서 그 긴 세월을 서로 겨우겨우 맞추어가며 사느라고 그렇게도 힘이 들었는데,

또 바뀌어 새로운 사람을 만나 처음부터 다시 맞추어 가면서 살아야 한다면 얼마나 힘이 들겠는가 하는 생각을 하면 소름(?)이 돋을텐데도, 뒷생각은 하지 않고 또 그짓을 하겠다고 나서는 것은 바보 멍텅구리나 할 짓이 아닌지 심각하게 고민해 볼 필요도 있다는 말입니다. 특히,

요즘의 여자는 도대체 나이를 가늠하기조차 어렵습니다.

처녀인지, 아지매인지, 할매인지….

매일 방부제로 샤워를 하는지 아니면 아예 방부제를 하루 세끼 주식으로 먹어 치우는지 모르겠으나 토실토실한 몸매에 탱글탱글하고 뽀송뽀송한 피부가 장난이 아니라 자칫하면 년식(年式)에 속아 넘어가기 딱 좋습니다.

불과 수십 년 전만 해도 여자나이 50을 넘으면 거의 할매 티가 났습니다. 그러나 지금은 어림 없습니다.

호박에다 줄을 긋고 화려한 문신까지 해서 달콤한 수박 흉내를 냅니다. 구석구석 수리하고 땜질을 해서 더욱 혼란이 일어나므로 도대체 정체를 파악하기 어렵습니다.

신품, 중고품 구분도 안되고 심지어 거의 폐품 수준인데도 통째로 수리를 해서 신품이나 중고품으로 둔갑하기도 합니다.

그렇다고 해서 아이부터 낳아 감정을 해본 후에 결혼을 할수도 없는 노릇이고….

그러니 초혼도 어렵지만 배우자를 바꾼다는 것은 더더욱 말처럼 쉽지가 않은 것이지요.

바꾸거나 재혼을 한다고 해서 상황이 달라진다는 보장이 없다는 것이 더 문제입니다. 세상살이 참 어렵습니다.

특히 재혼이라는 것이 정말 어렵습니다.

미국의 경우 통계에 의하면 재혼을 한 부부의 이혼율이 70%에 이르고 세 번째 결혼을 한 부부의 이혼율은 90%에 육박한다고 합니다. 우리나라의 경우에는 이에 대한 통계가 있는지 없는지 아직 본 적은 없으나 큰 차이는 없을 것으로 추정됩니다.

생각해 보면 압니다.

아무리 전 남편이 지랄 같았고, 전 아내가 지겨웠다고 해도 그때는 그래도 잘나가던 꽃다운 청춘이 탱탱했습니다. 활력도 넘쳤고 자신만만했습니다.

잘 나가던 그때 만난 배우자가 그 정도밖에 안돼 헤어졌는데,

늘어지는 뱃살에다 목에는 주름이 하나 둘 겹치면서 다 망가진 뒤늦은 때에 또 다른 사람을 만난다면 얼마나 더 나은 남자를 만날 수

있을 것이며 얼마나 더 나은 여자를 만날 수 있을까요? 상식적으로 생각해봐도 어렵습니다.

이혼을 했다면 상대에게도 문제가 있었겠지만 자신에게도 문제가 있다고 봐야 합니다. 그래서 나온 말이 사별한 사람과는 재혼을 해도 이혼한 사람과는 재혼하지 말라는 말이 있습니다. 인내력이나 이해력이 모자라고 성질머리가 더럽거나 버르장머리가 고약한 등등의 문제가 있어 이혼 했을 것이라는 것이지요.

그러나 배우자와 사별한 사람과 재혼을 한다고 해도 문제는 마찬가지입니다. 그 사람 팔자에 배우자가 죽을 수도 있는 위험한 구조를 가지고 있어 사별했다면 재혼을 한다고 해도 재혼하는 사람 또한 위험할 수 있다는 말이 되기 때문입니다.

잘못되면 방귀 참으려다 설사 터지는 꼴이요, 파출소 피하려다 경찰서 만나는 꼴 됩니다. 이래 저래 어렵습니다.

연애와 결혼이 다른 것은 재혼의 경우에도 마찬가지입니다.

지금의 배우자와 이혼하고 재혼하기로 약속한 사람이 있다고 해도 막상 결혼을 하고보면 상황은 달라집니다.

연애할 때 너무 좋아 정신이 혼미한 상태에서 앞 뒤 생각 없이 되는대로 내뱉은 달콤한 약속은 대통령이나 국회의원 등의 선거에 출마하는 놈이 되지도 않을 줄 뻔히 알면서도 급한 김에 마구 헛공약을 쏟아내는 것과 똑 같이 절대로 믿을 수 없는 헛약속이 대부분입니다.

남자 약속도 그렇지만 여자의 입에 발린 말도 마찬가지입니다. 택도 아닌 거짓말을 눈 하나 깜짝하지 않고 천연덕스럽게 만들어내는 천부적인 재주를 가지고 태어난 동물이 여자라는 사실을 명심해야 합니다.

궁합이 대단히 좋은 사람끼리 만난다면 상황이 좀 달라질 수는 있겠으나 팔자의 구성에서 대개 남편 또는 아내의 형태가 정해져 있습니다. 팔자대로 산다는 것인데 이 틀을 벗어나기가 어렵습니다.

남자 사주에서 배우자 궁에 골치 아픈 기신(忌神)이 들어앉아 있거나 재성이 기신이 되면 장가를 열 두 번 가도 마누라 덕은 기대하기 어렵고, 여자 사주에서 배우자 궁에 기신이 자리를 잡거나 관살이 기신이면 애시당초 좋은 남편 만날 생각은 접어야 합니다.

좋은 궁합으로 보완할 수는 있다고 하지만 쉽지가 않습니다. 예외가 있기는 합니다. 이런 남자 팔자가 있습니다.

丙 甲 辛 壬
寅 戌 亥 辰

亥월의 甲木이 왕한 水氣에 부목(浮木) 형상이 되어 물위에 둥둥 떠내려 갈판인데 마침 일지에 천금같은 戌土가 있어 제방 구실을 하고 일간을 구제하는 모양입니다. 그런데 년지에 辰土가 있습니다. 같은 土이면서도 辰土와 戌土의 작용은 판이합니다.

년지 辰土는 젖은 습토(濕土)에 水의 고지(庫地)가 되면서 壬水와 亥水의 포위까지 당해 土氣의 작용을 하지 못하고 오히려 水氣를 도와 일간에 방해만 되는 형상입니다. 기신입니다.

그러나 일지의 戌土는 다릅니다. 조토(燥土)이면서 火氣의 고지(庫地)가 되고 시지의 寅木과 합세하여 약하기는 하지만 火氣를 강화하는 작용까지 하고 있어 일간 甲木에게는 더할 나위 없는 보물이 됩니다. 희신입니다.

이 사주에서 土는 재성입니다. 辰土와 戌土가 모두 재성입니다.

재성은 재물이 되기도 하지만 여자도 됩니다. 처음 들어오는 여자가 辰土이고 두 번째 들어오는 여자가 戌土인 셈입니다.

순서대로 보면 辰土라는 여자를 만나 같이 떠돌이 생활을 면치 못하고 어려움을 겪다가 결국 헤어지고 다시 戌土라는 여자를 만나 비로소 안정을 찾는 구조입니다. 역시 바람직한 인연은 배우자궁에 있는 戌土입니다.

이렇게 되면 재혼도 할 만 하겠지요? 이런 사람이 초혼에 실패하고 재혼을 하려고 하면 적극적으로 권해도 좋겠습니다. 다만, 戌土가 인연이므로 인물을 따지거나 날씬 빠꼼한 여자를 찾는다면 또 다른 불행을 부를 수 있습니다.

戌土(戊土;태산)처럼 비록 인물은 볼품없어 마주 쳐다보기 좀 민망하더라도 말수가 적으면서 체격이 듬직한 여자라야 합니다.

이 사주의 주인공이 아니더라도 누구를 막론하고 평생을 살아야 하는 배우자를 만나면서 겉으로 보이는 인물에만 관심을 가진다면 그것으로 절반 이상은 실패를 안고 시작하는 꼴입니다.

미남 미녀에게는 좀 미안한 말이지만 대체로 인물이 좋을수록 머리가 나쁜 경우가 많고, 성질이 좀 고약해서 다루기 어려운 경우가 많습니다. 미인박명(美人薄命)이라고도 합니다.

미인의 수명이 대체로 짧다는 말인데 이것은 동서양이 마찬가진가 봅니다. 미국의 유명 성인 잡지인 플레이보이 모델을 했던 그 쭉쭉 빵빵 미녀들이 50세를 넘긴 경우가 드물다고 합니다.

어쨌든,

아무리 밤이 길고 옆구리기 허전해도 재혼은 신중해야 합니다. 젊은이의 재혼도 그렇지만 특히 남자 나이 70이 넘어 거의 쓸모가 없어진 할배 상태에서 재혼을 한다는 것은 늘그막에 더 큰 상처를 입을 가능성이 많습니다.

할매의 경우는 밑져야 본전이라고 해도 재수 없으면 말년에 남의 영감 초상 치러 가는 꼴이 될 수도 있습니다.

부부궁을 감정할 때 할 말이 마땅찮으면 편리하게(?) 잘 써먹는 신살(神殺)중의 하나가 그 유명한 원진살입니다.

원진살의 특징은 쳐다보면,

미워지고 짜증나는 기운을 가진 살입니다. 그러나 옆에 없으면 또 궁금합니다. 이 인간이 밥은 제대로 먹고 있는지, 감기라도 걸리지나 않았는지….

그러다가도 만나면 또 티격태격 갈등이 춤을 춥니다.

헤어지지도 않습니다. 심지어 흘러가는 운에서 원진살을 만나면 세월과도 티격태격 합니다. 어긋나는 것이므로 서로 손발이 맞지 않습니다. 원천적으로 성분이 맞지 않는다는 것인데 이 묘한 살을 갖다 붙여 당신 부부는 원진살이 끼어 부부간에 찌그덕거리겠고 다투고 싸우기도 하겠다 하면 100명에 99.99명은 "예 맞습니다." 합니다.

심지어 어떤 놈은 원진살이 있어 부부 해로하기 어렵다고까지 합니다. 그런데 우리가 상식적으로 생각해 볼 필요가 있습니다.

세상천지 부부간에 평생 갈등 없이 살고, 다툼 한번 없이 사는 부부가 있을까요? 없습니다. 있을 수도 없습니다. 음양오행의 도리가 그렇습니다.

부부간의 관계는 천간 合의 관계를 보면 안다고 했습니다.

천간의 合은 부부가 정합(情合)한 관계와 같습니다. 甲과 己가 합으로 부부가 되는 것인데 甲은 木이요 己는 土입니다. 合이 되면서 극하는 관계입니다. 木剋土의 작용입니다.

말하자면 어느 부부나 붙잡고 당신 부부사이는 삐거덕거리고 다투기도 하겠다고 하면 일단 기본적으로 최소한 99.99% 이상은 맞다는 대답이 나오게 되어 있다는 말입니다.

이것은 조상 산소 타령을 하는 것과도 같습니다.

아무나 붙잡고 당신 조상 산소가 좋지 않다고 하면 최소한 93.07% 이상은 그럴 것이라고 고개를 끄덕이게 돼있습니다.

특히 좀 어렵게 산다면 99.99%입니다. 대한민국의 산소 중에서 풍수지리 이론상 완벽하게 좋은 자리는 없는 것이고 대부분은 흉지로 보면 되기 때문이기도 하겠지요.

긍지와 자존심을 가지고 있는 역학인이라면 원진살 같은 엉터리 신살(神殺) 가지고 도사 노릇 하지는 않습니다. 또한,

인간성이 바른 제대로 된 사고를 가진 사람이라면 남의 조상 산소를 들먹이며 장난치지는 않습니다.

기본적으로,

천간 합에서 양간(陽干)은 남편으로 보고 음간(陰干)은 아내로 봅니다. 부부 사이란 조화를 위해 서로 노력하는 인위적인 작용이 필요한 사이입니다. 그것이 사랑이라고 쉽게 말하지만 사랑이라는 것은 감정이 대체로 지배하는 성분이기 때문에 억지로 만들기도 어렵습니다.

허당(虛堂)의 연구에 의하면 사랑에도 네 가지 부류가 있었습니다.

① 맘 사랑 …… 곧 박물관으로 들어갈 예정입니다.
② 몸 사랑 …… 사랑이라기보다 질병입니다. 유통기간이 짧습니다.
③ 폼 사랑 …… 속 내용물이 드러나면 끝납니다. 빨리 질립니다.
④ 돈 사랑 …… 돈이 지배합니다. 파멸이 따라 붙습니다.

네 가지가 잘 혼합되어 어우러지면 좋겠으나 쉽지 않겠지요? 그것도 욕심입니다.

첫사랑 삼년은 개도 한다고 했습니다. 사랑의 유효기간이 삼년 정도라는 말입니다. 그렇다면?

그 이후는 기나긴 인고(忍苦)의 수행(修行)길이라고 했지요? 이 과정을 잘 극복해야 비로소 부부로 한평생 해로할 수 있다는 말입니다.

열 살 줄은 멋 모르고 살고,
스무 줄은 아기자기하게 살고,
서른 줄은 눈 코 뜰 새 없이 살고,
마흔 줄은 못 버려서 살고,
쉰 줄은 서로 가여워서 살고,
예순 줄은 서로 고마워서 살고,
일흔 줄은 서로 등 긁어주는 맛에 산답니다.

긴긴 수행 과정의 세월을 거치며 용케도 견뎌 준 서로가 눈물 나게 고맙고 안쓰러운 마음에 가슴 뭉클해지는 그런 사이가 부부입니다. 역지사지(易地思之)의 연속 과정을 거치는 것이지요.

이해하고 배려하며 덮어주려는 노력이 있으면 그것이 감정의 이불이 되어 같이 덮을 수 있는 것이고 정(情)으로 승화될 수 있습니다. 사랑하면 단점이 보이지 않고 미워하면 장점이 보이지 않는 법입니다. 사랑하면 장점이 먼저 보이고 미워하면 단점이 먼저 보이는 법입니다. 사랑하면 상대의 방귀 소리도 아름다운 음악 소리로 들릴 수 있고 그 냄새조차도 달콤하고 향기로울 수 있지만, 미워지면 고운 노래 소리도 무슨 괴물이 울부짖는 소리로 들립니다.

심지어 숨소리조차 소름이 돋습니다. 이래 가지고는 부부사이라고 할 수 없지요. 노력이 필요합니다.

공부를 해도 노력이 따라야 하고, 사업을 해도 노력하지 않으면 망합니다. 부부 사이는 순전히 남남이 만나서 가족을 이루는 것입니다. 같은 부모에서 태어난 형제간에도 다투고, 죽고 죽이는 전쟁이 일어나기도 하는데 하물며 전혀 다른 남과 남이 만난 부부사이는 항상 위험한 요소들을 안고 산다고 봐야 합니다.

결혼을 했으면 단점은 덮고 장점만 보고 기억하는 훈련이 따라야 합니다. 인간의 심리상 잘 안될 수 있고 어려운 일이기는 합니다. 그렇다면 서로 불쌍하게 생각하는 연습이라도 해야 합니다.

나보다 좋은 사람, 잘 나가는 사람을 만났으면 지금보다 행복할 수도 있었을 것인데 어쩌다가 나 같은 사람을 만서….

부부는 그렇게 사는 것입니다.

대체로 본격적인 부부 사이의 위기가 오는 것은 주로 40대부터입니다. 이때는 남편은 한창 사회생활에 매달릴 시기라 아내에게 소홀할 수 있고 아내는 자식에게 시달리느라 남편에 좀 소홀하기 쉬운 때입니다. 서로 돌볼 여유가 없어 생기는 갈등이 원인입니다.

그런데 요즘은 시도 때도 없습니다. 20대 초반에서 80대까지 언제 폭팔해 터질지 모르는 현상이 벌어지고 있습니다.

다시 한번 남성들에게 경고합니다.

어떤 남자라도, 아무리 쎈 남자라도 인생의 내리막길이 시작되는 40대가 되면 여자에게 설설 기도록 되어 있다고 했지요?

여자를 이길 수는 없다는 말입니다. 생리학적 구조가 그렇고 심리학상으로도 그렇습니다. 이때쯤의 여자들은 대개 최고조로 독(毒)이 올라 있는 상태입니다. 얼굴색을 보고 눈을 보면 압니다. 얼굴색이 시퍼렇습니다. 그리고 눈에서는 살기(殺氣)가 불을 뿜습니다. 조심

해야 합니다. 무섭습니다. 특히,

환갑을 넘긴 남자가 마누라님 심기(心氣)를 잘못 건드린다면 인생 말기(末期)에 지옥문을 두드리는 꼴이 됩니다.

온갖 신살(神殺) 가지고 장난치다 보면 한이 없습니다.

일지 배우자 자리에 공망살(空亡殺)이 들어 이 살을 풀어주지 않으면 큰일 난다고 점집에서 위협당한 사람이 있었습니다.

남편 자리에 공망살이 들었으니 남편 덕도 없고 남편이 건강하게 오래 살지도 못하니 당신은 과부가 되어 팔자가 기구해진다는 것입니다. 공망이라는 글자에 살(殺)이라는 무시무시한 글자까지 붙여놨으니 겁나지 않을 수 없습니다.

그것이 굿판 한마당으로 해결된다고 하니 이러지도 저러지도 못하고 걱정만 합니다. 굿 값이 장난이 아닙니다. 굿을 하자니 아이 등록금이 모자랄 것 같고, 그냥 넘어가자니 잠이 오지 않습니다. 남편 얼굴만 쳐다봐도 온갖 불길한 상상이 다 됩니다.

설사 '공망'이라는 글자가 들어 있다고 해도 그것이 남편을 잡아먹는 것은 아닙니다.

부적 살 돈이 있으면 그 돈으로 남편에게 된장찌개라도 좀 더 맛있게 끓여주면 밥 잘 먹고 건강하게 오래 살텐데, 어쩌다가 헛소리를 듣고 보니 헛걱정으로 날밤을 새는 것입니다.

사주명리학은 이치학이라고 했습니다.

이것저것 온갖 잡술 다 갖다 붙이면 엉망이 됩니다.

그렇게 되면 사술(詐術)로 흐르기 쉽습니다. 배가 산으로 올라가는 오류를 범할 수 있다는 것을 뻔히 알면서도 눈 하나 깜짝하지 않고 귀신의 위력을 전가의 보도처럼 휘두르는 것이 사실은 더 문제입니다. 대개 일부 못된 무속 점술인들의 장난입니다.

신살은 참고 정도로 보는 것이 좋고 설령 험한 해석이 나온다고 해도 글자 그대로 쫘 붙이면 생사람 잡습니다.

멀쩡한 사람을 앉혀놓고 당신은 곧 암에 걸려 죽을 것이라며 엄숙하고 심각한 표정과 말투로 공갈을 치면,

그 사람은 그날부터 걱정과 고민에 휩싸여 잠도 이루지 못하고 끙끙대다가 그 때문에 정말 암에 걸릴 수도 있습니다.

꿈보다 해몽이 중요하다고 했습니다. 똑같은 꿈을 두고도 긍정적으로 해석할 수도 있고 비관적으로 해석할 수도 있습니다.

일체유심조(一切唯心造)라.

세상사 마음먹기에 달렸습니다.

정말 그렇습니다.

슬픈 황혼

 어느 친구로부터 재미있게 들은 슬픈 이야기입니다.
 마누라가 외국 여행 가면서 혼자 남아 집 지키는 남편이 지켜야 할 수칙으로 냉장고에다
 '까불지 마라!'는 글을 써 붙인다고 합니다.
 그 내용을 살짝 들여다볼작시면
 까 : 까스 점검 잊지 말고, 까불고 돌아다니지 말고,
 불 : 불조심 하고,
 지 : 지퍼(바지) 관리 잘하고, 여자 조심하고,
 마 : 마누라 찾아 징징대지 말고,
 라 : 라면 잘 끓여 먹어라.

 '곯아도 젓국이 좋고, 늙어도 영감이 좋다'는 옛 속담이 있습니다. 그런 속담이 통하던 시절은 그래도 남자가 숨 쉬고 살만한 시절이었지요. 이제 그야말로 전설의 고향 같은 이야기입니다.
 마누라가 죽으면 그 남편은 뒷간에 몰래 혼자 가서 웃는다는 속담도 있었는데 지금은 마누라가 죽으면 몰래 웃기는커녕 그날부터 그

남편은 폭삭 늙어 버립니다. 그야말로 풀기 빠진 삼베 꼴이 됩니다. 시도 때도 없이 터지는 마누라의 잔소리 폭격에 자나 깨나 긴장 상태를 유지하면서 그럭저럭 살다가 갑자기 몸도 마음도 풀어지는 것입니다.

횟집 앞의 수족관을 보신 적 있지요?

살아있는 활어들 속에 무서운 상어 한 마리를 넣어 둡니다.

물고기들이 상어로 인해 긴장하도록 하고 이리 저리 도망 다니며 운동을 하도록 환경을 만들어 주는 것입니다.

남자에게 마누라는 상어와 같습니다. 마누라 잃은 남편은 이렇게 무너져 가지만 남편 잃은 마누라는 다릅니다.

시어미로부터 곳간 열쇠 넘겨받은 옛날 며느리처럼 생기가 살아나고 몸과 마음의 활력을 찾아 눈동자부터 맑아집니다.

이제,

남편이 죽으면 그 마누라는 장례식 중에도 아무도 없는 화장실에 몰래가 해방을 만끽하며 행복한 표정으로 화장을 고친다고 하네요. 남편을 보내고,

떠난 남편을 위해 100일 기도라도 하는 척 옷깃을 여미다가 이 기간이 지나면 슬슬 발동을 걸기 시작 한답니다.

가슴부터 조심스레 쓸어 보며 달디 단 샤워를 즐긴답니다.

아직 탱탱한(?) 이 몸으로 어떤 놈을 골라 맛있고 배부르게 잡아 먹을까 하고….

주인 없는 무주공산(無主空山)이요, 독립군임을 사방팔방 만방에 선포하고 전세로 장기 임대를 줘 버릴까 아니면 월세로 줄까 온갖 궁리를 다하면서….

집안에 쓸모도 없고 사용할 데도 없어 버리고 싶은 물건 중에서

가장 골치 아픈 물건이 늙은 남편이라는 세상입니다.

　나이 먹은 여자한테 혹시 집안에 귀찮기만 하고 쓸모도 없어 이제 안 쓰는 물건 있으면 하나 내 놓으라고 하면 제 1착으로 늙은 남편을 내 놓는다는 말이 더 이상 웃어넘길 농담으로만 들리지 않는 것이 현실입니다.

　아침에 눈 떴다고 마누라한테 얻어맞아 병원에 치료하러 왔더라는 늙은 남편에 관한 농담이 슬픈 웃음을 줍니다. 그렇게 남자는 허물어집니다. 어차피 남자가 먼저 갑니다.

　남七 여九라….

　남자는 이레를 굶으면 죽지만 여자는 아흐레를 굶으면 죽는다는 말이니 독한 여자가 그만큼 오래 산다는 말입니다.

　전국의 늙어가는 남편 동지 여러분,

　우리가 무슨 죄를 짓고 그 벌로 이렇게 늙었나요?

　억울해서 그럽니다. 분하고 원통해서 그럽니다.

　비록 돈 버는 기계로 작동하는 동안이기는 하지만,

　그래도 그 덕분으로 가장(家長)의 위엄을 어느 정도는 유지하고 군림(?)하던 남편이 세월에 떠밀려 퇴직을 하고 집안에 들어앉게 되면 그날부터 '젖은 낙엽'이요 '대형 허접쓰레기' 대접을 면하기 어려운 눈물의 세월이 시작됩니다.

　신세가 한심해지는 것이지요.

　특히 이때쯤의 마누라는 나이가 들어 여성 호르몬의 분비가 줄어들고 반대로 남성 호르몬이 증가하면서 공격적이 되고 참을성이 적어지는 때입니다. 이런 시기에 이런 마누라 잘못 건드리면 밥을 제대로 얻어 먹기는 커녕 아주 쫓겨날 수도 있습니다.

지난 어느 해의 상반기 법원 통계를 보니,

26년 이상 결혼 생활을 하다가 이혼하는 경우가 전체 이혼의 20% 가까이 늘었다고 합니다. 부부가 오랫동안 같이 살수록 미운 정, 고운 정 들어 이혼이 줄어들 것 같은데 어찌된 영문인지 거꾸로 거꾸로 갑니다.

20년 이상 결혼생활을 한 부부의 이혼 비율이 전체 이혼 부부의 30%를 훌쩍 넘어 섰다고도 합니다. 이른 바 황혼 이혼이 날로 증가하고 있는 현상입니다.

남편이 돈푼이나 버는 동안에는 그 위력에 군말 없이 살면서 죽을 때까지 평생 마누라일 것처럼 고분고분 안심시켜 놓고,

어느 날인가 돈 버는 능력도 없어지고 다리에 힘도 빠져 비실거리면 때는 이때다 하고 바로 돌변하여 똥친 막대기 던져 버리듯 내동댕이치는 이 잔인하고 비인간적인 현실을 그저 꼼짝없이 앉아서 당할 수밖에 없는 불쌍한 남편들입니다.

이럴 줄 알았으면 재산이라도 좀 꼬불쳐 둘 걸, 그래도 한 이불 덮고 자는 마누라라고 퇴직금 통장에다 집문서까지 몽땅 맡겨 버렸으니….

거기다 더 기가 막힌 것은 자식놈들까지 제 어미와 한통속이 되어 아비를 무시하고 구박하는 것입니다.

이혼하는 경우의 80% 이상이 아내가 먼저 이혼을 요구 한다지요? 마누라 앞에 완전 무장해제 당한 채 허허벌판에 섭니다. 둘이서 사랑을 하늘 삼아 덮고, 믿음을 땅 삼아 딛고 그렇게 살겠다고 도장 찍고 입 맞추고 다 맞췄는데….

남자는 아내가 있어야 오래 살고, 여자는 남편이 없어야 오래 산다지요? 남편이 돈 벌어다 보양해 주며 힘깨나 쓸 때는 그렇게도 알

뜰살뜰히(?) 매달려 알랑거리더니

 늘그막에 와서 더 이상은 힘들고 귀찮아 필요 없다는 것입니다. 혼자 여유 있게 즐기며 오래오래 살겠답니다.

 알고 보면 여자가 더 오래 사는 것은 그 이유가 다른데도 있었습니다. 여자는 평생 기(氣)를 빨아먹고만 삽니다.

 태어나면서 엄마의 기를 빼먹고 잘 자라다가 결혼하는 그날부터는 평생 동안 남편의 기를 빼먹으며 토실토실하게 삽니다.

 이러니 기갈이 넘치고 오래 살 수밖에 없습니다.

 남자는 다릅니다. 물론 태어나서는 엄마의 기를 빼먹고 삽니다. 그러다가 어느 정도 성장해서 알도 차고 단단하게 영글어 익을 때쯤 되면 마누라라고 불리는 또 다른 여인에게 사정없이 소유권이 넘어 갑니다. 문제는 그날부터입니다.

 도끼눈을 부릅뜬 마누라에게 슬슬 기를 빼앗기기 시작 합니다. 세월이 갈수록 그 강도는 점점 심해집니다. 이렇게 계속 비실거리며 내리막으로 내리막으로 향하는 판에 마누라 보다 오래 산다는 것은 떠돌이 고양이를 붙잡고 물어봐도 답이 나옵니다.

 불가능합니다.

 여자가 남자보다 오래 사는 이유는 또 있습니다.

 여자는 감정을 있는 그대로 발산해 버리는 기질이 강하기 때문에 스트레스를 아무래도 덜 받습니다. 잘 먹고, 잘 떠들고, 잘 웃고, 잘 웁니다.

 점심때나 저녁때 음식점에 가보면 대부분 여자들이 모여 주위에서 눈총을 주거나 말거나 히히득 거리고 왁자지껄 시끄럽게 떠들어 대면서 잘도 먹어치웁니다.

 바쁜 입질, 먹질에 입에서 불이 나거나 말거나 아니,

입도 위장도 골병이 들어 몸살이라도 날듯 하지만 어쩐 일인지 말짱합니다. 그렇게 행복한 모습들일 수가 없습니다.

그렇게 먹어대고 소화를 시켜야 하므로 소화제를 찾는 경우는 남자보다 여자가 훨씬 많다는 약사의 증언이 이해가 갑니다.

음양의 이치에 의한 작용이기는 합니다.

음식을 먹는 것은 양이요, 배설하는 것은 음입니다. 음인 여자는 양기로 보충해야 하므로 음식을 먹어야 합니다.

남녀의 몸 구조로 봐도 여자는 많이 먹어야 합니다. 남자의 고환은 채워져 있는데 반해 여자의 자궁은 비워져 있어 무엇이든 자꾸 먹어서 채워 주어야 합니다. 왕성한 식욕을 가진 무서운 식상의 위력입니다.

물론 남자는 음기로 보완해 주어야 하고, 또한 채워져 있어 비워야 하므로 배만 부르면 여자를 찾는 것이고….

불행히도 남자는 여자처럼 마구 먹어댈 수가 없습니다.

왜냐구요? 남자라는 이유로.

처자식을 먹여 살려야 하는 가장(家長)이라는 무거운 짐 덩어리에 눌려 먹고 마시고 떠들기는커녕 잠을 이룰 수가 없어도 아무렇지 않은 척, 태연한 척해야만 합니다.

혹시라도 마누라가 걱정하거나 맥 빠질까 염려되고 자식들이 기죽거나 눈치 보지나 않을까 그것이 걱정돼서입니다.

직장에서 상사에게 욕먹고 당한 서러움으로 가슴에 응어리가 이글거려 가끔은 마누라 치마폭에 안겨 펑펑 울고 싶어도 그러지를 못합니다. 혼자 마른안주에 소주 한 잔으로 해결 합니다.

역시 남자라는 이유로.

의학적으로도 남자가 불리하다고 합니다.

남자보다 여자가 오래 사는 이유는 생물학적 구조 때문이기도 하답니다. 남자(XY)는 중요한 X염색체를 한 개만 가지고 있으나 여자(XX)는 중요한 X염색체를 두 개나 가지고 있어 하나가 손상을 입어도 다른 하나로 대체되어 계속 힘차게 살 수 있다는 것입니다. 또,

 여성 호르몬(Estrogen)은 노화의 주범인 유해 산소의 발생을 억제하는 작용을 하고 질병에 대한 저항성을 높이는데 반해

 불행히도(?) 남성 호르몬(Testosterone)은 흥분을 유발하고 공격성을 자극하는 등 자기 파괴적인 특성을 가지고 있기 때문이라고도 합니다.

 온갖 조건을 모조리 끌어 모아 늘어 놓고 살펴봐도 남자에게 유리한 것은 없습니다. 오죽하면,

 인명재천(人命在天)이 인명재처(人命在妻)로 바뀌고,

 지성(至誠)이면 감천(感天)이 지성(至誠)이면 감처(感妻)로,

 진인사대천명(盡人事待天命)이 진인사대처명(盡人事待妻命)으로 바뀌는 어이없는 농담이 돌아다닙니다.

 한글로 보면 'ㄴ' 받침 하나 있고 없고 차이 뿐이지만 그 의미를 뜯어보면 극락과 지옥의 차이입니다. 좌우간,

 이렇게 해서 남편의 기가 완전히 빠졌다 싶으면 드디어 미소를 짓습니다. 혼자 편하고 자유롭게 좀 더 오래 살아야겠다고 눈을 부릅뜨면서 감추어 두었던 시퍼런 칼을 꺼내 휘두릅니다.

 도대체 어쩌다 이지경이 됐는지 깊은 한숨이 나옵니다.

 언젠가 신문을 보고 하늘이 무너지는 듯한 충격을 받은 적이 있습니다. 유럽의 어느 대학 연구팀이 여성의 허벅지 골수에서 뽑아낸 성체 줄기세포에서 정자(精子)를 만들 수 있는 방법을 찾아냈다는

놀라운 보도였습니다.

남성들의 입장에서는 정말 졸도(卒倒), 임종(臨終)할 소식입니다. 사주에서 천간인 양이 남자요, 지지인 음이 여자입니다.

천간이 지지를 이기지 못합니다. 지지는 천간을 뒤집어 엎어버리고 완전히 파괴시킬 수 있지만 천간은 지지에게 헛 기침이나 하면서 겁만 주고 경고를 할 수 있을 뿐입니다. 여자가 강하다는 뜻이고 여자가 무섭다는 뜻입니다.

여자는 혼자서도 포동포동하고 탱탱하게 잘 먹고 잘 살 수 있습니다. 심지어 성적인 문제까지도 스스로 해결할 수 있답니다.

그러나 남자의 능력이란 알량한 폼이나 잡으면서 오직 정자를 생산하는 것 뿐입니다.

그런데…, 그런데….

이것마저 여자가 스스로 해결해 버리면?

남자는 완전히 무용지물이요, 쓸모없는 폐기물 신세가 된다는 말입니다. 아, 이 무슨 날벼락인가요.

조물주의 엄청난 실수입니다.

어떤 놈이 뭐라고 해도 종자(種子) 제공권 하나만은 확실히 쥐고 있다고 하늘같이 믿었는데….

여자에게 고추, 불알 달아주지 않은 것만 철석 같이 믿고

태평했는데….

여자에게 고추, 불알만 달아주지 않으면 천년만년 영원히 걱정 없을 줄 알았던 순진한 조물주께서 이 지경으로까지 위험한 사태가 벌어질 줄은 미처 예상치 못한 것입니다.

'동물의 왕국'인가 하는 TV프로그램이 있습니다.

부상을 당해 피를 흘려가면서 적으로부터 무리를 보호하고 씨를

뿌리며 관리하던 숫놈 사자가 늙고 힘이 빠져 무리에서 쫓겨나는 장면을 본적이 있습니다. 더 이상 적군을 물리칠 힘도 없고 생식력도 없는 불쌍한 숫사자는 혼자 이리 저리 헤매다가 쓸쓸히 굶어 죽어 갑니다.

평생 가족의 부양을 위해 피를 줄줄 흘려가며 전투를 벌이듯 살아온 남편이 늘그막에 버림받는 신세와 대비되어 긴 한숨이 나왔습니다.

마누라가 남편 알기를 똥친 막대기 취급하는데 자식이라고 아비를 아비 대접 해줄 턱이 없습니다. 평소에도 아버지는 돈 벌어 오는 기계나 가족의 머슴일 뿐이었습니다.

가정에서 자식에게 고민이 생기면 어미와 상의하는 놈은 그래도 백명 중에서 삼십여명이 넘는데 아비와 상의하는 놈은 백 놈 중에 겨우 너댓 놈 뿐이라고 하니 이 또한 기가 찰 노릇입니다.

아버지라는 이름의 엄한 이미지 때문인가요?

아버지를 엄친(嚴親)이라 부르고 어머니를 자당(慈堂)이라 부른다고 해서?

자식 사랑은 아비라고 어미보다 못하지도 않은데 그것을 알아주는 놈이 없습니다.

가시고기를 아시지요?

암컷은 알을 낳아 놓기만 하고 떠납니다. 뒤도 돌아보지 않고. 그 이후는 수컷이 감당해야 하는 몫입니다. 알이 부화할 때까지 아무것도 먹지 않고, 잠도 자지 않고 둥지를 지키면서 적이 나타나 알을 해치려고 하면 목숨을 걸고 싸워 막아냅니다.

알을 보호하고 끊임없이 지느러미를 흔들며 부채질을 해서 알이 상하지 않도록 혼신의 힘을 다합니다. 그리고 드디어 알이 부화하면 기력이 다해 돌 틈에 쓰러져 죽습니다. 부화한 새끼들은 죽은 아비의 시신을 뜯어먹고 무럭무럭 자라다가 시신을 다 먹고 나면 독립할 힘을 얻어 각자 미련 없이 떠나 버립니다. 그렇다면,
 새끼도 버리고, 수컷도 버리고 떠난 어미는 잘 먹고 잘 살까요? 그것도 아닙니다. 떠나자마자 곧 죽어버립니다.
 천벌을 받고.
 무시무시한 말벌의 경우는 어떤가요?
 암놈은 수많은 수놈과의 짝짓기를 통해 정액을 모으고 보관해 두었다가 적절한 때를 만나면 난자와 수정시켜 알을 낳는답니다. 숫놈은 암놈과의 짝짓기를 마지막으로 일생을 마감하고…
 동물이나 곤충이나 수컷은 짝짓기를 하고나면 죽습니다.
 슬픈 일이기는 하지만 위대한 희생이기도 합니다.
 어느 초등학교 어린이가 이런 시를 지었다지요?

 엄마가 있어서 좋다. 나를 이뻐해 주어서.
 냉장고가 있어서 좋다. 나에게 먹을 것을 주어서.
 강아지가 있어서 좋다. 나와 놀아 주어서.
 아빠는 왜 있는지 모르겠다.

 말문이 막혀 잠시 숨 좀 고르겠습니다.

농담인지 진담인지,

이제 쓸모가 별로 없어진 늙은 남편들이 가장 두려워하는 것은 혹시라도 아내가 깊은 산중으로 등산을 가자고 하거나 외국여행을 가자고 하는 거랍니다. 데리고 가서 깊숙한 산속이나 외국에다 버리고 올까봐 그것이 그렇게도 두렵답니다.

이사를 가도 차질 없이 제대로 따라가려면 강아지라도 안고 있어야 안심이 된다고 하니,

이 기막힌 현실을 과연 옥황상제님은 알고나 있는지…,

알고는 있으면서도 워낙 무서운 동물이 여자인지라 겁이 나서 모르는 척하고 계신지… 물고 뜯고 할퀼까 봐….

물건을 하나 집어 들어도 '이것 저것' 하지 않고 '이놈 저놈'입니다. '놈'이란 남자를 함부로 막 부르는 욕입니다.

욕을 할 때는 남자를 '이놈 저놈' 해서 '놈'이라고 부르고 여자를 '이년 저년' 해서 '년'이라고 부릅니다. 같이 싸잡아 부를 때는 '년놈'이라고 하지요.

어느 어느날,

어느 어느 조그만 구멍가게 아저씨가 꾸벅꾸벅 졸면서 가게를 지키고 있는데 어떤 여자 손님이 들어 왔더랍니다.

물건을 이것저것 가리키며 묻는 모양이

"요놈은 얼만가요?"

"저놈은 얼마지요?" 하는데

말끝마다 '놈'자가 붙는지라 슬그머니 열받은 주인 아저씨가 이렇게 대꾸했답니다.

"예, 고년은 이천원이고 그 옆에 있는 년은 삼천원이요."

대답이 잘못 된건가요?

어쨌거나,

여자의 속은 너무 복잡해서 알기가 어렵다는 말을 많이 합니다. 양파처럼 생겨먹어 아무리 껍질을 벗겨내도 그 속이 드러나지 않는다는 말입니다. 그러고 보니 짐작이 가는 구석이 하나 있습니다. 조물주가 처음 인간을 만들 때 왜 여자부터 먼저 만들지 않고 남자부터 먼저 만들었는지 그 이유를 좀 알 것 같습니다.

여자는 워낙 몸과 마음의 구조가 복잡하고 미묘해서 처음부터 만들기가 까다로우므로 일단 몸과 마음의 구조가 단순 명쾌한 남자부터 만들어 놓고 그 경험적 기술을 바탕으로 해서 여자를 만들지 않았나 하는 짐작입니다. 모르기는 해도 틀림없을 것입니다.

이제 남자가 하늘이라고 큰소리 칠수도 없는 것이

음의 세상을 만나 천정부지로 치솟는 땅값이 말해 준답니다.

하늘은 주인도 없는 공유물이라 이놈 저놈 아무나 휘젓고 걷어차도 법에 걸리지도 않습니다.

느닷없이 갑자기 생각나서 긴급 제안하나 합니다.

부부간의 호칭부터 바꾸었으면 좋겠습니다.

'여보', '당신'라는 호칭을 한자로 병기해서 사용 했으면 좋겠습니다. 학술적인 어원이야 어떻든 간에,

같을 여(如)에 보배 보(寶) 글자로 하고, 마땅할 당(當)에 몸 신(身)으로 해서 여보는 보배같은 사람의 의미로 쓰고 당신은 나와 같은 몸으로 쓰고….

남편이나 아내라는 말도 마찬가지입니다.

'남편'은 '내편'으로 바꾸고,

'아내'도 '안해'로 들리므로 바꾸고….

그리고,
목욕재계(沐浴齋戒)한 후 엄숙하게 차려입고
촛불과 향을 피우면서,
천하의 수컷 여러분을 위해 축원 기도합니다.
인간으로 태어나건 짐승이나 곤충으로 태어나건 간에
다음 세상에서는 부디 암컷으로 태어나는 축복 누리시기를
간절히 축원합니다.

열 받은 김에,
여인들의 자존심이나 좀 긁으면서 스트레스를 풀어 봅니다.
-여자나이 스물이면 스페인을 닮은 꼴이랍니다.
뜨겁고 느긋해서 자신의 아름다움에 자신감이 넘친답니다.
-여자나이 서른이면 이태리를 닮은 꼴이랍니다.
예전만은 못해도 여전히 다시 가 볼만한 탐스러움이 있답니다.
-여자나이 마흔이면 영국을 닮은 꼴이랍니다.
남은 알아주지도 않는데 아직도 자기가 최고라 착각한답니다.
-여자나이 쉰이면 캐나다를 닮은 꼴이랍니다.
넓고 조용하고 국경을 순찰하는 감시도 허술한데 좀 춥답니다.
-여자나이 예순이면 몽골을 닮은 꼴이랍니다.
영광의 과거도 있었으나 지금은 오지(奧地)가 되었답니다.
-여자나이 일흔이면 이라크를 닮은 꼴이랍니다.
어디 있는지 다 알지만 그곳에 가고싶어하는 사람은 없답니다.

누구 작품인지 비유가 그럴 듯 하지요?

또 있습니다.
-남자의 얼굴을 건축물에 비유하면
20대는 건물의 설계도에 해당하고
30대는 건물의 기초공사에 해당하며
40대는 건물의 마무리 공사에 해당하고
50대는 건물의 완공에 해당한답니다.
-여자의 얼굴을 건축물에 비유하면
20대는 건물의 완공에 해당하고
30대는 건물의 균열에 해당하며
40대는 건물의 붕괴에 해당하고
50대는 건물의 완전 폐허에 해당한답니다.
틀렸나요?

특별히,
중요한 정보를 여성 독자님에게만 살짝 귀뜸 합니다.
이 세상에서 남자를 푸대접하고 구박하다 죽은 여인네들 중에서 정상 참작이 좀 되는 일부 여인네들은 뱀 소굴에 던져 버리고 나머지 구제 불능의 표독한 여인들은 불지옥의 기름이 펄펄 끓는 불가마에서 산채로 튀겨지고 있다는 충격적인 소식입니다. 작년에 먼저 죽은, 허당(虛堂)의 절친한 친구가 E-Mail로 몰래 알려온 극비정보이니 부디 늦기 전에 회개하시어 험한 꼴 당하지 않으시기를 당부합니다.
저승 귀신과 절친한 목사님이나, 스님이나, 무당님도 전혀 모르고 있는 정보를 이 책을 읽으시는 사랑하는 독자님에게만 알려 드리는 것입니다. 그리고,

연관된 공지(公知) 사항이 하나 더 있습니다.

불쌍한 수컷들의 피눈물을 해결해 달라고 그동안 수차에 걸쳐 예수님과 부처님에게 탄원을 했는데도

해결책은 커녕 아무런 응답조차 없어 하는 수 없이 허당(虛堂)이 팔을 걷어 부치고 나섰습니다.

조물주님과 직접 담판을 벌여 끝장을 보려고 합니다.

세부적인 내용은 보안상 말씀 드리지 못함을 양해하시고 특히, 불쌍한 전국 늙다리 남편님들의 성원을 부탁드립니다.

천하의 여성 여러분에게 하소연 합니다.

그러는 게 아닙니다.

남자란 알고 보면 참으로 연약하고 안쓰럽고 불쌍한 동물입니다. 대부분의 여성들은 시도 때도 없이 용감하고 무서움도 모르는 무대뽀의 동물이 남자인줄로만 압니다. 아닙니다. 아닙니다.

허세로 치장한 쌍방울 소리만 요란벅적 시끄러울 뿐, 남자도 귀신을 무서워하고, 태풍도, 홍수도, 그리고 지진도 무서워합니다.

특히 여자를 무서워합니다. 밤이면 더욱 여자를 무서워합니다.

늙으면 더더욱 여자를 무서워 해 허당(虛堂)처럼 좀 어벙한 남자는 가끔 경기(驚氣)를 일으키기도 한답니다.

가엾게도 남자의 일생은 무덤으로 시작해 무덤으로 끝납니다.

살아서는 한 평생 여인의 젖무덤을 헤메다가 끝내는 흙무덤으로 갑니다. 지금 이순간도 지나갑니다.

지나가면 다시는 만나지 못합니다.

열매

　우리들의 부모는,
　마른 논에 물들어 가는 모습과 자식 입에 밥 들어가는 모습을 보면서 맵고 모진 가난과 고난을 극복하며 살아 왔습니다.
　나는 질척거리는 진자리를 벗어나지 못하더라도 자식만큼은 마른 자리를 딛고 좀 여유롭게 살라고 가슴으로 몸으로 기도하듯 살아 왔습니다. 자식에게는 주는 것이 곧 받는 것이라고,
　의심 한번 안한 채 열심히 착각하면서 자신의 절망과 한탄을 자식에게는 희망과 경탄으로 바꾸어 주기 위해 전쟁을 하듯 우리들의 부모는 그렇게 살아왔습니다.
　자식을 향한 부모의 마음은 예나 지금이나 변함이 없습니다.
　천 원짜리 자식이 있고 만 원짜리 자식이 있는 것도 아닌데, 아들을 낳으면 남편의 공덕으로 삼고 딸을 낳으면 아내의 부덕으로 몰아 구박하던 고약한 시절도 있기는 했습니다.
　어떻게 하든 아들을 많이 낳아 대를 잇고 자손을 널리 널리 퍼뜨려야겠다는 본능적인 욕심 때문이었을 것입니다.
　그러나 요즘은 아들 낳으려고 애를 쓰지도 않고 오히려 딸을 더

선호하는 풍조로 음이 득세하는 세상이 되었습니다.

아이를 많이 낳으면 신문 방송에 큰 기사거리가 될 만큼 희귀한 현상이고 대개는 한두 명 낳고 마는 세상입니다.

정도가 점점 더 심해져 아예 독신으로 살거나 결혼을 하기는 하되 비록 한 집에서 한 이불 덮고 같이 잠자고 살기는 하지만 아이는 낳지 않는 소위 딩크족(DINK;Double Income No Kids)인가 뭔가 하는 희한 요상한 부류들까지 생겨나고 있다지요?

자식이고 나발이고 다 귀찮으니 우리 둘이 알콩달콩 살다 가겠다는 그야말로 이기적인 행태의 극치를 보여주는 현상입니다.

하기야 자식을 낳아 양육한다는 것이 보통일은 아닙니다.

옛날에는 많이 낳아 놓기만 하면 각자 스스로 알아서 죽을 놈은 죽고 살 놈은 살아 남고 했지만 지금은 어디 그런가요?

낳자마자 돈으로 쳐바르기 시작해서 거의 30년 이상을 계속해서 그 짓을 해야 하니 냉정하게 생각하면 끔찍하기도 할 것입니다. 교육시키고 시집, 장가보내는데 부모는 등골이 아니라 뼈골이 빠집니다.

사주를 거울삼아 들여다보면,

여자 사주에서 자식에 해당되는 식상(食傷)이 너무 많아 병이 되거나, 남자 사주에서 자식에 해당되는 관살(官殺)이 너무 많아서 병이 되면 자식이 원수라 자식 농사가 더욱 힘들어 집니다.

옛날에는 의식주(衣食住)가 우선이라 입고, 먹고, 몸뚱이 거처할 곳이 중요했으나 요즘은 입는 문제는 크게 신경 쓰지 않아도 됩니다. 눈이 밝고 동작이 빠르면 단돈 5천 원으로 그럴듯한 외투도 장만할 수 있는 세상입니다. 따라서 기본 조건이 의식주가 아니라 자식 교육이 중요한 교식주(敎食住) 시대로 변해 버렸습니다.

그만큼 교육의 중요성이 커진 세상이 된 것입니다.

이런 판국에 옛날처럼 자식을 많이 낳는다는 것은 미련하기 짝이 없거나 아니면 무책임(?)하다고 할 수도 있을지 모릅니다.

자식이 많거나 적거나 간에,

자식 교육에 대한 집착이 워낙 강한 세상이라 자칫 헛바람이라도 들면 오히려 자식 망치고 집안 살림까지 거덜나기도 합니다. 인기 있고 돈 많이 번다고 해서 딴따라 연예인이 되는 것이 많은 청소년들의 꿈이라지요? 초등학교 다니는 아이들의 장래희망 중에 연예인이 단연 최고라고 하네요. 인기 있는 스포츠도 마찬가지입니다.

그러나 되고 싶다고 다 되는 것은 아닙니다.

민주사회에서 누구나 될 수 있다고 하지만 결코 아무나 될 수는 없다는 말입니다.

명리학상으로 보면,

문학예술 방면이나 연예인 쪽은 편인(偏印)이나 상관(傷官)이 왕성한 희신이 되면 유리하기는 합니다. 여기에 도화살이나 망신살이 있으면 더욱 좋겠지요.

엄밀하게 구분해 보면 편인은 대중예술 쪽의 기운이 좀 더 강해 보이고 상관은 순수예술 쪽의 기운에 좀 더 가깝다고 볼 수도 있지만 칼로 두부 자르듯 구분되지는 않습니다.

辰戌丑未 화개도 연예나 예술적인 재능에 영향을 줍니다.

신기(神氣)가 있어 신(神)들린 것처럼 잘 놀 줄을 알아야 하는 것이지요. 신들린 무당이나 바라춤에 빠진 스님처럼….

천부적인 끼가 있어야 한다는 말입니다.

예능 학원에 다니는 아이들의 선생님 말을 들으면 그 학원에 다니는 아이들 모두 천재적인 예술가 기질이 있는 것으로 부풀려 집니다. 그래야 계속 그 학원에 다닐 것이고 돈벌이가 되기 때문입니다. 상장을 주어도 신문지 절반 크기 만한 상장에 영문까지 병기하여 어마어마한 국제적인 상인 것처럼 위장해서 그 학원에 다니는 아이들에게 우유 배급 주듯 다 나누어 주는 경우도 많습니다. 영어로만 된 출처 불명의 화려비까한 상장도 수두룩합니다. 여기에 정신을 잃으면 소위 똥바람, 헛바람이 들어 아이 버리고 돈만 날립니다.

축구나 야구 등 인기 있다는 운동 선수도 그렇고 그렇습니다.

감독의 말을 들으면 자기 아들이 가장 위대한 선수가 될 수 있을 것 같습니다. 국가 대표 선수감이라고 추켜세우기도 합니다. 단, 부모의 뒷받침이 있는 경우라는 단서를 확실하게 강조합니다.

돈을 쳐바르라는 말입니다.

그러나 사주상 신약(身弱)하면 만사 도로아미타불입니다.

힘이 없어 비실비실하는 놈이 운동으로 출세하겠다고 덤벼봐야 끝까지 갈수도 없고 시간과 살림만 거덜난 채 중간에 주저앉을 수밖에 없습니다. 한편으로는,

인성(印星)이 너무 많아 기신이 되거나 비겁이 너무 강해 기신이 되면 공부해서 출세하기도 기본적으로 좀 어렵다고 봐야 합니다. 가출이나 하지 않으면 그나마 다행입니다.

최근 공식적으로 등록된 대한민국 축구선수 현황입니다.

초등학교 축구선수가 11,600명, 고등학교 축구선수가 5,600명, 대학 축구선수가 2,700명 정도랍니다. 여기서 프로 축구단에 진출하는 선수가 70명 가량 된답니다. 프로 축구 1부 리그 소속 선수가 400명 가량 된다고 하니 국가 대표선수가 되는 건 그야말로 하늘의 별따기라고 봐야 합니다.

거대한 꿈을 꾸고 덤비는 11,600 여명의 축구선수 꿈나무 중에서 겨우 70 여명 정도가 축구로 밥을 먹는다는 말이 됩니다. 쉬운 과목이 아닙니다.

사자 새끼를,

태어나자마자 우유 먹이면서 사람이 안고 키운다고 해도 근본 유전자가 포악한 맹수인지라 언제 달려들어 물어뜯을지 몰라 항상 조심해야 하는 위험한 동물일 뿐입니다.

마찬가지로 양의 새끼를 사자처럼 강한 맹수로 키운다고 아무리 모질고 매섭게 훈련시킨다고 해도 역시 사자가 될 수는 없습니다. 오히려 양을 죽일 뿐입니다. 근본 틀이 잡혀있기 때문입니다. 근본 유전자 탓입니다. 본질적인 기질과 체력과 습성입니다.

인성(엄마;가정)이 기신이면 엄마 잔소리도 싫고 집구석이 싫습니다. 공부도 싫고, 학교도 싫고, 선생님도 싫습니다. 징그럽습니다. 인성이 또 들어오는 운에서 드디어 발동이 걸리고 폭발해서 가출할 위험성만 높아집니다.

인성이 허약한데 재성(財星)이 왕해도 위험합니다.

운에서 재성이 또 들어오면 그렇지 않아도 왕한 재성이 더욱 왕성해져 인성(가정, 학교)을 파극해 버리는 것이고, 그것은 인성(엄마, 선생)을 배신하고 돌아서는 꼴이 되어 가출로 연결될 수 있습니다. 공부 운은 밀어내고 돈이나 여자만 밝히게 되는 것입니다.

물론 인성이나 비겁이 너무 왕해서 기신이 돼도 튼튼한 재성이 있어 왕한 인성의 기운을 눌러 주거나 튼튼한 식상 또는 관살이 있어 왕한 비겁의 기운을 조절해주면 상황이 달라질 수 있습니다.

자식을 한명 더 낳고 말고는 첫째 자신의 능력과 의지가 중요하겠으나 자신의 사주에 자식이 필요한지, 아니면 먼저 난 아이에게 비겁이 필요한지도 봐야 합니다.

신약한 여자 팔자에 자식이 너무 많으면 과부가 되거나 남편 운은 포기해야 할 수도 있습니다. 자식인 식상이 남편인 관살을 쳐버리는 것이지요. 신약한 남자 팔자에 자식이 너무 많으면 자신도 힘들지만 마누라가 더 힘들어집니다. 자식인 관살이 마누라인 재성을 설기합니다.

딸을 낳은 후 아들을 한명 더 낳고 싶거나 아들을 낳은 후 딸을 하나 더 낳고 싶은 경우에도 참고 사항이 있습니다.

아내 사주에 상관없이 식신 뿐이거나 남편 사주에 상관없이 편관 뿐이면 대개 먼저 난 첫아이와 같은 성별의 아이를 연달아 낳기 쉽습니다. 즉, 첫 아이가 딸이면 또 딸이기 쉽고 첫아이가 아들이면 또 아들이기 쉽습니다.

따라서 이런 경우에는 첫 딸을 낳고 아들이 필요해서 한명 더 낳을 욕심이라면 재고해 보는 것이 좋습니다.

물론 여러 명 대량으로 많이 낳으면 그 중에서 성별이 다른 놈이 섞여 튀어 나올 수는 있겠지요.

이야기가 약간 옆구리로 흐르는 것 같지만,

2006년 병술(丙戌)년은 쌍춘년(雙春年)이라고 해서 결혼 붐이 일어 전국의 예식장 마다 불이 났었고, 2007년 정해(丁亥)년은 황금돼지의 해라고 해서 자식 낳기 붐이 일어 한바탕 난리가 났었습니다. 쌍춘년이 정말 그렇게 좋은 해인가요?

한해에 입춘이 두 번 들었다는 것인데 이것은 알고 보면 비정상입니다. 천지 운행의 이치에 역(逆)하는 해가 바로 쌍춘년이라는 말입니다. 한해에 봄이 두 번이나 나타난다는 것은 엄밀히 말해서 계절이 미치지 않고서야 있을 수 없는 일입니다. 자연의 섭리가 그렇습니다. 그리고 또,

길흉(吉凶)의 여부를 떠나 과연 丁亥년이 황금 돼지해가 맞기는 한가요? 그것도 200년인가 600년인가 만에 나타나는?

丁亥의 丁은 火氣에 속하니 붉은색인데 어째서 붉은 돼지의 해가 아니고 황금 돼지의 해가 되는지 알다가도 모를 일입니다. 중국인들이 붉은 색을 재물로 본다고 해서 따라가는 것인지….

납음오행이라는 이론에서 丁亥가 土에 해당되고 土는 황색이므로 황금 돼지해가 맞다고 황당한 억지를 부리는 황당한 역술인도 있었습니다.

이런 저런 식으로 갖다 붙이자면 己亥년의 己는 土가되고 土는 황색이니 己亥년이 황금 돼지해라고 볼 수도 있을 것이고, 辛亥년의 辛은 金이 되므로 오히려 辛亥년이 황금(金) 돼지해가 될 수도 있을 것입니다. 풍수지리학에서 물을 재물로 보므로 물을 의미하는 癸亥년을 황금 돼지해로 볼 수도 있을 것이고….

이렇게 되면 어느 돼지해든 전부 황금 돼지해가 됩니다.

이 때문에 결혼을 많이 하고 자식을 많이 낳아 그렇지 않아도 인구 감소로 걱정스러운 나라의 미래에 약간의 도움이라도 된다면 그나마 다행한 일이라고도 할 수는 있겠으나 이따위 허무맹랑한 사설(邪說)을 퍼뜨리는 것도 일종의 혹세무민(惑世誣民)입니다.

이렇게 해서 丁亥년에 아이들이 더 많이 태어나기는 했지만 이들은 부모의 희망과는 달리 오히려 피해자가 돼버렸습니다.

유치원부터 경쟁이 더욱 심해진 것입니다. 앞으로도 계속 남보다 더 치열한 경쟁을 치뤄야 합니다.

필자의 이런 당연한 예측 경고를 무시한 사람도 있었습니다. 엉터리 사기꾼 무속인이나 역술인에게 놀아나기도 했겠지만 정신 나간 신문 방송까지 무책임하게 떠들어댄 이유도 있습니다.

혹시나 하는 기대에 현혹되고 분위기에 휩쓸려 정상적인 상식이나 판단력이 마비된 것입니다. 그것도 허망한 욕심입니다.

어찌 됐건 자식 농사가 중요하긴 중요합니다.

그 농사가 얼마나 중요했으면 아무리 게을러서 몸을 움직이기 싫어하는 사람이라도 자기 자식을 만드는 일 만큼은 절대로 절대로, 하늘이 두 쪽으로 갈라져도 남에게는 맡기지 않는 특이한 현상을 봐서도 알 수 있지 않을까 싶습니다.

자식을 많이 낳거나 적게 낳는 것은 그렇게 중요하지 않습니다. 낳은 자식을 얼마나 건강하고 성실한 인간으로 양육하느냐가 사실은 더 중요합니다. 낳기만 하고 내팽개쳐 버린다면 그것은 오히려 크나큰 죄악이 됩니다. 그 죄악은 바로 자신에게 되돌아옵니다.

염라대왕이 아무리 나이가 많아 늙고 정신이 왔다 갔다 해도 인륜(人倫)에 대한 업보는 반드시 챙겨서 내려 보냅니다.

업인업과(業因業果)의 진리는 절대 변하지 않습니다.

어느 통계에 의하면,

한해에 만 명 이상의 청소년이 가출하고 10만 명이 넘는 아이들이 집을 나와 이 거리 저 거리를 헤매고 있다고 합니다. 부모 없이 태어나지는 않았을 것이므로 누군가가 낳아서 버리거나 놓친 아이들입니다. 짐승도 목숨을 걸고 제 자식을 지킵니다.

남의 자식까지 돌보고 양육하는 짐승도 있습니다.

똘똘한 아들은 나라의 자식이요, 돈 잘 버는 아들은 처가의 자식이요, 못난 아들은 내 자식이랍니다.

역학적으로 보면 아들보다 딸이 좋기는 합니다.

여자에게 아들은 상관이요, 딸은 식신입니다. 딸이 든든한 밥통입니다. 사위는 정인입니다. 사위가 보물이 됩니다. 아들인 상관은 불편합니다. 며느리는 편관이 되지요? 부담스럽습니다.

남자에게도 마찬가지로 딸이 좋습니다.

아들은 편관이요, 딸은 정관입니다. 아무래도 편관은 껄끄럽습니다. 며느리는 겁재라 도둑이지만, 사위는 식신이라 예쁜 밥통입니다.

무자식 상팔자라고 하던가요?

자식이 부모에게 효도하는 기간은 유치원 다닐 때까지가 전부랍니다. 머리가 커지면서 변합니다. 자아(自我)가 형성되면서 독립적이 돼가고 부모를 거역하고 무시하기 시작합니다.

세월의 흐름이 심하게 요동치고 세상의 변화 주기가 급격하게 빨라지면서 십년이 아니라 삼년이면 강산이 변하는 시절이 되어 시대에 뒤떨어지고 밀려난 부모는 퇴물 구닥다리로 전락시켜버립니다. 말도 잘 듣던 자식이 어긋나면서 부모는 허망함에 좌절합니다. 그래서 냉철하게 생각해 봤습니다.

허당(虛堂)은 어떠했던가?

순수하게 부모의 말 잘 듣는 자식이기만 했던가?

부모의 공부하라는 잔소리를 안 듣고 알아서 잘 했던가?

아니었습니다.

정도의 차이는 좀 있겠지만 부모 속을 썩이기는 마찬가지였습니다. 아니, 더 했을 수도 있습니다.

그렇지만 이것은 정상적인 흐름입니다. 결실인 열매는 뿌리의 결

열매 | 345

과물입니다. 뿌리가 시(始)요, 시작이라면 열매는 종(終)이요, 결과물입니다.

 씨앗 → 열매 → 씨앗 → 열매 → 씨앗 → 열매 → …

 이렇게 시종(始終)이 반복 순환됩니다.

 일단 결실의 열매가 되면 그 다음은 뿌리를 따르지 않는다는 것입니다. 열매가 다시 뿌리가 되기 때문입니다.

 따라서 시종(始終)이 같고 처음과 끝이 같습니다. 뿌리가 열매를 만들고 열매가 다시 뿌리를 만들고 …

 부모의 열매인 자식이 자라 성장하면 이미 부모의 열매가 아닙니다. 자식의 뿌리가 부모지만 뿌리인 부모를 따르지 않고 스스로 열매를 맺기 위해 뿌리가 되려고 합니다. 순환입니다.

 모든 생명은 그렇게 이어져 왔고 계속 그렇게 이어져 갑니다. 그런데도 부모가 되면 자신의 과거는 무시하고 자식이 계속 열매 노릇만 하기를 원하는 경우가 많습니다. 이기적인 욕심 탓입니다. 그것이 지나치면 부모 자식 간에 서로 등지는 갈등으로 번지고 더 심하면 부모 자식 간에 원수가 되기도 합니다.

 그런데도 계속 그렇게 돌아갑니다.

 열 손가락 깨물어 아프지 않은 손가락이 없다고 했습니다.

 금덩어리 자식이 있고, 납덩어리 자식이 있는 게 아니라 다 금덩어리입니다. 아무리 자식이 많아도 부모의 애정은 어느 자식에게나 똑같습니다.

 가장 진하고 뜨거운 눈물은 자식보다 오래 사는 부모의 눈물이라지요? 부모가 자식보다 먼저 떠나는 것이 자연의 섭리인지라 부모가 먼저 죽으면 당연하므로 자식은 무덤덤하지만 부모는 자식의 죽음 앞에서 피를 토하는 울음으로 통곡을 합니다.

　세월이 약이라고 슬픔이든 기쁨이든 세월이 흐르면 잊혀지고 무디어진다고 하지만 자식과의 이별 문제만큼은 아닙니다.

　어쨌든,

　부모란 참으로 어려운 감투요 짐입니다.

　나이가 많다고 해서 저절로 부모가 되고 어른이 되고 늙은이가 되는 것도 아닙니다. 생각이 깊어야 하고 정신이 높아야 합니다. 인간에게 정신(心)이 없으면 고기 덩어리일 뿐이지요.

　그리고 뭔가를 보여 줘야 합니다.

　결론입니다.

　자식이 성장하면 끈을 놓아야 합니다. 힘들지만….

　정말 힘들고 섭섭하기는 하지만….

어느 분야든, 잘못 이해하고 잘못 휘두르면 사람 잡습니다.
이런 팔자로 태어난 사내 아이가 있었습니다.

壬 癸 甲 乙 丙 丁 戊　丁 丁 己 乙
午 未 申 酉 戌 亥 子　未 未 丑 酉

외할머니 되는 노인네가 자주 가는 암자에 가서 외손자가 태어난 것을 스님에게 자랑했더랍니다. 이 할머니는 '스님'을 '시님'이라고 부른답니다. 그러자 그 시님이라는 사람이 선심을 쓴답시고 아이의 사주를 물어 풀어보더니 큰 근심이라도 생겼다는 듯 엄숙한 표정을 지으면서

"아이의 사주에 물이 없어 걱정입니다."

하고 대단한 비밀이라도 밝혀낸 것처럼 할머니에게 말했습니다. '시님 말씀'이라면 껌뻑 죽는 이 노인네는 그길로 떨리는 발걸음으로 집에 와서 아이의 엄마인 딸에게 시님께옵서 아이의 사주에 물이 없어 큰일이라고 말씀하시더라며 긴 한숨을 내 쉬었습니다.

그 말을 듣는 순간 아이의 엄마는 가슴이 철렁 내려앉았습니다. 그날부터 어디다 하소연도 못하고 고민을 하면서 잠조차 제대로 자지 못하며 끙끙 앓게 된 것은 어쩌면 당연합니다. 세상 천지에 아무리 돌팔이 땡초라도 그렇지 이건 아니지요. 모르면 조용히 처박혀 앉아서 염불이나 외우던지….

염불이 지겨우면 차라리 구구단이라도 외우고 있든지,
아니면 낮잠이라도 자빠져 자든지….
그것도 아니면 불알 밑에 달라붙은 이라도 잡든지….
명색이 스님이라고 머리 깎은 사람이 멀쩡한 아이 사주를 두고 물

이 없어서 큰일이라고 심각하게 지껄여 놨으니,

 위로 딸만 둘을 줄줄이 낳아놓고 불철주야(不撤晝夜) 별의 별 노력을 다해 겨우 겨우 어떻게 안타를 날려 귀한 아들을 낳고 행복에 젖어 있던 중에 이따위 헛소리를 들은 아이 부모의 심정이 과연 어떠할지는 짐작이 가고도 남습니다. 특히 산모는 아직 산후 조리도 끝나지 않은 상태였습니다.

 물론 어느 분야나 저질은 있고 엉터리 사이비도 있게 마련이고 요즘 같은 다품종 시대에 이런 인간이 없을 수는 없겠지만,

 명색이 머리깎은 스님이라고 한다면 아무리 엉터리 땡초라고 해도 이러면 안 되지요.

 대한민국에 족보도 없는 사찰이 수두룩하고 승적(僧籍)도 없는 땡초가 수천 명에서 만 명 가까이 된다고 하더니 혹시 이 땡초도 그 중의 하나인지는 모르겠으나 허당(虛堂)은 가끔 이런 이야기를 들으면 분노가 치밀어 오르고 살이 부들부들 떨려 견딜 수가 없습니다. 열 받는 거야 허당(虛堂)의 수양이 모자란 탓이라고 해도…, 그래도 이건 아닙니다.

 배운 데가 없으면 본데라도 있어야 합니다. 본데가 없으면 들은 데라도 있어야지요. 그리고 이 사주에 물이 없다?

 그것도 걱정씩이나 될 정도로?

 꽝꽝 얼어붙은 丑월 한겨울 水왕절에 태어난 丁火입니다. 월간의 己土 또한 습토(濕土)입니다. 丑土에는 癸, 辛, 라는 지장간이 암장되어 있어 己土가 辛金을 生하고 辛金이 癸水를 연달아 生하여 비록 초기(初氣) 癸水지만 결코 水氣가 만만치 않습니다. 丑월 한동(寒冬)의 丁火 일주에 더 이상 水氣가 들어오면 특히 천간에 투간이라도 된다면 일간 丁火는 모닥불이라 꺼질 우려까지 있

습니다. 水氣는 더 이상 들어오지 않는 것이 오히려 다행이라고 봐야 합니다.

말조심해야 합니다. 정말 정말 말조심해야 합니다.

입이 보살이라고 하지요? 말이 씨가 된다는 말도 있습니다.

입 잘못 놀리면 재앙을 부릅니다.

어린 아이의 사주를 놓고 이러쿵 저러쿵 길흉을 말하는 것은,

특히 흉한 소리를 함부로 지껄이는 것은 정말 위험천만입니다. 아이는 건강하게 무럭무럭 자라도록 뒷받침만 해주면 되고 혹시 꼭 물으면 사주에 나타난 아이의 장단점을 살펴서 아이를 잘 키우는 방법을 일러주고 격려해 주면서 모자라는 부분이 있으면 긍정적이고 희망적인 좋은 말로 보완하도록 지도하는 것이 역학인의 본분입니다. 절대로 아이의 팔자가 좋지 않다는 등의 불길한 소리를 해서는 안 됩니다.

한마디를 해도 가슴에서 따뜻하게 다듬고 정리가 된 말을 해야 합니다. 아무 생각 없이 던진 돌멩이에 맞은 개구리는 생명을 잃거나 병신이 될 수도 있습니다. 무심코 내뱉은 말 한마디라도 듣는 사람에게는 엄청난 상처를 줄 수 있습니다. 무심코 던진 남의 말에는 상처받을 필요가 없기는 하지만 인간의 심리상 그것이 어렵습니다. 말은 때와 장소를 가려서 해야 합니다.

잘못 내뱉으면 그것은 말이 아니라 무서운 흉기가 될 수 있다고 했지요? 그 결과는 반드시 죄업으로 연결된다는 것을 명심해야 합니다. 또한,

아는 것을 안다고 하고, 모르는 것을 모른다고 하는 사람이 정말 아는 사람이라고 했습니다.

남의 운을 봐 준다고 하는 것이 무슨 대단한 도사나 되는 양 인상

을 찌푸리고 거드름을 피우며 불길한 약점을 찾아내어 아픈 데나 찌르고 헛소리나 지껄여 위협하며 돈이나 뜯어내는 것이 아니라 사는 길을 찾아 안내해 주는 카운슬러가 돼야 합니다.

그래야 진짜 도인이요, 역철학의 고수라고 할 수 있습니다.

아이를 키운다는 것은 장점을 찾아내서 발전시키고 단점을 찾아내서 보완해주는 역할을 하는 것입니다.

요즘은,

아이를 키우는 데도 문제는 좀 있습니다. 대개 외동이나 한두 명의 자녀를 낳으면서 과보호하여 예의도 없고 자기 자신만 아는 인간을 만드는 경우가 많습니다. 이것은 후천적으로 사주상의 비겁과 인성을 강화시켜 신강(身强)한 아이로 만들고 스스로 관리할 수 있는 능력인 관살을 약화시켜 규율이 무너지는 제멋대로의 인간을 만들고 있는 현상입니다. 건방지고 버르장머리 없는 그야말로 왕싸가지를 만들고 있는 셈입니다.

사주상 인성이 왕하면 과보호 상태라 게으르거나 마마보이 기질이 있을 수 있으므로 활동성을 살려줘야 합니다. 잘못되면,

애인하고 데이트하면서도 엄마한테 전화를 걸어댑니다.

"엄마, 지금 여자 친구가 내 손을 잡았는데 괜찮아?"

"뽀뽀 하자고 하는데 어떻게 해야 돼?"

발랑 까진 요즘 세상에 말도 안되는 비유이기는 하지만 심하면 이런 로봇을 만들 수도 있다는 말입니다.

아이를 치마폭 온실에서만 키우면 사회성이 약해져 어울리고 적응하는 자립성이 허약해질 수밖에 없습니다.

대충 키워도 잘되고 잘 풀리는 놈이 있고, 심혈을 기울여 매달려도 안 되고 실패하는 경우가 많습니다.

특성과 그릇은 고려하지 않고 어떤 규격에 아이를 집어넣으려고 하면 실패할 공산이 큽니다. 위인을 흉내 낸다고 해서 반드시 위인이 될 수 있는 것은 아닙니다. 복사본이 원본보다 나을 수는 없는 이치입니다(가끔은 아닌 경우도 있긴 하지만…).

인성이 왕한 사주의 아이에게 엄마가 치맛바람 휘날리며 너무 매달리면 아이를 오히려 버릴 수도 있다는 말입니다.

그리고 비겁이 왕해서 신강하면 관살의 기운을 살려주어 스스로 자신을 제어하고 관리하는 능력을 키워 주어야 합니다.

통제가 안 되고 막 나가는 놈에게는 사랑의 매가 필요 한 것이고 강제적인 훈육(訓育)이 필요한 것이지요.

내 자식이 싸가지가 없거나 실수를 하면 아이가 그럴 수도 있는 것이고, 남의 자식이 예의가 없거나 실수를 하면 천하의 몹쓸 후레자식이라 자식을 더럽게 키운 것이고…, 그런가요?

대개의 아이들은 하지 말라고 하는 것은 하려고 안달이고, 하라고 하는 것은 하지 않으려고 안달입니다. 이것은 어른이 보여주고 가르쳐준 그대로 하는 것이기도 합니다. 어른은 더 하지요?

해서는 안되는 일을 몰래 몰래하기 위해 온갖 재주를 다 부리고, 정작 해야 하는 일은 하지 않는 것은 어른이나 아이나 마찬가지입니다. 아닌가요? 아닌 독자님에게는 미안합니다.

하긴,

세계 구석구석에서 일어나는 일들은 잘도 알고, 남의 잘잘못은 잘도 찾아내 비판하고 비난하는 데는 선수이면서 자기 자신은 모르고, 알려고도 하지 않는 동물이 허당(虛堂)을 포함한 대부분의 인간이기는 합니다.

팔자에서 식상이 왕한 놈은 대체로 머리가 좋고 표현력이 뛰어납니다. 이런 놈을 방치해서 내팽개쳐두면 위험한 결과를 낳을 수도 있습니다. 머리 좋은 놈이 공부는 하지 않고 빈둥대면 그 좋은 머리를 엉뚱한 쪽으로 굴려 사기꾼이 될 수도 있기 때문입니다.

머리 나쁜 놈은 사기도 칠 수 없습니다. 대개 사기꾼은 머리가 잘 돌아가고 말솜씨가 뛰어납니다.

사기술이 발달된 놈이 얼굴과 심장에 두꺼운 철판까지 깔면, 경쟁이 좀 심하기는 하지만 출세하는 길도 있기는 합니다.

잘 하면 국회의원도 되고 더더 잘하면 대통령도 되고….

IQ가 높다고 공부를 잘하거나 사회적으로 뛰어난 인물이 되는 것은 아니라는 것도 이미 밝혀진 사실입니다.

공부도 아이의 특성을 봐가며 시켜야 합니다. 아무나 천재가 될 수는 없고 아무나 일등을 할 수는 없습니다.

평소에 노래를 좀 잘하는 듯 싶으면 훌륭한 가수가 될 것 같고, 인물이 좀 반듯하다 싶으면 배우가 될 것 같습니다.

그림을 좀 그리는 듯 하면 장래에 대 화가가 될 것 같은 희망에 대개의 부모는 흥분하기 쉽습니다. 아무리 봐도 우리 아이가 천재인 것 같고 아마도 뭔가 될 것 같습니다.

거기다 학원에라도 데려가면 또 부추기지요. 이 아이는 보통 아이가 아니니 천재적인 재능을 썩히지 말고 돈이 좀 들지만 맡겨만 주신다면 틀림없이 큰 인물로 키워주겠노라고….

자본주의 사회에서는 투자하지 않으면 절대 재능을 발휘할 수 없다고…. 우물쭈물 하면 또 다그칩니다.

참으로 어리석고 답답하시다고…. 그러다가 아이의 특기를 썩혀 장래를 망칠 수 있다고 협박(?)까지 합니다.

부모의 자식 사랑을 부추겨 들었다 놨다 가지고 놉니다.

열매 | 353

그리하여 어려운 형편에도 무리를 해서 학원도 보내고 별의 별짓을 다 하면서 엄마의 미친 헛바람은 점점 강도가 심해집니다.

아낌없이 퍼 붓습니다. 물론 일부이기는 할것입니다.

스포츠도 마찬가지입니다. 축구나 야구 등등 특히 대중적인 인기가 있는 종목에 약간이라도 재능이 있는 것 같아 보이면 장차 이놈의 모습이 박찬호나 박지성으로 보이기 시작합니다. 눈이 뒤집히는 것입니다. 옆에는 또 바람꾼이 접근합니다.

그리고 한참 후에 좌절하고 후회합니다. 이미 아이의 상처는 아물기 어렵도록 깊어지고 대개는 집이 몇 채는 날아간 이후입니다. 역시 일부이기는 할것입니다.

역학이,

사주명리학이 미신이라구요? 천만의, 만만의 말씀입니다.

사주에 시험운을 타고난 놈은 평소에 공부를 대충하는 것 같아도 시험만 치르면 상위권에 척척 잘 붙습니다.

그러나 체질에 맞지 않는 놈은 아무리 머리 싸매고 공부한다고 밤을 밝혀도 시험만 보면 헛방인 경우가 많습니다.

시험 운이 없는 놈은 평소 연습할 때는 잘하다가도 중요한 시험만 쳤다하면 내려앉는 경우도 많습니다. 밤을 새워가며 신라의 역대 왕 이름을 외워놨는데, 이튿날 막상 시험지를 받아보니 백제의 역대 왕 이름을 쓰라고 합니다. 환장할 노릇이지요.

공부를 하든, 운동을 하든, 딴따라가 되든,

해서 될 놈이 있고 백날 해봐야 아이나 골병만 들고 결과가 허무할 수밖에 없는 놈이 있습니다. 천명(天命)으로 타고난 그릇이 있고 적성이 있고 용도가 있습니다.

사자를 태어나면서부터 우리 안에 가두어 우유 먹여가면서 키워도 맹수가 되지만 순한 사슴을 아무리 혹독하게 훈련을 시킨다고 해도 사자 같은 맹수가 될 수는 없는 이치입니다. 오히려 사슴을 죽일 뿐입니다. 사람도 마찬가지입니다.

자식에 대한 관심(關心)이 지나치면 미친 광심(狂心)이 되어 아이의 장래를 망칠 수 있습니다.

중간에 제 정신으로 돌아와 제대로 적성을 찾고 진로를 바꿀 수도 있지만 쉽지도 않고 그동안의 낭비도 심합니다.

적성에 맞는 방향으로 진로를 수정해서 성공한 대표적인 예로, 일찌감치 의사의 길을 접고 컴퓨터 바이러스 퇴치 프로그램을 개발해서 최고가 된 어떤 사람이 있기는 합니다. 물론,

뒤늦게 느닷없이 정치한답시고 헛바람이 들어 안타깝기는 합니다. 맨날 '철수(撤收)'하다가 볼일 다보고….

만인이 존경하고 부러워하던 사람이 '정치한다고' 나서면 만인 중의 최소한 절반 이상은 돌아섭니다. 정치판이라고 하는 거기는 썩고 병든 놈들 뿐이라 썩은 오물 냄새가 진동을 하는 시궁창이기 때문입니다. 헛된 욕심을 버리고,

공부해서 별 소득이 없을 것 같은 놈은 차라리 일찌감치 세상 공부를 시키는 것이 훨씬 좋을 수 있습니다. 어떻게 보면 공부 중에서도 세상 공부가 훨씬 현실적인 공부이기도 합니다.

사람에게 뇌(腦)가 없으면 따뜻한 심장이라도 있으면 됩니다.

아니면 손발이라도 건강하고 튼튼해서 성실하고 부지런하기라도 하면 됩니다.

세상 돌아가는 이야기를 들어보니,

요즘은 이상한 현상이 벌어지고 있답니다. 며느리 사랑은 시아버지요, 사위 사랑은 장모라고 해서 며느리와 시어미 사이는 전통적으로 상극관계지만 사위와 장모사이는 찰떡궁합으로 알려져 왔는데 시어미 미워서 못살겠다는 아우성 보다 이제 장모 꼬라지 보기 싫어 못살겠다는 탄식이 이 구석 저 구석에서 터져 나오고 있다는 놀라운 소문입니다.

이해가 되지 않는 소문이라 은밀히 사람을 풀어 조사를 좀 해 봤더니 대충 이런 내용이었습니다.

옛날에는 남녀가 혼인을 하면 여자는 출가외인이라 친정과는 거의 담을 쌓고 남자 집에서 살거나 남자 집안의 간섭과 관리를 받고 살았는데, 시대가 바뀌어 음인 여성의 목소리 커지면서 지금은 결혼하면 남자가 처가인 마누라 집안과 더 가까워지고 옛날 시어미가 드나들 듯, 장모가 시도 때도 없이 드나들면서 간섭하고 관리하는 형태로 바뀌고 있다고 합니다. 장모가 주인이 되고 시어미는 손님이 되어버린 꼴입니다.

아이에게 가족 이름을 쭉 써 보라고 하면 외가 식구들 이름만 나열하고 친가 식구들 이름은 아예 쓰지도 않는다고 합니다.

며느리가 어쩌다 시가의 시부모집에라도 행차하시는 날이면,

옛날에 사위가 처가에 가서 대접 받듯 완전 상전 대접이랍니다.

그렇게 하지 않으면 아들이 구박을 당하거나 며느리가 언제 보따리 쌀지 모르기 때문이겠지요.

사위가 장모 눈에 거슬리면 오히려 딸에게 보따리 싸라고 장모가 먼저 부추기는 현상까지 벌어지고 있다는 것입니다.

이러니 자연 약자의 위치로 전락해 버린 남자 쪽에서 장모와 처가

의 온갖 눈치 다 봐야하고 어떻게 하면 조금이라도 잘 보일까 하고 눈물겨운 노력을 해야 하는 지경에 이르렀다는…,

대충 그런 내용이었습니다.

사살상 처가살이 아닌 처가살이를 하는 꼴이 돼버린 것입니다.

겉보리 서말만 있어도 처가살이 안한다고 했는데…,

그런데 가만히 생각해 보면 이런 장모의 행태가 얼마나 어리석은지를 알 수 있습니다. 혹시 자기는 딸만 왕창 낳아서 시어미가 될 일이 절대 없는지는 모르겠으나 장모되는 씨가 애당초 따로 있는 것도 아닙니다. 그 장모도 아들 쪽으로 보면 시어미가 됩니다. 그 장모의 아들도 입장이 뒤집어져 사위처럼 비참한 입장에 놓일 수 있다는 말입니다.

아들 둔 부모는 버스 타고 다니고 딸 둔 부모는 비행기 타고 다닌다고 해서 딸 사랑이 너무나 지극한 나머지 그렇게 된 것인지,

아니면 사위 사랑은 장모라는 공식을 잘못(?) 이해하기 때문인지는 모르겠습니다. 그런가요? 하긴,

옛날에도 이런 속담이 있기는 했습니다.

"친손자는 걸리고 외손자는 업고 가더라."

물론 이유는 있습니다. 친 손자는 내 자식이 직접 낳은 자식이 아닙니다. 내 자식의 씨라는 증거도 없고 어떤 놈의 씨가 태어 난 것인지 확인도 안됩니다. 그러나 외손자는 어떤 놈의 씨를 받았건 간에 내 자식이 낳은 내 손자가 틀림없습니다.

상대적입니다. 사윗감으로 장남을 꺼린다는 현실도 마찬가지입니다. 자기는 장남부터 낳지 않고 차남부터 낳았는지는 몰라도 너무 이기적이고 너무 타산적입니다. 세상이….

그러는 거 아닌데…, 정말 그러는 거 아닌데….

이왕 사고치는 김에,

바가지 욕을 좀 먹거나 몰매를 맞고 응급실에 실려 가더라도, 특히 어리석은 일부(?) 극소수(?) 여성들의 행태를 좀 더 짚고 넘어 가겠습니다.

주위를 두루 살펴본 바로는 많은 여성들이 자기 친정 부모형제에게는 남편이 잘해주기를 음으로 양으로 강요하면서,

자기는 시부모와 밤낮으로 갈등을 일으킵니다. 그것도 남편이 알도록 공개적으로 시부모를 비난하고 구박합니다.

당신 부모 때문에, 당신 형제 때문에 못살겠다고 이리 뛰고, 저리 뛰고, 난리 장구통을 쳐댑니다. 스트레스를 퍼부어 남편을 질식시킬 판입니다. 심지어 자식들에게까지 시가의 부모 형제들에 대해서 비난하고 무시하는 교육을 수시로 하기도 합니다.

그러면서 자기 친정 가족에게는 털끝만큼만 잘못해도 천하에 몹쓸 나쁜 놈이 돼 버립니다. 더욱 희한한 것은,

친정 올케가 하는 짓이 자기와 비슷하면 이것은 또 도저히 묵과하지 못합니다. 바로 올케가 천하에 둘도 없는 나쁜 년, 가정 교육이 잘못된 년, 죽일 년이 됩니다.

도대체 어쩌라고?

남편이 앞장서서 부모와의 인연을 끊어버리거나 쫓아내기라도 하라고? 자기 친정 부모형제는 생각만 해도 눈물 나도록 그립고 불쌍하고 안쓰럽고 남편의 부모형제는 꼴도 보기 싫으니 쓰레기통에 버리기라도 하라고?

친정 부모가 늙고 병들면 정성으로 수발해야 하므로 부득이한 사정으로 요양병원에 입원이라도 시켜야 한다면 아침저녁으로 볼 수 있게 집에서 최대한 가까운 곳으로 모셔야 하고,

시부모가 늙어 병들면 하루 빨리 구석진 요양병원에 처넣어야 하는데, 걸리적거리지 않게 최대한 멀리 멀리로 보내야 하고….
이 어이없는 회오리에 휩쓸려 남편이 스트레스로 골병들어 죽어 가는데도 남편이야 혈압이 터져 죽거나 말거나 안중에 없습니다.
친정 부모가 나의 부모라 소중하고 애틋하고 안쓰럽듯이,
시부모도 남편에게는 부모입니다. 그에게도 마찬가지입니다.
자신은 시가의 부모 형제들과 불화와 갈등을 일으키고 살면서도, 남편이 부모 형제들에게 용돈이라도 주지 않나 하고 눈에 불을 켜면서도, 자기 자식들에게는 효자가 되어야 하고 형제간에 우애 있게 서로 나누어 먹고 도와 가며 잘 지내야 한답니다.
자신은 시부모나 시형제들과 등지고 원수가 되기도 하면서,
자식이 자신에게 공손하지 못하거나 형제들끼리 다투기라도 하는 날이면 이것은 결코 용납하지 못합니다.
사람이 절대 그러면 못쓴다고….
세상 천지간에 이율배반(二律背反)도 이런 황당한 이율배반이 없습니다. 친정 부모에게는 용돈을 너무 적게 준다고 바가지 긁고,
시부모한테는 용돈을 너무 많이 준다고 바가지 긁고….
내 남편은 자기 부모형제를 팽개치고 처가에만 잘해주면 일등 남편이고, 내 자식은 처가에 붙어살고 처가에 더 잘해주면 불효자식이라고 한숨짓지요? 천하의 못난 놈, 팔불출이라고….
도대체 누굴 닮아서 사내자식이 저 모양인지 모르겠다고….
아무리 생각해도 자식 잘못 키운 것 같다고 땅이 꺼져라 탄식하며 가슴을 치고 또 칩니다.
물론 자식 잘못 키운 것이 맞습니다. 보고 배운 것이 그것 뿐이니까요. 잘못 보여준 것입니다. 부모가 보여준 그대로 그 자식도 대를

이어 충실히 전통을 받들고 있는 것 뿐입니다. 자신도 모르는 사이에 못된 자신을 빼 닮은 아바타 후계자를 양성한 꼴이 된 것입니다.

내 사위가 식사 후 설거지를 하면 착한 사위라며 침이 튀도록 자랑이고, 내 아들이 마누라 놔두고 설거지하는 꼴을 보면 꼭지가 돌아버립니다. 내 아들은 마누라를 꼼짝 못하게 쥐고 흔들며 살아야 하고, 내 딸은 남편을 손아귀에 넣고 종 부리듯 맘대로 가지고 놀면서 살아야 합니다.

이런 정신 나간 심보를 가지고 자식을 키웁니다.

뿌린대로 거둡니다. 콩 심은데 콩 나고 팥 심은데 팥 납니다. 자신이 한 짓은 입 싹 닫고, 아니면 싹 잊어버리는 치매전문 요양원 예약이 필수 준비 사항인 사람들 참 많습니다.

다시 한번 강조하지만,

적어도 사람은 어딘가 좀 모자라거나 모자란 듯 해도 가슴이 따뜻해야 합니다. 그리고 그 가슴의 무게는 안정되고 균형이 잡혀야 합니다. 그렇지 않으면 만물의 영장이라고 큰소리 쳐봐야 뻔뻔스럽고 자아도취에 젖은 위선일 뿐입니다.

허당(虛堂) 생각으로는 소크라테스가 위대한 철학자 대접을 받는 것은 딱 한마디 때문입니다.

'너 자신을 알라!'

나는 '바담 풍' 해도 너는 '바람 풍' 해야 하느니….

대~한민국

지구의 대륙에서 기(氣)가 강하게 모여 뭉치는 곳을 반도(半島)로 봅니다. 대륙은 양으로 남자요, 바다는 음으로 여자에 비유 된다고 했지요? 반도는 대륙에 대롱대롱 매달린 생식기로 볼 수 있습니다.

대한민국은 거대한 아시아 대륙에 매달린 아시아의 생식기와 같습니다. 일본은? 보좌용으로 생식기에 달라붙은 어수선한 털일 뿐입니다. 인체에 비유하면 그렇다는 말입니다.

남성의 인체에서 가장 기(氣)가 센 부위를 생식기로 봅니다. 그래서 그런지 한국인의 기질은 어느 민족보다도 강한 편입니다. 목숨을 담보할 수 없는 사지(死地)에 쳐들어가 물건을 팔아먹거나 선교하겠다고 맨몸으로 뛰어 드는 기갈 찬 종족이 우리 민족이기도 합니다. 여차하면 알라스카에 냉장고 팔아먹겠다고 쳐들어가거나 중동 열대사막 지역에 난방 보일러를 팔아먹겠다고 덤빌 기세입니다. 그만큼 즉흥적이고 감정적이거나 우선 들이대고 보는 무대뽀 성향도 좀 있는 것 같습니다.

서로 격려를 해도 잘하자! 열심히! 가 아닌 파이팅입니다. Fighting이라면 전쟁에서 전투를 하듯 싸우자는 말입니다.

허허 벌판에서 대형 배를 만들어 주겠다고 선주를 설득해 일을 성사시킨 정주영이라는 사람도 대한민국 사람입니다.

대한민국의 떴다방 복부인(福婦人) 백 명만 모아다가 어떤 나라건 왕창 풀어 놓으면 그 나라의 부동산 시장을 반년 안에 뒤집어엎는 것은 식은 죽 먹기라는 농담은 결코 농담이 아닙니다.

우리나라 땅덩이를 다 팔면 미국 땅 절반은 살수 있다거나,

호주 같은 나라 땅은 너댓 개 정도를 충분히 살 수 있다는 웃지 못할 농담이 나오게 되는 것도 한국인의 기질을 유감없이 발휘하는 이들 복부인들의 공로에 힘입은 바가 어느 정도는 있지 않나 하는 생각도 해 봅니다.

물론 가치라는 것은 필요에 의해 결정되는 것이고, 대한민국은 수요는 넘치는데 비해 땅덩이가 좁은 탓이 무엇보다도 크겠지요.

아무리 진수성찬을 차려 놔도 배가 부르면 쳐다보지도 않는 것처럼 필요가 왕성하지 않으면 이야기가 달라지기는 합니다.

대한민국이라는 반도에서,

특히 부산사람의 기질이 강하다고 보기도 합니다.

남성의 생식기 부위 중에서도 정액이 분출되는 부위가 가장 기가 강한 곳으로 볼 수 있는데, 한반도에서 부산을 그곳으로 보는 것입니다.

언젠가 부산을 한 번도 와보지 못한 서울의 한 친구를 만나 부산에 산다고 했더니 대단하다는 표정을 지었습니다. 그가 알고 있는 부산은 마약 소굴이요, 조직 폭력이 난무하고, 심지어 일본의 야쿠자까지 설치는 무서운 항구도시였습니다.

이런 무지(無知)한(?) 이야기를 듣는 부산 시민은 어이가 없어 실소를 할 수도 있지만 그만큼 일반적인 이미지부터 다른 지역하고는

차이가 좀 있습니다.

　어쨌든 반도인의 기질이 강하다고 보는 것인데,

　그래서 그런지는 몰라도 2002년 월드컵 축구 경기에서도 아시아 반도인 한국팀과 유럽 반도인 이태리팀과의 경기가 가장 치열 했습니다. 유럽의 가장 센 대표 '거시기'와 아시아의 가장 센 대표 '거시기'가 벌겋게 달아올라 정면으로 충돌한 것입니다.

　유럽에서는 이태리 사람들이 자동차 운전을 과격하게 하는 것으로 정평이 나 있습니다. 우리 대한민국인도 좀 그렇지요?

　특히 거칠고 험한 운전으로 부산의 도로가 다른 지역의 도로에 비해 고생을 좀 하는 편입니다.

　강한 감정적 성향에서 즉흥성과 과격성이 튀어 나오나 봅니다.

　연계해서,

　우리 한국인의 이런 저런 특징적인 성격을 외국인과 비유하는 농담 몇 가지를 우선 소개 합니다.

소매치기를 당했는데 앞에 수상한 사람이 눈에 띄었을 때입니다.
프랑스인: 그 사람의 뒤를 몰래 밟아 본답니다.
독일인: 당장 경찰을 부른답니다.
영국인: 가장 먼저 증거와 증인을 찾는답니다.
미국인: 그 사람에게 누명이라도 씌운답니다.
이태리인, 한국인: 그냥 잡아 두들겨 팬답니다(감정적 성향).

음식점에서 식사를 하다 음식물에 빠진 파리를 발견했을 때,
일본인: 아무 소리 않고 조용히 나와 소문을 내서 그 음식점이 망하게 한답니다.

미국인: 위생 당국에 바로 고발한답니다.
한국인: '이게 뭐요!' 하고 소리부터 질러 댄답니다.

자판기에 돈을 넣었는데 음료수가 안 나오면
외국인: '어? 안 나오네' 하고 그냥 지나간답니다.
한국인: '어라?' 하며 음료수나 돈이 나올 때까지 때려 부순답니다.

길을 가다가 옆 사람의 어깨를 툭 치고 지나갔을 때
외국인: 사과하고 지나간답니다.
한국인: 철판 깔고 그냥 지나가고 오히려 인상까지 쓴답니다.

차도에서 서로 운전하다가 교통사고가 나면
외국인: 차부터 빼놓고 사태를 수습한답니다.
한국인: 멱살부터 잡는 답니다. 차부터 뺐다가는 맞아 죽을 수 있답니다.

이 외에도
각 나라의 특성을 비유한 우스개 소리는 많습니다.
미국인, 일본인, 한국인 세 명이 아프리카 오지를 여행하다가 거주지 무단침입죄로 잡혀 곤장 백대씩을 맞게 되었답니다.
그런데,
다행히도 마을의 추장님이 마음이 여리고 자비심이 있어 곤장을 맞기 전에 각각 소원 하나씩을 들어주겠다고 하더랍니다.
먼저 미국인이 말했답니다.
"제 등 위에 방석 일곱 장을 얹어 주십시오."

추장이 이 소원을 들어주어 방석을 등 위에 얹고 곤장을 맞았는데 방석이 너무 얇아 찢어지면서 피투성이가 되었답니다. 그래도 미국인은 스스로 뛰어난 창조성에 흐뭇해하더랍니다.

이 과정을 자세히 지켜본 일본인이 소원을 말 하더랍니다.

"제 등 위에 침대 매트리스 일곱 개를 얹어 주십시오."

역시 추장이 소원을 들어주었으므로 흐뭇한 미소를 지으면서 곤장 백 대를 너끈히 다 맞고는 자신의 뛰어난 모방성에 스스로 감탄하더랍니다.

마지막으로 추장이 한국인에게 소원을 물었답니다.

그러자 한국인은 빙긋이 웃으며 이렇게 말 했다지요?

"저 일본인을 제 등 위에다 올려 놔 주십시오."

부라보! 역시 대~ 한민국인! 속이 시원합니다!

다른 한편으로 보면,

이렇게 우리의 기질이 강한 것은 토종의 쌀을 주식으로 해서 살아온 탓일 수 있습니다.

기질을 의미하는 기(氣)라는 글자를 들여다보면 쌀을 뜻하는 미(米)라는 글자가 중앙에 의젓하게 자리 잡고 앉아 있습니다. 우리민족은 대대로 이 밥 힘으로 살아 왔습니다.

그런데 우리의 쌀이라는 곡식이 다른 나라의 쌀과는 많이 다릅니다. 특히 많이 생산되는 동남아의 쌀과 우리의 쌀은 그 근본 질이 다릅니다. 동남아의 쌀을 우리의 쌀과 비교해 보면 맛과 품질에서 비교가 되지 않습니다.

그 이유를 음양오행학적 관점으로 볼 수 있습니다.

젊은 시절 적도 부근의 동남아 어느 나라에서 몇 개월 머문 적이 있었습니다. 계절의 변화를 느낄수 없어 춘하추동이라는 개념조차 희미한 곳입니다. 사시사철 푹푹 찌는 더위로 숨을 제대로 쉴 수 없을 만큼 사람을 지치게 했습니다. 일년 내내 오뉴월처럼 火氣만 왕성합니다. 풍부한 야생 과일에다 부지런을 좀 떨면 벼농사를 4모작까지도 할 수 있어 먹는 문제는 걱정이 없고 날씨가 항상 더우니 입을 옷 걱정도 없어 팬티 한 장만 걸치면 일년 열두달을 계속 버틸 수도 있으므로 급할 것도 없어 민족성이 일단 느리고 좀 게으른(?) 느낌을 받을 수도 있습니다.

대한민국은 어떤가요?

일년이 사계절로 확연히 나뉘어 오행상으로 보면 木, 火, 土, 金, 水의 기운이 조화를 이루며 순환됩니다.

木氣가 왕한 봄의 윤택한 땅에 벼의 씨앗을 뿌리면 火氣가 왕한 여름에 왕성하게 성장하고 단단하게 굳히는 성분인 金氣가 왕한 가을에는 속알이 영글어 잘 익은 벼를 수확합니다.

이에 반해,

동남아시아는 사시사철 火氣만 왕성하고 특히 벼의 알을 단단하게 굳히는 金氣인 가을 기운이 약합니다. 벼의 알을 영글게 하는 金氣가 부실해 쌀이 크기만 크고 퍼석퍼석해 찰기가 없을 수밖에 없습니다. 옛날 배고프던 시절의 '안남미'를 기억해 보면 알 수 있습니다.

이렇게 단단한 기운으로 단단하게 영근 곡식을 먹고사는 한국인의 기질이 단단하고 강한 것은 어쩌면 당연하다고 하겠습니다.

인간이 먹는 음식은 모두 땅에서 나는 것이므로 지기(地氣)를 받고 자랍니다. 입으로는 지기를 먹고, 천기(天氣)라고 할 수 있는 공기(空氣)는 코로 먹습니다. 그리고 생명의 빛인 태양광(太陽光)은

이마라는 집열판을 통해 받아 명궁(命宮;인당)이라는 통로를 이용해 흡취합니다.

앞에서도 그림을 그려 봤지만,

우리 몸의 중심을 뜻하는 인중(人中)을 중심으로 바로 밑에는 지기를 먹는 입이 있고 바로 위에는 천기를 먹는 콧구멍이 있는 셈입니다. 그리고 인중을 중심으로 위로는 두 개씩 짝을 이룬 구멍이 3개 있고(콧구멍, 눈구멍, 귓구멍), 아래로는 외짝의 구멍 세 개가 있습니다(입, 항문, 요도). 아래 위로 각 3개씩 있되, 양의 위치인 위에는 두 개가 짝을 이룬 음(陰)이요, 음의 위치인 아래로는 한 개씩인 양(陽)으로 이루어져 있습니다. 인중을 중심으로 상하로 음양의 조화를 이루고 있는 셈입니다.

또한 구멍마다 용도와 용량이 있다고 했지요?

이 아홉 개의 구멍에 대한 관리를 얼마나 잘 하느냐, 못하느냐 하는 것이 건강을 비롯한 인생 만사를 운영하는 요소가 됩니다.

만약에,

구멍별로 각각 정해진 용도와 용량에 따른 구멍 관리를 잘못해서 드나드는 것이 구분되지 않고 뒤 섞이거나 또는 드나들어서는 안 되는 것이 드나들어서는 안 되는 구멍으로 드나들기라도 하면 건강도 인생도 파탄나고 망쪼들게 돼 있습니다.

그러나 문제가 있습니다. 아홉이면 홀수라 양입니다. 남자입니다. 여자는 음이라 구멍이 짝수라야 합니다.

그래서 조물주가 고심에 고심을 거듭한 끝에 여자에게는 구멍 하나를 더 만들었습니다. 요도 밑에 질(膣)이라는 은밀한 구멍 하나를 더 만들어 숨겨 놓았습니다. 제 십구(十口)가 됩니다.

또 있습니다.

대한민국은 좁은 면적에 비해 산이 많습니다. 국토의 약 70% 정도가 산으로 이루어져 있는데 이 산들은 모두 사람이 오르내리기에 딱 적당한 높이의 산들입니다. 그 높이가 해발 500m 이상 되는 산이면서 아무리 높아야 2000m 안쪽이 대부분입니다. 산이라고 해도 다른 나라의 고산(高山)들처럼 초목도 없는 허허 벌판 민둥산이 아닙니다. 맑은 물이 흐르면서 초목이 울창하고, 크고 작은 동물들이 뛰노는 아름다운 산들입니다. 따라서 지기(地氣)라고 하는 땅의 기운 또한 다른 나라의 땅 기운과는 다릅니다.

대한민국에서 난 약초와 다른 나라에서 난 약초의 약효가 확연히 다르다는 것은 이미 과학적으로 증명이 되었고, 다른 먹거리 또한 마찬가지입니다. 이 수려한 산의 정기를 타고난 민족이 허약할 수는 없습니다.

대한민국 중에서도, 지방별로 산세(山勢)의 특성에 따라 그 지방의 고유한 특성이 나타납니다.

영호남 지방을 유럽의 독일과 프랑스에 비교할 수 있습니다. 영남 지방은 독일에 비유할 수 있습니다.

산세가 비슷하고 말투도 투박한 특성이 비슷합니다.

독일은 청각적인 면이 발달되어 음악성이 강하고 유명한 작곡가를 많이 배출하였습니다. 베토벤을 위시해서 슈만, 브람스, 바하, 바그너 등등.

호남 지방은 프랑스에 비유할 수 있습니다.

산세가 비슷하고 말투도 부드럽고 상냥한 특성이 비슷합니다. 미술 공부를 하려면 프랑스로 가야 할 만큼 시각적인 면이 발달하여 미술성이 강한 편입니다. 프랑스 출신의 대화가로는 밀레를 비롯해서 루소, 모네, 세잔, 르누아르, 고갱 등등 수많은 미술의 대가들이 탄생했고 우리나라의 호남 지방에서도 한국의 유명한 미술 대가들이 많이 배출되었습니다. 패션이라고 하면 바로 프랑스 파리가 생각나기도 하지요?

대한민국을 오행으로 甲木에 해당된다고 봅니다.

甲이 가장 두려워하는 글자가 庚입니다. 그래서 그런지 아닌지는 몰라도 庚년에 유난히 초특급 큰 사건이 터지기도 했습니다. 멀리까지는 모르겠고 가까운 역사를 보면,

가장 큰 사건으로 1910년 庚戌년의 경술국치(庚戌國恥)입니다. 쪽발이 원숭이 종족인 왜놈들에게 나라를 통째로 강탈당한 치욕적인 해였습니다.

1950년 庚寅년에는 6.25 전쟁이 폭발했고,
1960년 庚子년에는 4.19 혁명이 일어났지요.
1970년 庚戌년에는 대충지은 와우 아파트가 통째로 무너졌고,
1980년 庚申년에는 광주에서 민중 항쟁사태가 터졌습니다.
1990년 庚午년에는 노태우, 김종필, 김영삼이 뭉치고,
2000년 庚辰년에는 분단 후 첫 남북 정상회담이 있었습니다.
2010년 庚寅년에는 천안함이 폭발, 침몰되어 50명 가까운 우리 군인들이 변을 당했습니다.

그렇다면 일본은?

乙로 볼 수 있습니다. 아무리 까불어 봐야 乙이면서 甲木에 기대고 올라타려고 감아 도는 골치 아픈 존재요, 야비하고 양심없는 종족이지요. 위치와 모양을 보면,

호랑이 형상인 대한민국 엉덩이에서 뿌려 놓은 배설물이 일본 열도입니다. 그때 속이 좀 불편해서 배설물이 너절하게 흩어져 생긴

섬나라입니다. 그리고,
 탄허스님의 예언대로 언젠가는 곧 사라질 땅입니다.
 사실은,
 이미 화산 지진 등으로 붕괴 준비에 들어갔습니다.
 양식있는 일본인들에게는 안타가운 일이지만
 그분들에게는 반드시 안전한 피난처가 마련 될것입니다.

 대~한민국 !
 역시
 살만한 우리나라입니다.
 단,
 유전무죄(有錢無罪) 무전유죄(無錢有罪) 현상만 없으면,
 유권무죄(有權無罪) 무권유죄(無權有罪) 현상만 없으면,
 거물무죄(巨物無罪) 서민유죄(庶民有罪) 현상만 없으면,
 거액무죄(巨額無罪) 소액유죄(少額有罪) 현상만 없으면,
 주연무죄(主演無罪) 단역유죄(端役有罪) 현상만 없으면,
 허위무죄(虛僞無罪) 진실유죄(眞實有罪) 현상만 없으면.

어느날 …

주위가 허전해서 둘러보니
여기 저기 빈 자리가 많아졌습니다
사랑하는 부모 형제가 보이지 않습니다
그리운 사람들이 많이도 떠났습니다
이제 허당(虛堂)이
서서히 무너지고 있습니다
드디어
차례가 가까워 오나 봅니다

늙으면서 참 좋았는데
더 가질것도 없고 놓고 버릴 것 뿐이라 좋았는데
그런데
사랑도 미움도 질긴 인연은 다 뒤로하고
떠나야 하나 봅니다
오라면 가야지요 가야 한다면 가야지요
어차피 인생은
이별로 마무리 합니다

이왕이면
미소 지으며 떠나고 싶습니다
그렇게 조용히 이별하고 싶습니다

我來也
내가 왔다 가노라
온갖 죄업을 많이도 짓고 가노라

사주팔자 청문회

2017년 8월 21일 인쇄
2017년 8월 25일 발행

- 저　자‖이　동　규
- 발행자‖성　정　화
- 발행처‖도서출판 이 화
　　　　대전광역시 중구 대종로 505번길 54
　　　　(선화동 229-2번지) 장현빌딩 2층
　　　　Tel. 042-255-9708
　　　　Fax. 042-255-9709

ISBN 978-89-6439-132-7 93150

〈값25,000원〉

※ 무단복제나 전재를 금합니다.
※ 잘못 만들어진 책은 바꾸어 드립니다.